O CÓDIGO
DE DEUS

Gregg Braden

O CÓDIGO DE DEUS

O Segredo do Nosso Passado,
a Promessa do Nosso Futuro

Tradução
CARLOS AUGUSTO LEUBA SALUM
ANA LUCIA DA ROCHA FRANCO

EDITORA CULTRIX
São Paulo

Título original: *The God Code.*

Copyright © 2003 Gregg Braden.

Copyright da edição brasileira © 2006 Editora Pensamento-Cultrix Ltda.

1ª edição 2006.

6ª reimpressão 2025.

Edição original em inglês publicada em 2004 por Hay House, Inc., na Califórnia, USA.

Todos os direitos reservados. Nenhuma parte deste livro pode ser reproduzida ou usada de qualquer forma ou por qualquer meio, eletrônico ou mecânico, inclusive fotocópias, gravações ou sistema de armazenamento em banco de dados, sem permissão por escrito, exceto nos casos de trechos curtos citados em resenhas críticas ou artigos de revistas.

A Editora Cultrix não se responsabiliza por eventuais mudanças ocorridas nos endereços convencionais ou eletrônicos citados neste livro.

Foto da página 133 usada com a permissão da Israel Antiquities Authority.

Dados Internacionais de Catalogação na Publicação (CIP)
(Câmara Brasileira do Livro, SP, Brasil)

Braden, Gregg
O Código de Deus : o segredo do nosso passado, a promessa do nosso futuro / Gregg Braden ; tradução Carlos Augusto Leuba Salum, Ana Lucia da Rocha Franco. -- São Paulo : Cultrix, 2006.

Título original : The God code
ISBN 978-85-316-0926-7

1. Criação 2. Deus – Nome 3. DNA – Miscelânea 4. Evolução 5. Hebraico – Miscelânea 6. Religião e ciência I. Título. II. Título: O segredo do nosso passado, a promessa do nosso futuro.

06-0840   CDD-215

Índices para catálogo sistemático:
1. Espiritualidade e Nova Ciência : Religião   215

Direitos de tradução para o Brasil adquiridos com exclusividade pela
EDITORA PENSAMENTO-CULTRIX LTDA., que se reserva a propriedade literária desta tradução.
Rua Dr. Mário Vicente, 368 – 04270-000 – São Paulo, SP – Fone: (11) 2066-9000
http://www.editoracultrix.com.br
E-mail: atendimento@editoracultrix.com.br
Foi feito o depósito legal.

Este livro é dedicado à primeira geração –
da história que conhecemos –
com o poder de destruir, ou preservar,
tudo o que amamos e prezamos.

Que o nosso legado seja de paz para aqueles
que nos chamarão de ancestrais.

SUMÁRIO

Nota do Autor 11
Introdução 13

PARTE I: Quem Somos Nós? Indícios Vindos do
Próprio Mistério 25

Capítulo 1: História: A História das Nossas Diferenças 29
Capítulo 2: Ossos, Livros e Células: Quando Evidências e
Teorias Colidem 45
Capítulo 3: Dos Livros Perdidos da Criação: Os Poderes do Céu
em Corpos da Terra 63

PARTE II: A Descoberta: Toda Vida Vem do Nome de Deus 79

Capítulo 4: O Criador do Universo: Nas Palavras de Outro Tempo 83
Capítulo 5: A Descoberta: Quando Letras Se Tornam Elementos 101
Capítulo 6: O Código Dentro do Código: Em Cada Célula de
Cada Vida, o Nome de Deus 125

PARTE III: O Significado: A Aplicação da Mensagem à Nossa Vida .. 149
Capítulo 7: Mensagem do Primeiro Dia: A Leitura da Linguagem
de Deus 153
Capítulo 8: O que Aprendemos? Sobreviver ao Nosso Futuro
Com Base nas Lições do Passado 175
Capítulo 9: O Código de Deus: Uma Razão para Acreditar 203

Apêndice A: A Ordem Secreta do Alfabeto Árabe com Códigos
Numéricos 231
Apêndice B: A Tabela Periódica dos Elementos 233

Apêndice C: O Número de Átomos de Hidrogênio, Nitrogênio, Oxigênio e Carbono em Cada Uma das Quatro Bases do DNA 235
Apêndice D: Ilustração Expandida dos Átomos de Hidrogênio, Nitrogênio, Oxigênio e Carbono em Cada Base do DNA, Mostrando Seus Equivalentes em Letras Hebraicas 237
Notas 239
Agradecimentos 253

> *"Assim como os meus ancestrais plantaram para mim antes que eu nascesse, assim eu planto para os que virão depois de mim."*
>
> ANTIGA ESCRITURA HEBRAICA

NOTA DO AUTOR

A respeito do gênero de Deus: embora o princípio de "Deus" implique fundamentalmente o masculino e o feminino, sendo assim sem gênero, referências históricas sugerem que é o princípio masculino *ativo* que se funde ao princípio *receptivo* de "Mãe Terra" para produzir a dualidade da vida, que se une no nosso corpo. Por isso, fica entendido que, neste livro, as referências a "Ele" são apenas referências ao princípio masculino de Deus, no ato da criação.

Convenção para as datas: continua o debate, entre arqueólogos e historiadores, a respeito da notação que indica datas históricas, como *Antes da Era Comum* (A.E.C.), datas anteriores ao ano "1"; e *Era Comum* (E.C.), datas do ano "1" ao presente; e o anteriormente usado *Antes de Cristo* (a.C.) e *Anno Domini* (A.D.). Os termos agora convencionais e amplamente aceitos, A.E.C. e E.C., são usados neste texto por questões de coerência e clareza.

O termo *homem*: em muitos dos textos antigos, traduções modernas e tradições mencionados neste livro, é dessa maneira que se faz referência à humanidade. Obviamente, esse termo é usado no contexto antigo, incluindo homens, mulheres e crianças e representando o todo da existência humana. Na tentativa de ser coerente com a linguagem desses textos, essa convenção foi respeitada em *O Código de Deus*.

INTRODUÇÃO

Às vezes, a solução para os mais profundos mistérios da vida é encontrada nos lugares mais improváveis. Depois, feitas as descobertas e resolvidos os mistérios, não raro descobrimos que as respostas mais elusivas estavam diante de nós o tempo inteiro, sem serem reconhecidas. Nesses casos, o óbvio parece se esconder, como sugere o provérbio "a floresta está oculta pelas árvores". A busca de evidências do *big-bang* — a explosão cósmica que supostamente pôs o nosso universo em movimento — traz um exemplo desse tipo de descoberta.

Em 1960, nos Bell Telephone Laboratories, em Holmdel, New Jersey, foi construída uma grande antena em forma de prato como parte de um projeto de comunicações por satélite, chamado *Echo*. Em 1962, no entanto, novas tecnologias tornaram essa antena obsoleta e ela passou a ser usada em pesquisas, como rádio telescópio. Dois funcionários dos laboratórios, Arno Penzias e Robert Wilson, requisitaram o uso da antena para medir fracos sinais de rádio entre galáxias distantes.

Porém, quando começaram a usar a antena, eles descobriram que ela fazia um barulho de estática, que tornava difícil detectar os sinais sutis que procuravam. Esse barulho já tinha sido observado por outros pesquisadores, mas, como foi considerado um subproduto da própria antena, acabou sendo ignorado. Penzias e Wilson, ao contrário, fizeram uma cuidadosa inspeção e eliminaram o equipamento como fonte do barulho. Passaram então a investigar metodicamente outras possibilidades, incluindo um teste nuclear de superfície realizado em 1962 e até famílias de pombos que viviam dentro da antena! Mas não descobriram a fonte do barulho.

Na Princeton University, ali perto, outro cientista, Robert Dicke, explorava a possibilidade de o universo ter começado num passado distante com uma explosão de proporções inimagináveis, como afirmam algumas teorias. Ele supunha que os ecos de uma tal liberação de energia — caso tivesse realmente ocorrido — seriam hoje uma radiação de microondas — um constante barulho de fundo que continuaria a banhar o universo. Foi só depois que conversaram sobre suas respectivas descobertas que os três cientistas perceberam qual era a fonte da estática e o que tinham descoberto.

Penzias e Wilson pretendiam aprender mais sobre o nosso universo estudando sinais *entre* as galáxias, mas a "estática" que detectaram era na verdade o eco de uma antiga explosão! Sem saber, tinham descoberto uma prova da teoria do *big-bang*, que sobrevivia desde os primeiros momentos do "princípio". Nos anos 1970, a teoria já era tão amplamente aceita que passou a ser chamada de *modelo standard* da criação. John Bahcall, um eminente astrofísico da Princeton University, comentou o significado da descoberta dizendo: "A descoberta da radiação cósmica de microondas mudou para sempre a natureza da cosmologia..."[1] Em 1978, Penzias e Wilson receberam o Prêmio Nobel pelo seu trabalho.

Uma ironia marca a descoberta feita nos laboratórios Bell: a prova de um dos maiores mistérios da criação é tão abundante e apareceu de modo tão inesperado, que foi negligenciada por dois anos. Pode ser que a busca de evidências de nossas origens — de provas que corroborem um princípio inédito que nos una — revele uma ironia semelhante. Será que a resposta para os mais profundos mistérios da nossa existência foi negligenciada, de tão abundante que é?

UMA DESCOBERTA NOTÁVEL, que liga os alfabetos bíblicos, hebraico e árabe, à química moderna revela que um código perdido, um *alfabeto traduzível* que é a chave para os mistérios de nossas origens, vive conosco desde sempre. Com a aplicação dessa descoberta à linguagem da vida, os elementos hidrogênio, nitrogênio, oxigênio e carbono, que formam o nosso DNA, podem agora ser substituídos por letras das antigas línguas. Com isso, o código da vida se transforma nas palavras de uma mensagem eterna. *Traduzida, a mensagem revela que as letras do antigo nome de Deus estão codificadas como informação genética em cada célula, de cada vida.*

A mensagem diz: *"Deus/Eterno dentro do corpo."*

O significado: *A humanidade é uma família, unida por uma herança comum, e o resultado de um ato intencional de criação!*

Preservada dentro de cada célula dos cerca de seis bilhões de habitantes do nosso mundo, a mensagem é repetida, muitas e muitas vezes, para formar os elementos da nossa existência. Desde a nossa origem, essa antiga mensagem — *a mesma mensagem* — está dentro de cada um de nós, independentemente de raça, religião, herança, estilo de vida ou crença. Como vamos ver no Capítulo 9, o código é tão universal que produz a mesma mensagem quando traduzido para a língua hebraica ou árabe!

A descoberta do nome de Deus no interior da essência da vida demonstra que somos relacionados não apenas uns com os outros, mas com a própria vida, da maneira mais íntima que se pode imaginar. De uma folha de grama à vastidão das florestas tropicais inexploradas; de uma mosca que nos olha através das muitas facetas de seus olhos compostos ao olhar penetrante dos nossos parentes primatas — qualquer lógica sustentada pelas nossas diferenças se dissolve diante da evidência de que toda a vida é feita do equivalente químico de um único nome. Essa prova palpável de um vínculo comum nos dá uma razão para olhar além das questões que nos separaram no passado e um lugar para começar quando nossas diferenças parecem intransponíveis.

Na medida em que qualquer obra é um produto de sua época histórica, este livro é influenciado pelas circunstâncias extraordinárias que se apresentam ao nosso mundo no começo do século XXI. A exclusividade do nosso tempo é bem explicada pelo Dr. Michio Kaku, co-fundador da revolucionária String Field Theory e professor de física teórica no City College de Nova York. Diz ele: "Durante a maior parte da história humana, podíamos apenas observar, como espectadores, a bela dança da natureza." No final do século XX, no entanto, a nossa relação com a natureza adquiriu outro significado. A respeito dessa mudança, ele diz ainda: "Na ciência, a Era da Descoberta está chegando ao fim, inaugurando a Era da Mestria... hoje, estamos no vértice de uma transição que assinala uma nova época: *de observadores passivos da Natureza a coreógrafos ativos da Natureza.*"[2]

De fato: nos últimos 100 anos conseguimos obter da criação os segredos eternos da matéria, da concepção, da vida e da morte. Nossas descobertas recentes nos dão uma capacidade rara, que no passado era desconhecida. Com as forças da natureza sob o nosso comando, podemos replanejar nosso código genético, adaptar os padrões do nosso clima e criar novas formas de vida — poderes historicamente atribuídos a Deus e à Natureza. Ao mesmo tempo, o nosso futuro depende agora da nossa capacidade de usar com sabedoria esses poderes recém-descobertos.

Hoje, novas descobertas em ciência e tecnologia puseram ao alcance das nossas mãos o poder de preservar ou destruir tudo o que amamos e prezamos. *Pela primeira vez na história que conhecemos, a sobrevivência da nossa espécie depende das escolhas de uma única geração.* Talvez seja precisamente a presença desse poder que nos obriga agora a reconhecer que somos parte de tudo o que vemos e a expressão de alguma coisa ainda maior.

Diante dos desafios do nosso tempo, a chave para a paz no mundo — e talvez para a nossa sobrevivência — está em cada um de nós, perfeitamente replicada em cada célula do nosso corpo. Talvez como prova do nosso sucesso como espécie, cada membro da nossa família global traz a mesma mensagem como lembrete silencioso dessa herança, registrada no primeiro dia da nossa existência. Decodificada, a mensagem revela os seguintes fatos inegáveis:

- Os elementos básicos do DNA — hidrogênio, nitrogênio, oxigênio e carbono — se traduzem diretamente em letras-chave dos alfabetos hebraico e arábico.
- Nessas línguas, as letras do nosso código genético formam o nome antigo de Deus. O mesmo nome vive em todos os seres humanos, independentemente de crenças, ações, estilo de vida, religião ou herança.
- Essa relação foi definida em textos sagrados, como o *Sepher Yetzirah*, pelo menos 1.000 anos antes de a ciência moderna verificar essas conexões.
- A probabilidade dessa relação ter ocorrido por "acaso" é de aproximadamente uma ocorrência em 200.000.

O *Código de Deus* é o resultado de 12 anos de pesquisa e uma busca pessoal por um princípio de unidade humana, tão profundo e palpável que não pode ser negado. Desde 1986, minha busca tem me levado a templos, vilarejos e mosteiros escondidos em alguns dos lugares mais remotos, isolados e primitivos que ainda restam na Terra. Nesses lugares, encontrei pessoas dedicadas que consideram uma honra e um dever preservar as lembranças da nossa espécie e a história do nosso mundo.

Preservadas em mitos, danças tradicionais, linguagens secretas e registros ocultos, nossas mais estimadas tradições têm um tema que é incrivelmente semelhante em todas as divisões culturais, geográficas e religiosas. Por mais diferentes que pareçam ser as tradições, esse tema subjacente nos lembra que, como família humana, somos maiores do que quaisquer diferenças que já nos dividiram.

Não pode ser por acidente que uma mensagem tão poderosa de unidade seja revelada agora, nos primeiros anos do novo milênio. As estatísticas mostram que o século XX foi o mais sangrento da história: mais pessoas morreram em decorrência de violência, limpeza étnica, guerra e genocídio do que devido a todos os desastres naturais ocorridos durante o mesmo período (ver Capítulo 1, Figura 1.2). Nos primeiros anos do século XXI, essa violência continua, com quase um terço das nações do mundo envolvidas em conflitos armados.[3] Além da disputa por recursos e maiores lucros, muitos desses conflitos são causados por diferenças de religião, descendência e fronteiras.

Hoje, cientistas, pesquisadores e líderes religiosos sugerem que a humanidade é, sozinha, a maior ameaça ao nosso futuro. As realidades criadas pelo homem — as doenças resistentes a medicamentos e o iminente colapso dos ecossistemas da Terra, que pode ocorrer na metade do século — constituem os maiores desafios da nossa época. Diante desses perigos globais, o acúmulo de armas e forças militares, que é o maior desde a Segunda Guerra Mundial, ameaça engolfar a Terra num conflito de magnitude sem precedentes. É nesse cenário que vivemos todos os dias, criamos nossos filhos e buscamos paz em nossa vida.

Talvez nossa situação seja semelhante à de uma família cujos membros passam tanto tempo juntos que se esquecem da profundidade do elo que os une. É só quando um deles morre inesperadamente que os outros se lembram de como é preciosa a família e o tempo que passam juntos. Para os sobreviventes, a "perda" se torna um catalisador que os arranca de um modo de ver a vida e os joga numa nova perspectiva.

Assim como a perda pode transformar uma família, o sofrimento sem precedentes, a deterioração do mundo e as tentativas de eliminar culturas inteiras, podem se transformar no catalisador que nos faz ver, em grande escala, como é preciosa nossa família global — e o tempo que passamos juntos.

Ao contrário da família do nosso exemplo, no entanto, a humanidade não precisa sofrer esses extremos e tragédias antes que o despertar ocorra.

No entanto, criar um mundo em que famílias e nações celebrem a diversidade e vivam em paz, exige uma coisa que parece estar ausente das nossas atuais sociedades — uma razão para respeitar a vida, para respeitar uns aos outros e para acreditar que somos parte de alguma coisa maior. Essas qualidades são compreendidas apenas por meio da experiência direta. Mas a evidência viva do nome de Deus no corpo de cada mulher, de cada criança e de cada homem — passados e presentes — oferece precisamente essa experiência!

O CÓDIGO DE DEUS É BASICAMENTE uma obra de paz. Atravessando as tradicionais fronteiras da ciência, da religião e da história, este livro funde o que sabemos a respeito do passado com o que acreditamos a respeito do presente, num único princípio unificador. Muita gente já suspeita que há um poder superior que atua no nosso mundo, mas *saber* que o nome de Deus existe no nosso corpo gera uma compreensão que é tão profunda, tão pessoal e ao mesmo tempo tão universal, que *se torna a experiência* de maior significado na nossa vida. Por meio dessa experiência, encontramos uma razão para buscar a paz e uma base comum, como nunca ouve, que nos permite começar a resolver nossas diferenças.

Sobre Este Livro

Na primavera de 1990, deixei uma carreira bem-sucedida como *designer* de sistemas de computadores na indústria aerospacial e da defesa, para me dedicar em tempo integral ao desenvolvimento desses princípios de unidade. Embora a pesquisa continue, as descobertas descritas nestas páginas constituem um corpo de informações completo e significativo.

Dividi este livro em três seções claramente distintas, embora relacionadas: a Parte I apresenta a história e o contexto que esclarecem por que a mensagem que trazemos no corpo é importante na nossa vida; a Parte II descreve a descoberta e a tradução do código; a Parte III mostra que a mensagem oferece uma oportunidade rara de curar as diferenças que dividem as nossas famílias e o nosso mundo.

Um mesmo livro é lido de maneira um pouco diferente por pessoa. Para algumas, é importante conhecer a essência do livro em que pretendem investir tempo e energia: antes de ler o livro, querem saber a moral da história. Outras preferem que as idéias do autor se desenrolem como uma viagem, confiando que vão levá-los a alguma coisa útil no fim. As orientações a seguir vão ajudar o leitor a navegar por este livro conforme suas preferências individuais.

Para todos os leitores, a Parte I prepara o cenário ao descrever como a nossa vontade de saber quem somos moldou a história do mundo. De perseguições e inquisições a guerras santas e genocídios, nós nos definimos a partir das *diferenças*. Por outro lado, a ciência mais avançada na história estendeu nossos olhos e ouvidos coletivos aos confins do sistema solar e além dele, enquanto procuramos entender como nos encaixamos, *juntos*, no esquema da criação. A ironia da nossa época é que, mesmo com os avanços miraculosos da tecnologia no último século, ainda nos resta descobrir quem somos.

O Capítulo 3 mostra que alguns dos registros mais velhos do passado tentaram responder à mais antiga questão da existência. Do misterioso livro "perdido" de *Adão* à biblioteca gnóstica de Nag Hammadi, fica claro que os que escreveram esses manuscritos queriam dividir suas descobertas com as gerações do seu futuro. No final do capítulo, é introduzido o mais antigo e misterioso livro das tradições hebraicas: o *Sepher Yetzirah*, ou Livro da Criação.

Para os leitores interessados em entender como a molécula do DNA pode ser lida como uma linguagem traduzível, a parte II detalha o pano de fundo, a história e as especificidades da descoberta. O Capítulo 4 aplica os indícios descobertos no *Sepher Yetzirah* para revelar o elo oculto entre os antigos elementos — Fogo, Ar e Água — e seus equivalentes diretos na linguagem da química atual: uma correlação com resultados surpreendentes! Enquanto o Capítulo 4 revela a relação oculta que faz a ponte entre crenças antigas e modernas, o Capítulo 5, "A Descoberta", aplica essa forte ligação e continua a jornada pelo mistério de alfabetos e códigos ocultos. A descoberta notável, que reduz letras e elementos a um denominador numérico comum, nos permite comparar "maçãs com maçãs" e correlacionar os mais antigos relatos do Gênesis com a ciência de hoje. Ao fazer isso, o Capítulo 6 revela que o nome antigo e pessoal de Deus — o nome registrado 3.500 anos antes da nossa era — forma o próprio fundamento do nosso DNA!

Para outros, que perguntam como uma simples mensagem pode fazer alguma diferença no mundo de hoje, sugiro que vá diretamente para a parte do livro que trata dessa questão: a Parte III. Seguindo-se à Parte II, que discute a história, a ciência e a tradução da mensagem em nossas células, os Capítulos 7, 8 e 9 se concentram no significado da mensagem em nossa vida. Enquanto o Capítulo 7 nos ajuda a assimilar as implicações do nome de Deus no nosso corpo, os Capítulos 8 e 9 definem o papel que essa mensagem pode ter na solução das diferenças que ameaçam a nossa sobrevivência.

O Capítulo 9, por exemplo, expõe um método indígena de resolução de conflitos baseado na visão compartilhada de um futuro comum. Nessas tradições, a visão se torna uma base comum — um lugar para começar e para onde voltar quando as diferenças entre as pessoas parecem insuperáveis. Isso é possível porque a visão compartilhada é uma experiência unificadora que não pode ser negada por quem dela participa. A seção sugere que a experiência de descobrir o nome de Deus no nosso corpo pode levar à solução de conflitos em escala maior. Essa abordagem é especialmente útil no caso de conflitos baseados em diferenças religiosas e étnicas.

Um Livro Bem-Pesquisado ou um Ensaio Técnico: Por Que Essa Abordagem?

Este livro toca deliberadamente em crenças muito pessoais e profundas. Tratar de todas as implicações do código que existe nas nossas células está além do seu objetivo imediato. Por isso, ele se concentra no poder da mensagem para resolver as diferenças em nossa vida e trazer paz ao mundo. De questões complexas relativas ao terrorismo e à guerra de 4.000 anos no Oriente Médio ao colapso previsto dos ecossistemas do mundo e à quantidade cada vez maior de armas de destruição em massa, as questões que nos dividem como pessoas, famílias, religiões e nações, atingiram proporções esmagadoras — e as escolhas estão mais difíceis do que nunca.

Como sugere um velho ditado, quando as respostas ficam vagas e as situações difíceis de resolver, é porque não temos as informações necessárias — porque falta alguma coisa. Um corpo cada vez maior de evidências sugere que é justamente esse o caso das questões mais controversas de hoje em dia. Quando todas as informações estão presentes, as escolhas ficam claras e os cursos de ação aparentes. Podemos acabar descobrindo que as crises da atualidade são sintomas de um problema mais fundamental e mais profundo. Cada uma delas faz exatamente a mesma pergunta:

Qual é o padrão que usamos para medir o custo humano das escolhas científicas e políticas que fazemos enquanto construímos o mundo do futuro?

O sinal palpável, verificável e universal de uma mensagem na base da vida oferece evidências inegáveis de uma inteligência maior subjacente à nossa existência. O fato de a mensagem *ser* o "material" de que somos feitos nos diz que somos parte de um esquema muito maior. Nossa relação com essa inteligência é um fator que deve agora ser levado em conta nas diretrizes da ciência, da guerra e da paz — diretrizes que pavimentam o caminho para amanhã.

Por sua própria natureza, o assunto deste livro transcende os limites convencionais da ciência e da espiritualidade. Dos mais antigos relatos da nossa origem ao mais avançado conhecimento científico, fica claro que, para resolver os desafios da nossa época, temos que ir além do pensamento que os definiu. Unindo a sabedoria do passado à ciência do futuro, criamos novas ferramentas para resolver as questões da nossa época. Ao mesmo tempo, abrimos uma janela sem precedentes para o mistério da criação.

Como no caso de qualquer descoberta de natureza técnica, o desafio é transmitir a informação de maneira que faça sentido para o público em geral. Em 1990, quando comecei este projeto, fui aconselhado por alguns especialistas a apresentar o material de uma perspectiva acadêmica. Só que, para isso, teria que revelar as descobertas em incrementos que adiariam a publicação final — e o impacto da mensagem — em meses ou até anos. (O estudo dos códigos numéricos da Bíblia Hebraica, por exemplo, foi adiado por *seis anos*, enquanto era avaliado por autoridades no assunto.[4])

Na mesma época, outras pessoas me encorajaram a adotar uma abordagem menos acadêmica. Achavam que seria vantajoso trocar os mapas, gráficos, notas de rodapé e referências pela oportunidade de compartilhar a mensagem rapidamente com um público maior. Em consideração a recomendações tão honestas e sinceras, escolhi adotar o melhor das duas abordagens e oferecer um livro que fica no meio-termo.

Ao expor as muitas áreas de estudo que formam este trabalho, sinto que beneficio o meu público ao apresentar a descoberta em forma de uma narrativa fluente e não como um relato estruturado. Dentro do formato narrativo, incluí referências à pesquisa que tornou este livro possível. Essa abordagem me permite compartilhar a descoberta de modo responsável e ao mesmo tempo conveniente. Fiz também o possível para minimizar o jargão técnico e as explicações demoradas para não prejudicar o ritmo e a fluência que atraem um segmento maior do público leitor. Espero ter criado, com isso, um livro significativo que seja também de leitura agradável!

Apesar de todas essas considerações, há partes deste livro que são, sem dúvida, mais prolixas e técnicas do que outras. Os capítulos 4 e 5, por exemplo, investigam detalhadamente a relação entre a química do nosso corpo e a antiga língua hebraica. Para os leitores que preferirem passar por cima dessas seções dada a sua profundidade, há um resumo dos pontos-chave no final de cada capítulo.

O Poder do Código de Deus

Continuaremos a aprimorar a nossa compreensão da matéria e da vida por muitas gerações, mas agora a questão é o equilíbrio entre sabedoria e poder. Será que temos sabedoria para equilibrar o conhecimento científico e as forças da natureza antes que sejam irreparáveis as conseqüências do mau uso desse poder? Será que vamos sobreviver ao nosso processo de aprendizado? Em *Hyperspace*, um livro pioneiro, o Doutor Michio Kaku nos apresenta o nosso tempo na história da perspectiva do físico Heinz Pagels. No início do século XX, falando das descobertas da luz, da energia e da vida, Pagels disse que é preciso encontrar uma "ordem política e moral que acomode essas forças, ou seremos destruídos. Isso vai pôr à prova os nossos recursos mais profundos de razão e compaixão".[5]

Parece que não há modelos claros que nos mostrem o caminho à medida que modificamos as forças da natureza e de Deus. Embora tenhamos entrado em território desconhecido no que se refere à *aplicação* desses poderes recém-descobertos, de uma coisa podemos estar certos: as lições que as guerras, as doenças, os desastres ambientais, o ódio e o sofrimento do último século nos ensinaram, podem ser reduzidas a um único tema. Todas elas nos fazem lembrar da natureza sagrada e interligada da vida — de toda a vida — em toda parte. Sendo leais com o que aprendemos e respeitando o princípio da vida em cada escolha, não poderemos errar.

As implicações de ver o nosso DNA como mensagem de um poder superior são enormes, controversas e, para alguns, esmagadoras. O fruto da nossa disposição de fazê-lo revela nada menos do que uma chave para a paz duradoura e um convite para sermos nós a administrar o milagre da nossa própria existência. À luz das muitas possibilidades que este material pode sugerir, *O Código de Deus* foi escrito com um propósito em mente: revelar com clareza e simplicidade um princípio de unidade que transcende qualquer coisa que separe a família humana com base em diferenças.

Numa única frase, a visionária e futurista arquiteta social Barbara Marx Hubbard resumiu a nossa situação: "Temos que decidir agora entre evolução consciente ou extinção pelo mau uso de nossos poderes."[6] Este livro é a história de uma razão para acreditar que temos escolha e do poder de um nome, capaz de unificar a nossa família global diante de diferenças que, às vezes, parecem intransponíveis. *O Código de Deus* não pretende ser *a* solução diante dos maiores desafios da ciência, da tecnologia e da paz na história da nossa espécie. Numa época em que as diferenças são tão enfatizadas, ele pretende ser simplesmente um lugar para começar.

— Gregg Braden
Taos, Novo México
Dezembro de 2003

PARTE 1

Quem Somos Nós?
Indícios Vindos do Próprio Mistério

> "Na maior parte das vezes, a miséria humana é causada não tanto pela estupidez quanto pela ignorância, especialmente a ignorância a respeito de nós mesmos."
>
> CARL SAGAN, autor de THE DEMON-HAUNTED WORLD: SCIENCE AS A CANDLE IN THE DARK

Capítulo Um 1

HISTÓRIA:
A História das Nossas Diferenças

Somos uma espécie misteriosa, de extremos e contradições. Já foi dito que somos capazes de sonhar os mais belos sonhos e abrigar os mais negros pesadelos, tendo o poder de trazer à vida cada uma de nossas visões. Em nenhum outro momento da história dividimos o mundo com tantos outros iguais a nós e talvez nunca tenhamos nos sentido tão isolados e sozinhos. Ao mesmo tempo, as possibilidades do nosso futuro nunca trouxeram tantas promessas e, no entanto, tanto medo. É nesse contexto de extremos que buscamos unidade no nosso mundo e sentido mais profundo na vida.

Qual seria a importância de descobrir evidências incontestáveis — *provas verificáveis* — de que a nossa espécie existe como um ato intencional de criação? Será que a nossa vida e o nosso mundo seriam diferentes se soubéssemos que em cada célula de cada um de nós o nome de Deus está oculto no código químico da própria vida? No momento em que essa mensagem fosse compartilhada, o mundo que conhecemos nunca mais seria o mesmo.

Imagine descobrir que o Deus de nossas preces — o Alá do Islã, o Senhor das crenças judeu-cristãs, o Deus Supremo das tradições hindus e o Grande Espírito dos nativos norte-americanos — é precisamente o mesmo Deus. Antigas feridas poderiam ser curadas se descobríssemos que as perseguições, limpezas étnicas, guerras religiosas e inquisições em nome de Deus, nos últimos 2.000 anos, vieram de um mal-entendido a respeito da mesma mensagem eterna!

Com a revelação dessa descoberta, as razões que justificam os horrores do passado ficariam obsoletas. Desse momento em diante, a ignorância não seria mais desculpa para as atrocidades baseadas nas nossas diferenças. Diante da prova inegável da herança comum da humanidade, o conflito em nome de Deus só poderia vir de uma opção pelo conflito. Num tal momento, começaríamos de novo.

À Procura das Respostas Certas nos Lugares Errados

Será que existe essa evidência poderosa? Será possível que um registro da mais sagrada fé da humanidade tenha sobrevivido ao tempo e à devastação da civilização, à espera de ser descoberto desde a aurora do mundo? Há mais de 4.000 anos, os estudiosos se fazem essas perguntas, à busca de indícios nos registros envelhecidos dos que vieram antes de nós: pergaminhos, entalhes e textos fragmentados da antiguidade. Esquadrinhando, em bibliotecas de mosteiros remotos, manuscritos esfarelados que são tediosamente transcritos, letra por letra, as descobertas feitas até agora, embora interessantes, não correspondem às expectativas dos pesquisadores. Mas há indícios que apontam para a solução do nosso mistério, sugerindo que os registros do passado são incompletos e revelam apenas uma parte de alguma coisa de alcance muito maior.

De passagens misteriosas registradas no *Sepher Yetzirah*, o antigo Livro da Criação da Cabala, à inscrição original acima da entrada do Templo de Apolo em Delfos, há referências a uma chave universal — *uma cápsula do tempo* — que pode nos revelar a identidade do Criador e a origem da nossa espécie. Essa chave nos dá acesso aos meios para resolver quaisquer diferenças de crença ou origem que possam nos dividir. O tema dessas passagens é enganadoramente simples. Com a eloquência típica de muitas tradições consagradas pelo tempo, a máxima "Conhece-te a ti mesmo" nos convida a buscar dentro de nós as respostas para os mais profundos mistérios.

Tradicionalmente, os estudiosos vêem tais passagens como metáforas ou sugestões de que é por meio da experiência da vida que obtemos a sabedoria das eras. Não há dúvidas de que as atribulações e os desafios da vida moderna são grandes professores. Mas será que o convite para "procurar dentro de nós" não é alguma coisa a mais? Será que, tomadas literalmente, essas passagens podem ser entendidas como instruções — *instruções reais* — que indicam onde encontrar indícios da nossa criação?

Uma nova interpretação desse antigo convite sugere que a chave do mistério pode ser encontrada naquilo que as mais respeitadas tradições consideram o coroamento da criação: a nossa biologia! Em vez de procurar em templos e manuscritos deteriorados pelo tempo, a resposta para os mais profundos mistérios pode estar escondida na expressão da própria vida.

Conceitualmente, a idéia de procurar na criação os indícios do criador não é muito diferente de uma prática muito comum hoje em dia. Da construção de complexos produtos eletrônicos à simplicidade da tela de um artista, o desejo de fazer com que os outros conheçam nossas realizações faz parte da natureza humana. Nos automóveis, nos utensílios domésticos, na música que move nossa alma e na escultura que nos inspira sem fazer som algum, basta olhar para a obra para descobrir a assinatura do criador. Se uma "assinatura" do nosso Criador sobreviveu aos elementos do tempo e da natureza, é provável que esteja preservada no nosso corpo.

A revelação dessa assinatura exige de nós, antes de mais nada, o reconhecimento dos princípios universais que nos unem ao mundo e, o que é mais importante, que nos une uns aos outros. Ao fazer isso, descobrimos que nossa busca do passado tem sido o catalisador, levando-nos pacientemente à mais antiga fonte de conhecimento que existe, a biblioteca da vida.

Já foi dito que a chave do futuro está no passado. O antropólogo Louis Leakey, aclamado por ter descoberto hominídeos em Olduvai, na África, observou uma vez: "Sem uma compreensão de quem somos e de onde viemos, não acho que seja possível avançar." Anos depois, o antropólogo Richard Leakey, filho de Louis Leakey, reiterou os sentimentos do pai ao dizer, "Para dar significado a onde estamos hoje, temos que olhar para o ponto de onde viemos".[1]

A História é a história de nossa jornada. Nas páginas do tempo, gravamos um registro vivo de nossa busca de identidade, da busca para saber quem somos e como nos encaixamos no esquema da criação. Nosso legado está preservado nas nações, famílias, guerras e conquistas dos que vieram antes de nós — os elementos formadores do nosso passado. Coletivamente, não deixamos pedra sobre pedra ao testar os limites dos nossos sentidos e das nossas crenças na tentativa de nos definir.

Grande parte da história espelha nossa tentativa de merecer a graça de um poder superior. Os enormes templos nos desertos do Egito, os observatórios ocultos nas florestas de Iucatã, os relicários pousados nas montanhas do Peru e as grandes catedrais da Europa falam dos esforços que fizemos ao longo da história para agradar e chegar mais perto da nossa sempre mutável idéia de Deus. A história também nos fala das conseqüências que pesaram sobre pessoas e populações inteiras que não aceitaram as crenças de sua época.

Uma Espécie Definida pelas Diferenças

Neste mundo de diversidade, é mais fácil priorizar as diferenças que nos dividem do que os princípios que nos unem. A história da nossa espécie é definida pela religião, pela cor da pele, pela riqueza das sociedades e pelo avanço da tecnologia. Segundo estimativas dos cientistas, nosso mundo tem cerca de 4,5 bilhões de anos, mas nossos primeiros ancestrais surgiram há cerca de 250.000 anos. Nesse período relativamente breve, localizamos nossas diferenças e construímos com elas as fronteiras invisíveis que alimentam nosso senso de separação. Com base nessas fronteiras, incontáveis membros de nossa família global sofreram de maneiras impensáveis, inimagináveis até, para a mente de pessoas racionais. Juntos, compartilhamos as trevas de uma história pontuada de perseguições, inquisições, escravidão e tentativas de eliminar raças inteiras da face da terra.

Hoje, estamos maravilhados com a tecnologia aparentemente miraculosa que nos permite combater a doença e prolongar cada vez mais a vida. Ao mesmo tempo, vivemos num mundo em que a vida que tantas pessoas lutam para preservar é rotineiramente extinta por meio da atrocidade e da violência do que tem sido chamado de "inumanidade do homem para com o homem". No século passado, o desenvolvimento de armas de alta tecnologia permitiu a destruição de números incríveis de vidas num único dia, mas a história mostra que alguma coisa muito mais profunda gerou aquilo que o historiador Eric Hobsbawn chamou de "o século mais mortífero da história conhecida".[2]

Ao avaliar o tributo cobrado pela "mortandade politicamente motivada", Zbigniew Brzezinski, antigo consultor de segurança nacional da administração Carter, estima que, do começo do século até 1993, a violência gerada por nossas diferenças custou de 167 a 175 milhões de vidas — o equivalente à soma das populações da Grã-Bretanha, França e Itália![3]

Além das batalhas para resolver disputas relacionadas à posse da terra e à posse de recursos, o último século conheceu horrores de um outro tipo: a determinação implacável de "limpar" a sociedade com base em princípios que ultrapassam a posse de terras e de recursos naturais. Em 1948, a Assembléia Geral das Nações Unidas escolheu o termo *genocídio* para se referir a esse tipo de violência, definindo-a como "negação do direito à existência a grupos humanos inteiros". O Artigo II da *Convenção das Nações Unidas sobre Genocídio* definiu cinco categorias de genocídio:

1. Matar membros do grupo.
2. Causar sérios danos mentais ou corporais a membros do grupo.
3. Infligir deliberadamente ao grupo condições de vida capazes de gerar destruição física, total ou parcial.
4. Impor medidas com a intenção de impedir nascimentos dentro do grupo.
5. Transferir à força crianças do grupo para outro grupo.

Mortes Atribuídas a Atos Específicos de Genocídio

Evento	Mortes estimadas
Cruzadas (1095-1291)	1.5 milhão[4]
Tráfico de escravos no Atlântico (1700-1850)	18 milhões[5]
Dizimação de índios norte-americanos (séculos XVI-XIX)	20 milhões[6]
Holocausto judeu (II Guerra Mundial)	5.8 milhões[7]
Holocausto polonês (II Guerra Mundial)	5.0 milhões[8]
Genocídio tibetano (1959-2000)	1.2 milhão[9]
Genocídio balcânico (II Guerra Mundial até 1997)	1.5 milhão[10]
Pós-guerra — Vietnã, Camboja e Laos (1974-1986)	2.2 milhão[11]

Figura 1.1: Estimativa de número de mortes devidas a inquisições e episódios de genocídio. Embora as Cruzadas tenham ocorrido antes do período discutido no texto, elas são incluídas para comparação. A estatística referente aos balcânicos é modesta devido a mortes não relatadas, podendo chegar a 4.8 milhões.[12] As estimativas correspondem a médias de registros históricos.

O genocídio baseado em diferenças de raça, religião e origem, responsável pela magnitude de mortes relatadas por Brzezinski e outros, é chamado de *limpeza étnica*.

Embora a história dessas perseguições tenha começado antes da era moderna, foi o esforço de 300 anos para tirar os nativos norte-americanos de sua terra e eliminar seu modo de vida que iniciou a tendência e a magnitude das formas atuais de genocídio (ver Figura 1.1). Com o tráfico de escravos africanos e o holocausto de nativos norte-americanos nos séculos XVII, XVIII e XIX, quase 40 milhões de seres humanos já tinham morrido quando começaram os horrores do século passado. Somando as atrocidades que assolaram a Europa no século XX — o holocausto judeu e o holocausto polonês de cristãos durante a Segunda Guerra Mundial e as limpezas étnicas que ocorreram na região dos Bálcãs, Vietnã, Camboja, Laos, África e Tibete — esse número passa de 53 milhões.

Comparação entre o Número de Mortes Atribuídas a Genocídio e a AIDS e Desastres Naturais

Causa das Mortes:	Número Estimado:
Genocídio (todas as ocorrências conhecidas)	80.0 milhões[13]
AIDS	11.7 milhões[14]
Desastres Naturais	3.5 milhões[15]
Total	15.2 milhões

Figura 1.2: Estimativa de número de mortes devidas a diferenças de religião e crenças, AIDS e desastres naturais no século XX. Os desastres naturais excluem acontecimentos como secas e epidemias de fome.

Esses números inacreditáveis revelam que os conflitos étnicos, religiosos e filosóficos do século XX, notável por suas guerras sangrentas, tiraram cinco vezes mais vidas — 80 milhões de homens, mulheres e crianças — do que todos os desastres naturais somados à epidemia da AIDS no mesmo período (ver Figura 1.2). Embora os historiadores em geral concordem a respeito desses números, eles são menos significativos do que a magnitude da história que contam. Talvez seja por isso que o último século seja conhecido também como o século que "assassinou a paz".[16]

Paz: Mais do Que Ausência de Guerra

As gerações futuras vão estudar o século XX como o século mais violento da história. Nos primeiros anos do século XXI, parece que persiste o modo de pensar responsável por esse epíteto sombrio. Neste novo milênio, com a escalada dos programas de armas nucleares em países como Índia, Paquistão, Irã e Coréia do Norte, o palco está pronto para corridas armamentistas semelhantes à da Guerra Fria entre os Estados Unidos e a União Soviética, no século passado. A ameaça do terrorismo, da guerra civil e das diferenças religiosas não deixa dúvidas de que a violência e o sofrimento que prejudicaram o século passado serão o legado dos primeiros anos do novo milênio.

Embora as tentativas políticas para remediar esses conflitos sejam sempre proveitosas, quando falham, a solução tem sido predominantemente militar: vencer as forças da tirania com uma força ainda maior, empenhada em impedir o aumento da tirania. São essas forças que se evidenciaram em países como Bósnia-Herzegóvina, Serra Leoa e Timor Leste.

País do Conflito	Início da Missão	País do Conflito	Início da Missão
Oriente Médio	1948	Georgia	1993
Índia e Paquistão	1949	Bósnia-Herzegóvina	1995
Chipre	1964	Prevlaka	1996
Colinas de Golan	1974	Kosovo	1999
Líbano	1978	Serra Leoa	1999
Iraque-Kuwait	1991	República do Congo	1999
Saara Ocidental	1991	Etiópia e Eritréia	2000

Figura 1.3: Missões de Paz das Nações Unidas até 2002.[17]

No segundo ano do século XXI, as Nações Unidas realizaram 15 missões de paz, perfazendo um total de 54 missões desde que a comissão foi criada, entre 1945 e 1954 (ver Figura 1.3). Hoje, a maioria das missões de paz das Nações Unidas estão concentradas na Europa Oriental, na África e no Oriente Médio.

Embora o objetivo das forças das Nações Unidas seja promover a paz e a estabilidade numa determinada região geográfica, essa paz pode ser apenas uma *paz imposta*, nos casos em que o conflito recua diante de uma demonstração de forças. Além disso, a natureza internacional das forças das Nações Unidas deixa claro que, "oficialmente", a maioria apoia os guardiões da paz, com a promessa de uma presença militar ainda maior, caso seja preciso. Mas a história mostrou que, a longo prazo, a paz imposta é geralmente ineficaz. Obviamente, o número e a duração dessas missões nos ensinam uma grande lição.

Quando enfiamos o dedo num balão cheio d'água, o balão se dilata em outro lugar. Como nessa imagem, reprimir numa parte do mundo a violência causada pela mágoa e pela raiva não faz com que o conflito desapareça. Tropas e sanções são eficazes para inibir a violência num determinado lugar, mas a tensão que há na raiz dessa violência continua a existir. Não é surpresa que a tensão de regiões inteiras aumente ainda mais logo depois que a força é usada para debelar erupções localizadas de violência.

Dessa perspectiva, a intervenção militar é como um Band-Aid, uma solução rápida para uma crise mais profunda. No contexto das presentes condições mundiais, essas soluções servem para salvar vidas a curto prazo. Por exemplo, foi só com a intervenção das forças de paz durante a crise em Kosovo, em 1999, que se conseguiu deter o extermínio de vilas e comunidades inteiras na antiga Iugoslávia. O conflito entre israelitas e palestinos, no entanto, atingiu novas proporções nos primeiros anos do novo milênio. Essa onda renovada de violência continuou mesmo com a presença militar no local, mostrando que a força não traz uma paz duradoura.

Quer se trate de um jantar em família ou do mundo inteiro, a verdadeira paz é mais do que a simples ausência de conflito. A paz duradoura acontece no coração e na mente das pessoas antes que ocorra entre governos e nações. No mundo inteiro, os esforços de paz são essenciais para a prevenção da violência a curto prazo, significando um passo decisivo na solução pacífica de qualquer conflito. Mas, no fundo, só conseguem ganhar um pouco de tempo. A questão é se teremos sabedoria para aproveitar esse tempo ganho descobrindo outra maneira de resolver as questões que nos dividem.

A resposta a essa pergunta é o futuro que vai revelar, mas de uma coisa podemos ter certeza: é possível aprender com o passado. Cada conflito, cada guerra e cada tentativa de limpeza étnica é um espelho da nossa relação com o Criador, com os outros e com a criação. Quando valorizamos a vida e nos vemos como membros de uma família global e como administradores da Terra, nossas ações refletem essas crenças. A história mostrou que é ao escolher desonrar uns aos outros e o princípio da vida que entramos na espiral descendente de agressividade e competitividade violenta. Da queda de Roma ao colapso da antiga União Soviética, o esquecimento dessa verdade simples destruiu algumas das mais poderosas nações da história.

Como nós nos vemos no alvorecer de um novo século? A intensidade das guerras, limpezas étnicas e lutas pelo poder do século passado oferecem um forte indício. Assim como nossa resposta global a essas crises.

Hoje, a busca pelo conhecimento de nós mesmos continua. Nossa maneira de viver cada dia reflete a busca de um significado maior em nossa vida. Como uma tribo que vaga há tanto tempo que esqueceu o propósito de sua jornada, passamos pelos acontecimentos da vida em busca de um sinal, de algo que dê significado ao que criamos e àquilo em que nos tornamos.

Em Busca do Nosso Lugar na Criação

Em 28 de abril de 2001, um marco na busca para entender nosso lugar no cosmos, veio e se foi com pouco alarde. Com a exceção de uma breve menção no noticiário noturno, o que aconteceu naquele dia passou quase desapercebido. Às 10:27 da manhã, horário do Pacífico, cientistas que operavam um sensível radiotelescópio em Madri, Espanha, receberam um sinal do primeiro objeto feito pelo homem a deixar o sistema solar. Sem receber nenhuma comunicação do artefato desde agosto de 2000, cientistas da National Aeronautics and Space Administration (NASA) tinham transmitido um sinal para a vastidão do espaço no dia anterior, numa tentativa de iniciar contato com o objeto a partir da Terra. Viajando à velocidade da luz, esse sinal foi retornado e captado pelo telescópio em Madri. Com o sinal veio uma fé renovada no legado do Pioneer 10, uma sonda espacial lançada da Terra quase três décadas antes.

No dia 2 de março de 1972, o Pioneer 10 começou uma viagem sem precedentes, que o levaria aos confins do sistema solar e além dele. A tarefa do Pioneer era enviar informações à Terra durante sua jornada, dando aos cientistas uma nova percepção dos campos magnéticos, da gravidade e dos padrões climáticos de nossos distantes vizinhos planetários — indícios que nos ajudariam em nossa busca para saber quem somos. Para o caso de encontrar vida inteligente em algum ponto de sua viagem de mão única, o *Pioneer* foi equipado com nosso primeiro "cartão de visitas" interestelar.

Projetada pelo Doutor Carl Sagan e pelo Doutor Frank Drake, uma placa de ouro de 15 por 22 centímetros foi fixada no pequeno artefato, com informações sobre seus criadores e sua origem. Gravado na superfície da placa, um diagrama mostrava que o Pioneer tinha saído do terceiro planeta a partir do Sol, indicando sua relação com o centro da galáxia. Além disso, havia um desenho de um homem e de uma mulher, uma silhueta do Pioneer e símbolos químicos demonstrando conhecimento da constituição do hidrogênio, o elemento mais abundante do universo (ver Figura 1.4).

O sinal devolvido à Terra naquele dia de 2001 foi o mesmo que tínhamos transmitido 22 horas antes (como o Pioneer 10 estava a quase 11 anos luz de distância, levou 11 horas para enviar o sinal e outras 11 para ele voltar). Depois de 29 anos no espaço, em meio ao lixo espacial, às tempestades radiativas e às temperaturas abaixo de zero, o Pioneer ainda estava "vivo" e seus instrumentos ainda funcionavam. Embora a missão da sonda possa durar centenas de anos, a distância vai acabar tornando a comunicação impraticável.

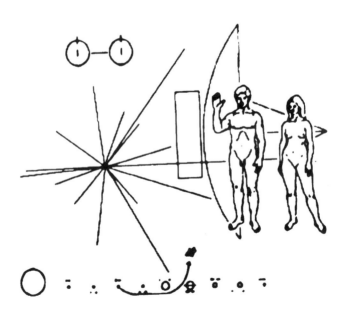

Figura 1.4: Ilustração esquemática da placa de ouro levada pela sonda espacial Pioneer 10.

Em algum ponto de sua viagem, o Pioneer pode muito bem encontrar formas de vida inteligente que, como *nós*, buscam indícios de suas origens. Nesse dia, tendo viajado para tão longe de casa com evidências de nossa existência, a sonda de 250 quilos, que deixou a Terra na primavera de 1972, vai se tornar nosso primeiro embaixador espacial. Mesmo que os símbolos não sejam entendidos, a existência do Pioneer fala por si só. O fato de sua missão solitária ser de simples exploração deve indicar, para seus descobridores, que valorizamos a vida a ponto de aplicar nossa tecnologia — e penetrar nos domínios inexplorados do sistema solar e além dele — para saber se "tem alguém lá".

Somos os Únicos?

Depois de pousar na Lua em 1969, Neil Armstrong, o primeiro ser humano da história que conhecemos a pisar em outro mundo, admitiu que é grande a probabilidade de haver inteligência em outro lugar. "Se extrapolarmos, com base nas melhores informações disponíveis, chegamos à conclusão de que ... provavelmente existe vida lá fora — talvez em muitos lugares."[18]

O sentimento de Armstrong encontra eco em outros cientistas e pesquisadores respeitados em suas áreas. "Sabemos que há planetas girando em torno de outras estrelas e sabemos que é provável que alguns desses planetas tenham condições adequadas para a vida. Então, seria bizarro se fôssemos os únicos. É muito mais provável que o universo seja fervilhante de vida", sugere Dan Werthimer, físico da University of California, em Berkeley.[19]

Em 1961, o astrônomo Frank Drake propôs uma equação capaz de estimar o número de civilizações inteligentes que podem existir em outros lugares do universo. Conhecida como equação de Drake, a fórmula é baseada em 7 fatores que os cientistas consideram necessários para a vida inteligente. Usando suposições baseadas em certos fatos, como o índice anual de formação de estrelas e a fração delas que produzem planetas compatíveis com a vida, a equação de Drake sugere que pode haver 10.000 civilizações inteligentes no universo como o conhecemos (ver Figura 1.5).[20]

> (o índice anual de formação de estrelas) x
> (quantas dessas estrelas têm planetas) x
> (quantos desses planetas são adequados à vida) x
> (em quantos desses planetas a vida se desenvolve de fato) x
> (em quantos desses planetas surge vida inteligente) x
> (quantas civilizações inteligentes desenvolvem comunicações avançadas) x
>
> (o número de anos que uma civilização inteligente pode sobreviver sem se destruir ou sucumbir a causas naturais) = (número de civilizações inteligentes possíveis no universo)

Figura 1.5: Equação do radioastrônomo Frank Drake para estimar o número de civilizações inteligentes que podem existir em nosso universo. Nota: nessa ilustração, a letra x é o símbolo da multiplicação.

Porém, até o momento, parecemos ser os únicos na vastidão do cosmos. De acordo com o que os cientistas acreditam agora, o universo que habitamos tem cerca de 17 bilhões de anos-luz (1 ano luz = os 17,52 trilhões de quilômetros que a luz percorre em um ano) de um lado a outro, enquanto a Via Láctea tem 100.000 anos-luz de um lado a outro. No universo inteiro, deve haver cerca de 200 bilhões de galáxias, sendo que cada uma congrega de 200 a 500 bilhões de estrelas, como é o caso da nossa.

Diante desses números espantosos, é mais provável que exista inteligência em algum lugar. Alguns pesquisadores suspeitam até que já fizemos algum tipo de contato. Na ausência de provas, muitas pessoas têm simplesmente um profundo sentimento intuitivo de que não estamos sozinhos — e o sentimento de que existe uma presença universal maior, associada a Deus. Mesmo que essa presença não seja "o" Deus, a descoberta de outra vida pode nos aproximar da solução do mistério de nossas próprias origens.

Comentando o valor dessa busca, Carl Sagan observou: "No sentido mais profundo, a busca de uma inteligência extraterrestre é a busca de nós mesmos."[21] Talvez, o sentimento de Sagan venha da possibilidade da busca de nossas origens nos levar finalmente à evidência mais abundante do mistério da vida: o mistério da humanidade.

Embora seja provável que haja inteligência em algum outro lugar do universo, por ora a família dos seres humanos parece ser única na criação. Mesmo que essa inteligência seja descoberta e abertamente reconhecida, é provável que não seja idêntica à nossa. Assim, com toda a probabilidade, vamos continuar sendo exclusivos como forma de vida.

À luz dessa singularidade, podemos descobrir que as qualidades que nos tornam tão distintos são também a chave para a nossa sobrevivência às ameaças do futuro. Porém, para encontrar essa chave, temos primeiro que decifrar o enigma mais antigo e mais difícil de todos: descobrir quem somos olhando dentro de nós.

SUMÁRIO DO CAPÍTULO 1

- Nos primeiros anos do século XXI, a humanidade enfrenta os maiores desafios da história conhecida. O futuro da nossa espécie é ameaçado pela perspectiva de uma terceira guerra global, de doenças resistentes a medicamentos e de tecnologias biológicas com resultados duvidosos, como a clonagem humana.

- De posse da ciência mais avançada da história conhecida, ainda temos que responder à mais fundamental das perguntas: quem somos?

- A história da civilização é a história de nossa busca para nos conhecer. Pontuando essa jornada, muitos exemplos mostram que as diferenças de raça, crença, herança e estilo de vida têm sido usadas para justificar atrocidades consideradas "inumanidade do homem para com o homem".

- Os historiadores consideram o século XX o mais sangrento da história. O genocídio e a limpeza étnica custaram mais vidas do que os desastres naturais e a epidemia da AIDS combinados, durante o mesmo período de tempo.

- Muitas das questões que estão na raiz da violência do século XX ainda existem. Sem solução, elas escalaram a níveis regionais e ameaçam agora a paz do mundo.

- A tecnologia dos últimos 50 anos levou nossa busca de identidade às mais longínquas regiões do sistema solar, e além dele. A sonda Pioneer 10 continua sua jornada pelo espaço com a placa de 15 por 22 centímetros, projetada para ser nosso primeiro "cartão de visita" interestelar.

- Finalmente, a busca das nossas origens parece estar nos levando à mais abundante fonte de indícios: a própria vida. Compreendendo a vida em geral e sabendo quem somos especificamente, podemos descobrir a chave para superar as diferenças que ameaçam a nossa existência.

> *"Sem compreender quem somos e de onde viemos, não acho que possamos realmente avançar."*
>
> LOUIS B. LEAKEY

Capítulo Dois

OSSOS, LIVROS E CÉLULAS:
Quando Evidências e Teorias Colidem

Nos primeiros anos do século XXI, estamos diante de uma realidade humilhante. É uma grande ironia mas, mesmo de posse da ciência mais avançada da história da nossa espécie, ainda nos resta responder à pergunta mais básica da nossa vida: quem somos nós? Devemos nossa existência a uma combinação casual de elementos e evolução, ou existe algo mais?

Em Busca de Nossas Origens

Até recentemente, as discussões científicas sobre a origem humana eram baseadas na descoberta de restos fossilizados, supostamente de nossos ancestrais. Nas pegadas da teoria da evolução, de Charles Darwin, publicada pela primeira vez em 1859, com o título *The Origin of Species by Means of Natural Selection*, a idéia geral é que nossa espécie se desenvolveu ao longo do tempo, com cada nova geração selecionando dos pais as características que garantem a sobrevivência. Desse modo, os traços que nos trazem força e diversidade, são preservados. Boa parte da teoria de Darwin é baseada em observações que ele fez quando estudava a vida selvagem nas Ilhas Galápagos e também na descoberta de criaturas fossilizadas, ainda desconhecidas na época de sua viagem.

Antes da publicação da obra de Darwin, a visão dominante da origem do mundo vinha de uma interpretação literal da Bíblia. Essa visão continua em voga até hoje e é chamada também de teoria do criacionismo, com raízes na doutrina religiosa proposta pelo bispo anglicano James Ussher em 1701. Combinando a história mediterrânea e a do Oriente Médio às mortes e nascimentos históricos registrados na Bíblia de sua época, o Bispo Ussher criou uma linha do tempo, situando nela os acontecimentos bíblicos, desde o primeiro dia da criação.

Com base nesses cálculos, Ussher declarou que o dia do "Princípio" foi 23 de outubro de 4004 A.E.C., um domingo, fixando assim a idade da Terra em 6.000 anos.[1] A partir dessa cronologia, Ussher calculou as datas dos acontecimentos bíblicos mais importantes, como a expulsão de Adão e Eva do Éden, que teria acontecido no dia 4 de novembro de 4004 A.E.C., uma segunda-feira. As correlações de James Ussher foram anexadas a versões autorizadas da Bíblia e passaram a ser aceitas sem questionamento.

Em desacordo com a interpretação científica da idade da Terra e dos indícios geológicos, o criacionismo afirma que a vida foi criada toda de uma só vez, pela força de Deus, por ocasião do Princípio. Além disso, afirma que não há novas espécies a serem descobertas. Toda a vida que existe no presente ou no passado — incluindo a vida humana — é o resultado da criação original, tendo permanecido fixa e imutável.

Para explicar as características físicas da Terra, os criacionistas recorrem a acontecimentos passados de proporções catastróficas. Esse conceito, conhecido como *catastrofismo*, atribui às catástrofes a criação das montanhas, oceanos e continentes que conhecemos atualmente. A visão de mundo baseada nas teorias do criacionismo e do catastrofismo não sofreram quase nenhuma contestação até que seus paradigmas foram abalados com a publicação da obra do cientista escocês James Hutton, em 1785.

Conhecido como o pai da moderna geologia, Hutton sugere, no livro *The Theory of the Earth*, que nosso mundo está continuamente mudando e evoluindo como resultado de processos naturais que sempre existiram e não de um único ato de intervenção divina ocorrido na época do Princípio. As teorias de Hutton afirmam também que forças que já atuaram no nosso planeta continuam ativas até hoje. É a continuidade dessas mudanças que ofereceu aos pesquisadores modernos uma janela para o passado. Por meio desse conceito simples, o presente se tornou a chave para o passado.[2] Embora esses princípios pareçam óbvios hoje em dia, teorias como a de Hutton eram radicais na sua época.

Darwin conhecia a obra de Hutton e de outros cientistas,[3] cujas idéias contribuíram para a teoria da evolução, já que ajudavam a explicar o que ele viu durante sua famosa viagem a bordo do HMS Beagle, de 1831 a 1836. Ao longo dessa viagem, Darwin observou uma variedade de plantas e animais muito maior do que qualquer outro cientista de sua época. Uma anotação em seu diário, datada de 1859, dá uma idéia da impressão que essa viagem lhe causou:

> "Quando eu estava a bordo do HMS Beagle como naturalista, fiquei perplexo com certos fatos relativos à distribuição dos habitantes da América do Sul e às relações geológicas dos habitantes do presente com os do passado daquele continente. Pareceu-me que esses fatos lançavam alguma luz sobre a origem das espécies — esse mistério dos mistérios, como tem sido chamado por um dos nossos maiores filósofos."[4]

Essenciais nas descobertas de Darwin foram suas observações de várias espécies de pássaros nas Ilhas Galápagos. Já de volta a Londres, ele percebeu que alguns espécimens, que ele julgara pertencer a *diferentes* famílias de tentilhões, eram variações da *mesma* família. A questão era, portanto, explicar as variações — como tamanho e forma do bico — entre tentilhões que tinham se desenvolvido isolados uns dos outros em ilhas separadas. Além disso, a descoberta de restos fossilizados de criaturas semelhantes a animais modernos, mas muito maiores, aumentaram o mistério com que Darwin deparou.

Usando métodos científicos confiáveis, Darwin aplicou as melhores teorias de sua época para explicar o que tinha descoberto durante sua viagem histórica. Hoje, sabemos que o resultado desse trabalho foram as teorias da *seleção natural* e da *evolução*. Na essência, essas teorias afirmam que há diferenças em qualquer população. Os pássaros com características que favorecem a vida, como bicos grandes para consumir castanhas maiores ou penas de cores que lhes servem de camuflagem, têm uma vantagem sobre pássaros da mesma espécie que não tenham essas características.

Ao longo do tempo e das condições que se modificam, os indivíduos com traços que garantem a sobrevivência se impõem sobre os que não têm esses traços. Isso acontece porque eles vão sobreviver mais tempo e produzir descendentes que terão também os mesmos traços positivos. Com o tempo, as mutações que eram exclusivas de alguns indivíduos se tornam os traços de uma nova espécie. No livro *The Descent of Man*, Darwin expõe a teoria de que a humanidade, como outras formas de vida, é o resultado desses processos, sendo que a seleção evolutiva se dá no decorrer de longos períodos de tempo.

Evolução ou Adaptação?

Charles Darwin voltou de sua viagem histórica em 1836, mas só 20 anos depois publicou suas descobertas. No artigo *The Theory of Evolution and Natural Selection*, publicado pela Linnean Society, de Londres, Darwin apresentou suas descobertas em parceria com Alfred Wallace, um cientista que tinha chegado a conclusões semelhantes, embora não tivesse evidências para sustentá-las. Um relato completo da teoria de Darwin foi então publicado como *The Origin of Species*, amplamente aclamado por cientistas de todo o mundo.

Embora a obra de Darwin seja meticulosamente documentada e realizada de acordo com as orientações do método científico, *um corpo de evidências cada vez maior sugere agora que talvez ela não contenha uma descrição completa da origem humana e não prove que somos o resultado de uma evolução.* Isso não quer dizer que não tenha ocorrido alguma forma de evolução, já que são conhecidas e documentadas as características que fazem com que grupos de pessoas se ajustem a seus ambientes. Pode ser que *adaptação* indique melhor o que tem sido observado em tais grupos, em vez de *evolução*.

Os indígenas de regiões polares do Ártico e da Sibéria, por exemplo, desenvolveram mais pele em torno dos olhos como proteção contra o brilho perpétuo da luz do sol, refletida pela neve e pelo gelo, que os saúda todos os dias quando saem de casa. Embora essa característica pareça ser uma resposta direta ao ambiente, *trata-se de uma mudança apenas na aparência.*

Os membros dessas tribos estão há pelo menos 10.000 anos se adaptando às duras condições das regiões polares. Porém, durante esse tempo, eles não se transformaram numa nova espécie de seres humanos, e não parece haver evidências de que isso venha a acontecer. Geneticamente, essas pessoas ainda pertencem à espécie *Homo sapiens sapiens*. Houve apenas um ajuste do seu corpo às condições do ambiente.

Assim também, as pessoas que vivem nos pontos mais altos da Terra desenvolveram características que aumentam sua probabilidade de sobrevivência. Entre as montanhas mais altas do mundo, estão os Andes, no Peru, e os Himalaias, que se elevam em direção aos céus entre o Nepal e o Tibete. Estudos revelam que o número de células vermelhas no sangue de pessoas que vivem em grandes altitudes tende a ser 30 por cento maior do que o das que vivem no nível do mar.[5]

Em geral, pessoas que vivem em condições extremas *modificam* as funções corporais para sobreviver ao frio, à falta de umidade e aos níveis de oxigênio na atmosfera. Um maior número de células vermelhas favorece a capacidade do sangue transportar oxigênio e, com isso, aumenta a quantidade de oxigênio enviada aos tecidos. Embora esses e outros estudos documentem a capacidade de adaptação de populações humanas ao ambiente, eles não chegam a descrever um processo evolucionário relativo a nossas origens e à nossa história.

As Evidências Sustentam a Evolução?

Depois das teorias de Darwin, a busca de nossas origens se concentrou na busca de evidências físicas que liguem o homem moderno aos seus primeiros ancestrais. Um corpo sempre crescente de evidências compiladas nos últimos 150 anos parece sugerir que nossos ancestrais foram se transformando, ao longo do tempo, em formas de vida cada vez mais sofisticadas. Invariavelmente, essas discussões sobre fósseis levam ao trabalho profundamente inspirador da família Leakey, no Quênia.

Há mais de meio século, os Leakey e seus colegas cientistas, como Tim White e Donald Johanson, trabalham nas remotas regiões do Vale Rift, na África Oriental, em busca de elos perdidos da nossa árvore genealógica. Desde o início das escavações, nos anos 1950, várias equipes internacionais peneiram diligentemente a terra solta e os grãos de poeira para recuperar fragmentos de ossos, dentes, ferramentas de pedra e, às vezes, partes inteiras de esqueletos de antigos seres que parecem ter características humanas. A revista *National Geographic* já documentou várias vezes a busca feita ao longo da última metade de século, que agora fixa as origens humanas há seis milhões de anos (*Nature*, 12 de julho de 2001).

A busca continua até hoje e já produziu muitos restos fossilizados que representam supostamente os vários estágios do desenvolvimento humano na escada da evolução. Comentados em salas de aula do mundo inteiro, esses antigos exemplos de hominídeos são comumente chamados de "homem Cro-Magnon" e "homem de Neandertal". Além de fixar a origem de nossos ancestrais quatro milhões de anos antes do que se supunha, descobertas recentes na África Oriental nos ajudam a entender como viemos de "lá" para "cá". A Figura 2.1 mostra uma versão da seqüência hoje aceita do desenvolvimento humano.

Linha do Tempo Tradicional do Desenvolvimento Humano[7]

Nome Científico	Nome Comum	Há Quantos Anos?
Australopithecus	Lucy	3,2 milhões[8]
Homo habilis	Homem Hábil	2,0 milhões
Homo erectus	Homem Ereto	1,5 milhão
Homo heidelbergensis	Pré-Neandertal	300-400 mil
Homo neanderthalensis	Clássico-Neandertal	30-150 mil
Homo sapiens sapiens	Cro-Magnon Homem Moderno	10-30 mil

Figura 2.1: Uma cronologia amplamente aceita de nossos ancestrais, estabelecida a partir de evidências fossilizadas. Esse resumo é aproximado, já que novas descobertas continuam a modificar as datas que definem a idade dos nossos mais antigos ancestrais.

Por mais impressionantes que sejam esses dados e por mais que contribuam para o conhecimento de nossas origens, descobertas feitas no final do século XX[9] criaram novas questões e, em alguns casos, aprofundaram o mistério do nosso passado. Por exemplo, se o processo de mudança é contínuo, então por que a capacidade e a forma do cérebro do homem moderno permaneceram virtualmente inalteradas nos últimos 160.000 a 200.000 anos? Se viemos de formas menos desenvolvidas de primatas, então como explicar as evidências fósseis que nos mostram vivendo com essas formas nos mesmos períodos? Supondo que a humanidade evoluiu gradualmente ao longo dos éons, o que aconteceu que nos fez começar a andar eretos? Duas descobertas do final do século XX podem lançar luz sobre essas questões e sobre o que elas nos dizem a respeito da nossa história.

O Mistério Genético

O primeiro mapa dos elementos constitutivos da vida foi feito por James Watson e Francis Crick em 1953. Por meio do agora famoso modelo da dupla hélice e dos padrões de informação contidos na molécula do DNA, a porta foi aberta para uma ciência de identificação de indivíduos com base em características genéticas únicas. Da cor dos olhos e dos cabelos à predisposição a certas doenças, os códigos que determinam a aparência e o funcionamento do nosso corpo estão contidos no DNA. Desde a época da descoberta de Watson e Crick, a ciência de combinar segmentos de DNA para determinar paternidade, identificar pessoas perdidas e ligar suspeitos a um crime específico, tornou-se uma peça-chave em investigações criminais e processos judiciais.

Em 2000, as mesmas técnicas usadas nessas investigações — cujos resultados são reconhecidos em qualquer tribunal — foram aplicadas ao estudo das origens humanas pela segunda vez na história. Numa reportagem publicada pela prestigiada revista *Nature*,[10] pesquisadores do Centro de Identificação Humana da University of Glasgow falaram de um estudo que fizeram comparando material genético de nossos possíveis ancestrais com o de homens modernos. Em 1987, com a colaboração de cientistas russos e suecos, eles recolheram DNA do corpo excepcionalmente bem preservado de uma criança de Neandertal, descoberta numa caverna de pedra calcária ao norte do Cáucaso.

O estado excepcional do corpo da criança é por si só um mistério. Normalmente, um tal grau de preservação ocorre apenas quando os tecidos estão congelados, como os dos corpos encontrados nas regiões polares. Seja como for, esse estado incomum de preservação permitiu que o DNA de 30.000 anos da criança fosse comparado com o de seres humanos de hoje. Essa foi a primeira vez que esses testes puderam ser realizados num corpo cuja idade já tivesse sido estabelecida pelos testes de carbono.

Embora os cientistas ainda estejam atordoados com as implicações desse relato, o estudo demonstrou que a possibilidade de uma ligação genética entre o homem de *Neandertal* e o homem moderno é muito remota. Os resultados sugerem que "o homem moderno não é, de fato, descendente do homem de Neandertal".[11] Em teoria, a ciência da comparação genética deveria resolver o mistério da nossa descendência mas, na prática, sua aplicação está levantando outras questões e abrindo a porta de territórios "proibidos" no tocante à nossa origem e linha evolutiva.

A descoberta do código genético revelou outro mistério, relativo ao número de cromossomos que distinguem uma espécie da outra. Os cromossomos de cada membro de uma espécie contêm informações biológicas que determinam a estrutura óssea, o tamanho do cérebro, os processos metabólicos e assim por diante. Os primatas superiores, como os macacos, têm 24 pares de cromossomos, num total de 48, que lhe dão sua singularidade. Os seres humanos têm 23 pares, num total de 46 apenas! Embora pareça que nos falte um conjunto inteiro de cromossomos, um estudo comparativo do nosso mapa genético com o dos nossos parentes mais próximos revela uma curiosidade interessante.

Um exame mais próximo dos cromossomos que parecem estar ausentes na nossa configuração genética revela que o cromossomo 2 dos seres humanos é extraordinariamente semelhante e, de fato, "corresponde" aos cromossomos 12 e 13 dos chimpanzés, *como se estes fossem para ser combinados* (fundidos) num único elemento maior do DNA.[12][13][14] Outras pesquisas dos mapas genéticos dos primatas indicam que esse "cromossomo humano 2 desdobrado" é comum também ao gorila e ao orangotango. Dadas essas diferenças nos cromossomos, é pouco provável que processos naturais ou antigos cruzamentos híbridos tenham criado essa mistura genética. Além desses mistérios relativos ao cromossomo 2, há várias outras características genéticas dos seres humanos e dos chimpanzés que são aparentemente idênticas, *mas invertidas,* nas duas espécies.[15] Essas descobertas levantam uma questão: o que poderia ter acontecido no passado distante para produzir essas mudanças no código fundamental da nossa vida?

Com base numa comparação da fisiologia humana com a de outros primatas, um corpo cada vez maior de evidências sugere que, como *Homo sapiens*, somos uma espécie independente. Segundo essa teoria, não somos parte de uma progressão linear, descendendo diretamente de outros primatas, mas nos desenvolvemos lado a lado com outros primatas, numa espécie de evolução paralela. Uma comparação entre características humanas e primatas — como densidade óssea, capacidade de verter lágrimas e de transpirar, diferença entre o nosso cabelo e a pelagem dos primatas — empresta credibilidade a essa teoria, alimentando a controvérsia para os proponentes tanto do criacionismo quanto da teoria da evolução.

Na revista inglesa *Nature* (12 de junho de 2003), foi publicado um artigo sobre a descoberta de crânios fossilizados dos primeiros *Homo sapiens*. Encontrados na Etiópia, África, esses restos teriam 160.000 anos de idade. No entanto, embora não sejam idênticos, são muito semelhantes aos dos seres humanos modernos! Se o processo de evolução é constante, então por que mudamos tão pouco ao longo de tanto tempo?

Embora essas descobertas tragam mais perguntas do que respostas, cada estágio da investigação acrescenta ao que sabemos sobre nós mesmos, ajudando a definir o nosso lugar no universo e o nosso papel na criação. Outras evidências relativas aos fósseis emprestam credibilidade aos estudos genéticos, sugerindo que, embora o nosso DNA tenha muito em comum com o de formas de vida menos desenvolvidas, podemos ter-nos desenvolvido de maneira única e inesperada, ao longo de nossa própria linha genética.

Anomalias em Evidências Fósseis

Além dos estudos de DNA, as revistas científicas têm publicado notícias sobre descobertas de restos humanos anômalos — esqueletos humanos totalmente modernos — nas mesmas camadas de terra em que fósseis de antigos hominídeos, muito mais abaixo na escada da evolução, foram descobertos. Num relatório publicado em 1913, o Doutor Hans Reck, contemporâneo de Louis Leakey, relatou uma descoberta que fez na mesma região da África que mais tarde produziria os mais antigos exemplos de restos humanos.[16] Trabalhando na Garganta Olduvai, o Doutor Reck descobriu o que parecia ser um esqueleto humano moderno, totalmente desenvolvido, *retirado das mesmas formações geológicas* de que foram retirados os restos dos agora famosos "homem de Pequim" e "homem de Java".

A presença de um esqueleto moderno nas mesmas camadas de terra em que estavam restos mais antigos traz um problema para a teoria convencional da evolução: se uma forma de vida descende da outra, elas não podem coexistir no mesmo período de tempo. Como as camadas mais profundas foram depositadas primeiro, o que é encontrado nelas é considerado mais antigo do que tudo o que é encontrado nas camadas mais superficiais, que se formaram numa época posterior.

Como esse é um método geralmente aceito para datar objetos enterrados, pode-se concluir que o esqueleto de aparência moderna viveu e morreu na mesma época em que viveram e morreram os seres humanos mais primitivos. Nesse caso, estes não poderiam ter evoluído num período posterior.

Quando a descoberta de Reck foi divulgada pela primeira vez, os céticos sugeriram que os esqueletos modernos poderiam ter sido levados pela água para aquela camada mais profunda, numa época posterior. Embora essa possa ser uma explicação para o mistério, casos semelhantes[17] sugerem que essas descobertas indicam alguma coisa muito mais significativa. Elas se juntam a um corpo cada vez maior de evidências, sugerindo que podemos não ser o produto de uma nítida escada evolutiva, como a que Darwin observou no caso dos tentilhões. Se os seres humanos modernos viviam na Terra na mesma época em que viviam os que são considerados nossos ancestrais primitivos, então temos que fazer a pergunta seguinte: de onde vieram eles (e nós)?

Uma Combinação das Teorias de Nossas Origens

A palavra *teoria* é definida como "suposição criada para analisar ou explicar a natureza de fenômenos dados". As teorias da criação e da evolução, relativas à origem da vida, que foram propostas até hoje, são precisamente isso: *teorias*. Elas foram criadas para explicar, de perspectivas muito diferentes, as evidências observadas. No momento histórico em que as teorias da criação e da evolução foram apresentadas, ambas pareciam ser explicações razoáveis, com base nas informações então disponíveis. Embora as duas venham de observações confiáveis, qualquer teoria é limitada pelas informações em que se baseia. No caso da teoria da criação e da teoria da evolução, as fontes de informação estão ainda se desenvolvendo, deixando as interpretações abertas a revisões na medida em que novas informações vêm à luz.

As questões básicas a respeito da evolução, no que se refere às origens humanas, derivam de duas suposições vitais para a teoria. São elas:

- A vida pode surgir espontaneamente de matéria não-viva.

- As características que nos tornam únicos são o resultado de forças evolucionárias que agem sozinhas.

Embora haja fortes evidências de que certos precursores da vida, como as nuvens de amônia, os elementos da clorofila e das hemoglobinas (porfirinas) existem no espaço intergalático, ao que eu saiba não há nenhuma evidência de que a vida possa se originar a partir de substâncias não-vivas, sob condições naturais e de laboratório. Os evolucionistas resolvem essa incongruência sugerindo que, embora não se observe *hoje* a criação espontânea de vida, as condições para esse processo podem ter existido em algum momento do passado, sendo depois destruídas pelo próprio desenvolvimento da vida.[18]

Porém, mesmo que as condições químicas, assim como as de temperatura e de umidade, sejam favoráveis à vida espontânea, parece haver alguma outra força, *além das propriedades da química*, que sopra a vida nos elementos da criação. Essa força não parece ser levada em conta nas teorias da época de Darwin e nem no conhecimento convencional de hoje.

Como foi observado antes, se as espécies *evoluem* com novas características genéticas, em vez de se adaptar ao longo do tempo, então as evidências fósseis deveriam apresentar uma progressão linear, de uma forma de vida para a seguinte. No entanto, elas sugerem que espécies que teriam supostamente evoluído umas das outras ao longo do tempo parecem ter vivido umas com as outras durante o mesmo período, tornando menos provável a progressão linear.

Do mesmo modo, a teoria da criação tem sido perseguida por dúvidas relativas à acuidade dos cálculos do Bispo Ussher, às suas fontes e ao rigor de suas alegações. Como no caso da teoria da evolução, essas dúvidas vêm de pressupostos que servem de base à teoria, como por exemplo:

- Os registros bíblicos da criação são exatos.
- Os registros bíblicos da criação são completos enquanto relatos.

Os mais importantes estudiosos dos nossos dias concordam num ponto: por melhores que sejam como documentos de acontecimentos tradicionais e históricos, os textos bíblicos são fisicamente incompletos. No ano 325 E.C., o Imperador Constantino ordenou a destruição de 45 livros do Velho e do Novo Testamentos. Então, a versão canonizada do texto bíblico em que o Bispo Ussher baseou seus cálculos, também era incompleta.

Embora tanto o criacionismo quanto o evolucionismo ofereçam critérios preciosos para a compreensão de nossas origens, *pode ser que a fusão de conceitos-chave das duas teorias* ofereça a melhor explicação para as evidências observadas até hoje. Uma tal *teoria híbrida da criação* leva em conta as observações da teoria da evolução, sugerindo que o nosso mundo é antigo e que os processos geológicos exigem longos períodos de tempo. Além disso, ela agrega a visão dos criacionistas de que uma força especial, além da que é reconhecida pela ciência convencional dos nossos dias, é responsável pela centelha que vemos como "vida", e por acionar as condições das quais a vida surgiu.

Na ausência de observação direta, a teoria é a melhor resposta disponível para explicar um fenômeno dado. O fato é que ninguém que esteja vivo hoje observou diretamente o momento em que começou a criação. Por ora, uma teoria combinada que agregue elementos do criacionismo e do evolucionismo parece oferecer a melhor explicação para o mistério e o milagre da vida. Além de levar em conta as evidências físicas descobertas até agora, ela deixa espaço para o que a grande maioria das pessoas sente intuitivamente: que somos parte de alguma coisa maior.

Vida: Por Desígnio

No texto didático *Chemistry, Matter and the Universe*, a vida é definida do ponto de vista químico: "Vida é um padrão de comportamento que sistemas químicos exibem quando atingem um certo nível e um certo tipo de complexidade."[20] Embora essa definição descreva um aspecto da vida, ela deixa uma sensação de vazio, uma sensação de que alguma coisa está faltando. Será que somos meramente um produto de substâncias químicas que se combinam e se modificam ao acaso durante éons? Ou somos alguma coisa a mais? Será que somos o resultado de uma série de acontecimentos pensados e precisos — um ato intencional de criação?

Se, como sugerem as tradições mais antigas da humanidade, a vida humana é o resultado de um ato deliberado, então temos que fazer a pergunta seguinte: quem, ou que força é responsável por uma tal exibição de poder, sabedoria e visão? É a resposta a essa pergunta que nos permite, pela primeira vez depois de muito tempo, começar a entender o nosso mundo e a descobrir um sentido maior na nossa vida.

Segundo uma observação do próprio Darwin em *The Origin of Species*, parece improvável que a seleção natural seja sozinha a responsável pelo grau de especialização que vemos nos órgãos e tecidos. Dando como exemplo a complexidade do olho, ele declara: "Supor que o olho, com sua capacidade inimitável de ajustar o foco a diferentes distâncias... possa ter sido formado pela seleção natural parece, eu confesso, absurdo no mais alto grau."[21] Com essa observação, Darwin deixa a nós a tarefa de concluir a que força ou forças adicionais a complexidade da vida pode ser atribuída.

Nesse mesmo sentido, quando perguntaram a Francis Crick sobre a possibilidade de a vida ter surgido de uma série casual de acontecimentos, ele observou que "um homem honesto, armado com todo o conhecimento disponível agora, poderia afirmar apenas que, em certo sentido, a origem da vida parece ser quase um milagre, tantas são as condições necessárias para iniciá-la".[22] Charles Darwin fez essas observações nos anos 1830. Mais de 100 anos depois, com o benefício de tremendos avanços nos métodos científicos e experimentais, Crick chegou a conclusões semelhantes.

Algumas das melhores mentes de hoje suspeitam que a vida é como é por desígnio — além dos processos naturais e do tempo que exigem. Este capítulo começou com a pergunta: quem somos nós? Como espécie, a busca de resposta a essa pergunta nos levou numa viagem de mistério, exploração e derramamento de sangue, que se estende através dos séculos. Sejam quais forem as palavras que usamos hoje para nos definir, o mistério continua.

Por ora, podemos dizer com razoável certeza que somos mais do que já ousamos imaginar e — talvez — capazes de tudo com que já sonhamos. Até para o mais cético cientista, um corpo cada vez maior de evidências sugere que a força de uma inteligência maior é o fundamento da nossa existência. Além de focalizar o grau agora óbvio de ordem na base da vida, este livro pretende definir uma ordem de magnitude ainda maior — uma linguagem alfabética que tem como código os elementos da vida. É esse grau superior de ordem que sugere a presença de uma inteligência ainda maior como fundamento da existência.

Qual Seria o Sentido de Descobrir uma Mensagem vinda de "Deus"?

Com a maior população da história, construímos nações, formamos famílias, arregimentamos exércitos e desenvolvemos a mais avançada ciência que já existiu. À luz das dificuldades que enfrentamos por viver num mundo assim, qual seria o significado de descobrir um princípio que marcasse a vida de cada ser humano com uma mensagem unificadora, tão poderosa e profunda que não pudesse ser contestada? Em meio às diferenças externas que dividem famílias, nações e religiões, podemos apenas imaginar como seria diferente viver e construir o nosso mundo sabendo, com certeza que nossa existência se deve a um Criador cujo nome está codificado em cada célula do nosso corpo.

No mínimo, essa descoberta seria o ponto de referência de uma nova era, aclarando a relação que temos uns com os outros e com o mundo. Mesmo que uma tal mensagem não identificasse *quem* é o Deus da criação, a natureza universal do antigo nome de Deus no código da vida

— um nome agora confirmado pela ciência do século XX — se somaria a um corpo cada vez maior de evidências, indicando que alguma coisa além de uma combinação casual de substâncias químicas é responsável por estarmos aqui.

Na melhor das hipóteses, revelar o nome de Deus no interior da vida traria novas evidências de que estamos aqui por desígnio, compartilhando o nosso mundo como uma família. Um tal princípio proporcionaria uma base de esperança, muito necessária numa época em que as diferenças são vistas como motivo para nos separar e não como a diversidade que fortalece. A descoberta de uma mensagem na química corporal, indiferente a religião, estilo de vida ou raça, seria um sinal tão universal que poderia transcender as diferenças do passado.

Estudos recentes sugerem que o impacto de uma tal descoberta é equivalente ao de uma notícia que muda a nossa vida de modo inesperado e radical. Talvez nós a assimilássemos aos poucos, num processo semelhante ao de aceitar a perda de uma pessoa que amamos. Saber que somos o produto de uma criação intencional nos convidaria a substituir o nosso atual sistema de crenças por um outro, que incorporasse essa descoberta. Ao redefinir o nosso papel na criação, talvez lamentássemos a perda das antigas crenças. Nesse contexto, os estágios da perda — choque, negação, rejeição, raiva e, finalmente, aceitação — são um indício da profundidade com que uma tal descoberta pode afetar nossa vida.

A notável descoberta exposta a seguir se refere precisamente a um tal princípio de unidade: o antigo nome de Deus, codificado no tecido da nossa existência. Escondido dentro de nós desde o dia da nossa origem, o código aguardou o momento em que a busca nos levasse para dentro, para a própria essência da vida. Não seria uma surpresa descobrir que o segredo que compartilhamos com Deus e com a vida dá um novo significado também ao tempo que passamos uns com os outros.

SUMÁRIO DO CAPÍTULO 2

- O evolucionismo e o criacionismo são teorias inadequadas para explicar evidências do nosso passado. Parece que falta alguma coisa em cada uma delas.

- Teorias híbridas da criação, que combinam elementos do evolucionismo e do criacionismo, sugerem que um outro fator — uma força ainda inexplicada — pode ter desempenhado um papel-chave nas origens da vida.

- As antigas tradições sugerem que a chave para os mais profundos mistérios da humanidade, assim como a chave para nossa paz e sobrevivência, podem ser encontradas na coroa da criação de Deus — a própria vida.

- Segundo o co-descobridor da estrutura do DNA, o fato dos fatores estarem no lugar certo no momento perfeito para que a vida surgisse por acaso chega às raias do milagre.

- A descoberta de que a química da vida — nosso DNA — é o antigo código de uma linguagem universal revela um princípio sem precedentes de unidade humana. Na presença de uma tal mensagem, temos que repensar nossa relação com um poder superior nas escolhas sociais, tecnológicas e científicas de nosso futuro.

- Na descoberta de "quem" somos pode estar a chave para a paz do mundo e para a nossa sobrevivência.

> "Todos os que se envolvem seriamente
> na busca da ciência acabam se convencendo de
> que um espírito se manifesta nas leis do universo
> – um espírito amplamente
> superior ao do homem."
>
> ALBERT EINSTEIN,
> PARA A ALUNA PHYLLIS WRIGHT EM 1936,
> QUE LHE PERGUNTOU SE OS CIENTISTAS REZAM

Capítulo Três

DOS LIVROS PERDIDOS DA CRIAÇÃO:
Os Poderes do Céu em Corpos da Terra

As estatísticas populacionais do censo de 2000 são consideradas as mais precisas da história, as quais indicam que compartilhamos o mundo com aproximadamente 6.2 bilhões de indivíduos da nossa espécie. Desse número, 95 por cento, ou 5.9 bilhões de pessoas, acreditam na existência de um poder superior, ou Ser Supremo, de algum tipo. Mais da metade dessas pessoas chamam esse poder de "Deus". Essas e outras estatísticas semelhantes sugerem que a questão da nossa época pode não ser tanto se acreditamos que Deus existe mas, sim, o que significa essa presença na nossa vida.

O Sentido de um Poder Superior

Embora a espiritualidade tenha há muito tempo um papel na evolução das famílias, comunidades e nações, nosso futuro pode agora depender de nossa capacidade de reconhecer que não somos apenas uma combinação casual de moléculas. Desde meados do século XX, o tema da busca de uma inteligência maior tem aparecido na arte, na literatura e em filmes do mundo inteiro. O filme *Contact*, de 1998, baseado no livro do mesmo nome de Carl Sagan, apresenta duas perspectivas diferentes da nossa relação com um poder superior, espelhando o dilema moderno entre ciência e religião.

No começo do filme, a personagem principal, a dra. Ellie Arroway, está no local perfeito para realizar a paixão da sua vida: a busca científica de inteligência fora da Terra. Sentada num banco na borda do maior radiotelescópio do mundo, o Aricebo, localizado nas montanhas de Puerto Rico, ela conversa com Palm Ross, teólogo e escritor, falando das possibilidades de haver vida inteligente em algum outro lugar do universo. Só na nossa galáxia, há mais de 400 bilhões de estrelas, comenta ela. Se só uma fração dessas estrelas tiverem planetas e se houver vida apenas numa fração desses planetas, e se só uma fração dessa vida for vida inteligente, existiriam milhões de civilizações!

Olhando para o céu da noite e depois nos olhos um do outro, os dois sentem, de pontos de vista muito diferentes, que não estamos sozinhos. Da perspectiva de Palmer, a crença num poder superior é a nossa experiência coletiva da presença de Deus. Mais tarde, durante uma conversa, ele confessa que a sua crença nesse poder está além de sua capacidade de intelectualizar. Ela simplesmente "é".

Em resposta, Ellie se pergunta em voz alta se a nossa noção de Deus resulta de uma "necessidade" de dar sentido à vida. Depois de um momento de silêncio, Palmer responde com as mesmas palavras que Ellie ouviu de seu pai quando menina, anos antes da morte dele. *Se formos os únicos, seria um desperdício de espaço.*

Sob muitos aspectos, a tensão espiritual entre Ellie Arroway e Palmer Ross, em *Contact*, ilustra a polaridade de nossas visões de hoje. Palmer vê sua experiência de um poder superior com base na sua formação religiosa, interpretando seus sentimentos como a presença de "Deus". A paixão de Ellie pela ciência, estimulada pelo pai desde a infância, transforma a sua noção de uma inteligência maior em probabilidade estatística de vida em outros mundos. Os dois pontos de vista envolvem o sentimento de uma presença universal, uma força que a ciência ainda tem que definir. Os dois descobrem que qualquer prova dessa presença é elusiva, na melhor das hipóteses, tendo que ser experimentada para ser compreendida. A revelação de Ellie resulta da odisséia de ser transportada pelo espaço-tempo, sem provas para compartilhar sua experiência com os outros. A revelação de Palmer vem da sua fé numa força que não podemos mostrar para ninguém, e que ele nunca viu.

Embora seja grande a probabilidade de haver uma inteligência superior no universo, por ora parece que estamos sozinhos. É no sentimento de "solidão", apesar de sermos a maior população da história do mundo, que a ironia de não saber quem somos adquire um significado maior. Enquanto a ciência avança destemidamente pelo século XXI, ainda precisamos entender, no nível visceral, como viemos a existir.

Antigos Indícios do "Princípio"

Por melhor que a ciência pareça ser, as maiores mentes de hoje admitem que o atual conhecimento é incompleto. Na clareza do código genético, nas equações de energia e matéria de Einstein e na maravilha da comunicação pela Internet, há lacunas que continuam abertas na visão científica da criação. Para citar uma observação comum: quanto mais descobrimos, mais compreendemos como somos pequenos.

Ao mesmo tempo, a resposta para a pergunta sobre "como tudo começou" pode já existir numa forma que tenha sobrevivido ao homem e à natureza. Selados em vasos orientais e enterrados sob séculos de areia do deserto, os registros escritos do passado podem conter também os mais completos registros de nossas origens. Além disso, podemos descobrir que os fragmentos de letras pintadas e os pergaminhos deteriorados que preservam essa história guardam também o segredo do nosso destino. Assim como os nativos da América do Norte que, ao verem a locomotiva a vapor pela primeira a vez, a chamaram de "cavalo de ferro", a chave é perceber que os segredos do passado foram registrados por meio de pensamentos e idéias de um outro tempo.

Nas palavras de sua época, os que vieram antes de nós relatam as respostas que receberam às mesmas perguntas que fazemos hoje — perguntas sobre as nossas origens, sobre o significado da vida e sobre a possibilidade de sobreviver ao sofrimento deste mundo. Antes de o vocabulário de dimensões superiores e hologramas quânticos entrar em voga, os princípios que explicam os mistérios da criação já existiam. Nas únicas palavras que conheciam, os estudiosos antigos descreveram as visões e revelações que os ajudaram a compreender a sua vida. Nesse vocabulário, as "dimensões" são os "céus", por exemplo, enquanto as forças da Natureza são os Anjos do Sol, do Vento, da Terra e do Ar, e a consciência é o sopro de Deus.

Ao longo da história, houve rumores de um conhecimento que preserva essas experiências visionárias, cujas fontes remontariam ao tempo das nossas origens. Na análise de lendas consagradas pelo tempo, não é incomum descobrir uma base factual sob as histórias e os mitos, alguns com milhares de anos.

Em 1870, Heinrich Schliemann descobriu a cidade de Tróia levado pela crença de que *A Ilíada*, o clássico literário de Homero, é um relato factual de acontecimentos históricos. Usando *A Ilíada* como mapa verbal, Schliemann fez uma das maiores descobertas arqueológicas do século XIX. Há outros casos de descobertas feitas a partir da análise de antigas lendas e mitos como, por exemplo, a descoberta de Machu Pichu, a cidade perdida dos Incas, feita por Hiram Bingham em 1911 e, no final do século XX, a descoberta da Arca de Noé no Monte Ararate, na Turquia.

O Livro Perdido de Adão: Sabedoria dos Anjos no Mundo do Homem

Como no caso da cidade de Tróia, os rumores sobre um antigo livro de sabedoria, dado a Adão e Eva durante o tempo que passaram no jardim do Éden, sugere que essa lenda pode ter uma base histórica. Mas esse mistério nunca foi resolvido. Teria existido apenas um exemplar desse livro, cujas letras eram embebidas de uma substância misteriosa que impedia que as páginas fossem copiadas. Por meio da forma, dos tons e da qualidade do texto, os segredos da criação e da origem da humanidade foram escondidos nas próprias letras. Para impedir que o conteúdo do livro tivesse um mau uso, ele só era compreendido por quem tivesse maturidade espiritual para decifrar seus símbolos. Para todos os outros, a posse do livro era inútil e qualquer tentativa de dar um mau uso aos seus segredos levava à infelicidade.

Embora os detalhes do livro, conhecido como *Livro de Adão*, tenham esmaecido do decorrer do tempo, os rumores sobre a sua existência continuaram até o século XVIII. Nesse espaço de tempo, ele teria caído nas mãos de Israel ben Eliezer, depois conhecido como o pai do Judaísmo Chassidut. Até então, o *Livro de Adão* tinha estado na posse de seis pessoas apenas: Adão, José, Moisés, Joshua ben Nun e Salomão.[1]

A lenda conta que numa cidade próxima a Israel ben Eliezer, vivia um rabino que, embora não estivesse de posse do livro, sabia de sua existência. Sentindo que chegava ao fim da vida, o Rabino Adão Tzaddik se fez uma "pergunta-sonho", pedindo orientação para seu último ato de bondade antes de deixar este mundo. A pergunta era simples: para quem deveria entregar o *Livro de Adão* antes de morrer, para garantir a continuação da verdade do homem? Naquela noite, ele foi acordado do seu sono e levado a uma caverna na Terra Santa, onde estavam enterrados muitos dos patriarcas e matriarcas de tempos passados. Nessa caverna, ele descobriu o único exemplar do *Livro de Adão*.

O Rabino Adão pediu que seu filho localizasse o jovem Israel ben Eliezer e lhe entregasse pessoalmente o livro. O filho do rabino encontrou Israel vivendo num celeiro, onde ficava acordado até tarde da noite absorvendo as palavras da Torá, as Sagradas Escrituras judaicas.

Uma noite, ao procurar de onde vinha um brilho que vazava pelas frestas da porta, o filho do rabino testemunhou um milagre que lhe mostrou que Israel era, de fato, digno de receber o livro dos segredos. Ao espiar pela janela, achando que talvez o brilho viesse de uma vela que estivesse incendiando o feno, ele viu apenas um brilho intenso vindo do corpo de Israel. Em vez de fogo no feno, a fonte da luz era a inspiração que Israel recebeu ao ler as palavras da Torá.

No dia seguinte, o filho do rabino realizou o último desejo do pai e entregou a Israel o livro místico. Por meio dos seus ensinamentos, baseados no *Livro de Adão*, Israel ben Eliezer ficou conhecido como Baal Shem Tov — que significa Mestre do Santo Nome. Essa é a última vez que o *Livro de Adão* é mencionado na literatura disponível.

Livros Perdidos da Bíblia

O século XX testemunhou a recuperação de alguns dos registros mais significativos e intrigantes da história humana. Os Pergaminhos do Mar Morto, a tradução de milhares de tábuas sumérias, os textos gnósticos e do Novo Testamento descobertos na Biblioteca de Nag Hammadi, no Egito, trouxeram novas evidências. Essas evidências sugerem que a corrente de conhecimento que liga a sabedoria antiga ao mundo moderno não é contínua: ela se rompeu em mais de uma ocasião. Cada vez que registros do passado eram destruídos, escondidos ou adulterados, o mistério de nossa identidade ficava ainda mais confuso.

Como a visão do presente depende em grande parte da compreensão incompleta do passado, não é surpresa que muitos princípios científicos, práticas médicas, conhecimentos espirituais e fatos históricos — e a utilidade que eles têm para nós — também sejam incompletos. Uma das maiores interrupções na cadeia de conhecimento foi causada pelas revisões feitas na Bíblia pela Igreja Cristã do século IV.

No ano 325, um júri convocado para sistematizar a doutrina da Igreja acatou abertamente a revisão e a supressão de material dos primeiros textos cristãos.[2] Sob a direção do imperador romano Constantino, os bispos, clérigos e historiadores que formaram o Concílio de Nicéia se viram diante da terrível tarefa de converter séculos de obras religiosas díspares num único documento que fosse inteligível para as pessoas de sua época. Muitos dos livros com que depararam continham amontoados de parábolas, ensinamentos e registros históricos, redundantes e mal escritos, com versões sobrepostas e histórias repetidas. Em alguns casos, o Concílio considerou os textos místicos demais, sem nenhum valor prático. Foi esse o caso do *Livro de Enoque*. Por fim, o Concílio recomendou que pelo menos 45 documentos fossem eliminados. O resultado desse trabalho está conosco até hoje na forma de um dos mais poderosos e controversos livros da História: a Santa Bíblia.

Fica claro, nos documentos deixados pelos membros do Concílio, que a revisão foi bem intencionada. Quando perguntaram ao Arcebispo de Canterbury Wake por que tinha traduzido e publicado aqueles textos antigos em vez de suas próprias obras, ele respondeu: "Porque achei que escritos como esses têm maior aceitação e encontram menos preconceitos — por parte de todos os tipos de pessoas — do que qualquer coisa escrita por alguém que esteja vivo."[3] Como os membros do Concílio de Nicéia poderiam adivinhar que o livro que editaram acabaria sendo a base para uma das grandes religiões, considerado sagrado por mais de um terço da população do mundo?

Em anos recentes, muitos dos livros que foram eliminados por ocasião da revisão do século IV foram recuperados, traduzidos e postos à disposição do público em geral. Que eu saiba, não existe uma compilação que contenha todos os textos na ordem original, já que as traduções são de autores diferentes, que trabalharam em línguas diferentes ao longo dos séculos. No entanto, alguns grupos de traduções foram publicados de tempos em tempos, como uma compilação de livros bíblicos perdidos, publicada no começo do século XX.[4] A lista que se segue é uma lista parcial dos livros que, agora se sabe, foram suprimidos durante a revisão do Concílio de Nicéia.

Cartas de Herodes e Pilatos	I Infância
Tralianos	II Infância
Romanos	Efésios
Policarpo	I Hermas — Visões
Filadelfos	II Hermas — Comandos
Filipenses	III Hermas — Similitudes

Paulo e Tecla	O Credo do Apóstolo
Paulo e Sêneca	Cristo e Abgarus
Nicodemus	I Clemente
Magnesianos	II Clemente
Maria	Barnabás

Muitos dos livros relacionados acima foram relegados à obscuridade depois de suprimidos, mas outros não. Considerados documentos secundários, ou auxiliares, os textos relacionados abaixo são tipicamente reservados para estudiosos. A lista é apenas parcial.

O Primeiro Livro de Adão e Eva	Simeão
O Segundo Livro de Adão e Eva	Levi
O Livro de Enoque	Judá
Os Salmos de Salomão	Issacar
As Odes de Salomão	Zebulum
O Quarto Livro dos Macabeus	Dan
A História de Ahikar	Naftali
O Testamento de Rúben	Gad
Asher	Benjamim

Fragmentos de uma Sabedoria Maior

Uma das descobertas arqueológicas mais significativas do último século foi a de uma antiga biblioteca escondida em cavernas perto das margens do Mar Morto — os Pergaminhos do Mar Morto. Essa descoberta é altamente controversa, já que vários dos documentos encontrados nas cavernas são agora reconhecidos como livros que foram "perdidos" durante a edição do século IV. Assim, as onze cavernas acima do Mar Morto, com a sua biblioteca de documentos, são o mais importante esconderijo de textos bíblicos descoberto até hoje e, segundo alguns estudiosos, ainda restam muitos pergaminhos a serem descobertos.

Entre 1946 e 1956, foram reunidos mais de 22.000 fragmentos de manuscritos em couro, cobre e papiro, que formaram cerca de 900 volumes e revelaram a versão original de livros do Antigo Testamento, como o Gênesis, Isaías e as palavras de Moisés. Hershel Shanks, editor da pioneira *Biblical Archaeological Review*, comentou o significado da descoberta dizendo: "Mais de 200 manuscritos bíblicos estavam escondidos nas cavernas de Qumran, alguns radicalmente diferentes dos relatos da Bíblia."[5]

A recuperação, tradução, compilação e publicação dos pergaminhos continua sendo objeto de tremenda controvérsia. Até a última década do século XX, o acesso à biblioteca do Mar Morto era limitado a uma equipe formada por apenas oito estudiosos. Nos anos 1990, cedendo a pressões políticas e acadêmicas, o conteúdo dos pergaminhos foi liberado para o público. Em 1991, a Biblioteca Huntington, na Califórnia, recebeu uma série completa de fotografias dos pergaminhos e anunciou que elas seriam disponibilizadas ao público. Logo depois, em novembro do mesmo ano, Emanual Tov, chefe da equipe oficial, anunciou o "acesso livre e incondicional a todas as fotografias dos Pergaminhos do Mar Morto, incluindo rolos antes não autorizados".[6]

Dois anos antes da descoberta dos Pergaminhos do Mar Morto, outra biblioteca de sabedoria antiga tinha sido encontrada — e já tinha começado a mudar a nossa maneira de ver o Cristianismo antigo. Em dezembro de 1945, dois irmãos encontraram uma coleção de pergaminhos enterrados dentro de uma jarra selada perto do vilarejo Nag Hammadi, na região do Rio Nilo, no Egito. Antes de chamar a atenção das autoridades do Cairo, a coleção — que consiste em doze manuscritos completos e oito páginas de um décimo terceiro — passou por muitas mãos. Guardados agora no Museu Copta, no Cairo, ninguém sabe ao certo quantos rolos foram destruídos, já que foram usados até para acender o fogão em casas da localidade antes de serem autenticados e catalogados no museu em 4 de outubro de 1946. Os rolos que sobreviveram, conhecidos coletivamente como Biblioteca de Nag Hammadi, são incrivelmente bem preservados e oferecem uma visão nova e, em alguns casos, surpreendente, de antigas tradições gnósticas e cristãs.[7]

Quando consideradas juntas, essas duas bibliotecas oferecem talvez a mais completa visão do mundo antigo e das primeiras tradições cristãs de que se tem notícia. As revelações dessa sabedoria têm sido de extrema utilidade para preencher as lacunas e inconsistências da escritura tradicional. Com a história mais completa, temos uma nova percepção do mistério associado a algumas de nossas mais antigas crenças. Esta breve discussão não pretende incluir a totalidade desses textos, mas eles são mencionados para mostrar que, com essas informações, foram perdidos também princípios universais que dariam sentido ao mundo moderno.

Figura 3.1: Duas páginas do Evangelho Gnóstico de Tomás, antes considerado "perdido". É escrito em grego e estava entre os textos descobertos na Biblioteca de Nag Hammadi, no Egito. [Foto tirada através do vidro por Melissa E. Sherman.]

Dos Anjos do Céu: Instrumentos da Morte e a Origem da Guerra

Entre os mais misteriosos e significativos documentos recuperados nos últimos 200 anos está o *Livro de Enoque*. Esse livro era tido em alta conta por historiadores e estudiosos da primitiva Igreja Católica, como Ireneu, Clemente de Alexandria e Celso. Tertuliano, historiador do século II E.C., dá destaque ao papel de Enoque na literatura sagrada, argumentando que, embora as palavras desse profeta do Antigo Testamento não tenham sido aceitas pelo cânone hebreu, elas foram divinamente inspiradas e merecem tanta credibilidade quanto outros documentos, como o Livro de Isaías e o Livro dos Salmos.[8] Diz ele: "Como Enoque falou na mesma escritura que o Senhor, e 'toda escritura útil à elevação espiritual é divinamente inspirada', não vamos rejeitar nada que nos pertença."[9]

Perdido por quase 1.500 anos, a primeira menção ao texto de Enoque nos tempos modernos foi feita em 1773 por seu descobridor, o explorador escocês James Bruce. Ele observou: "Entre os artigos que enviei à biblioteca de Paris, havia uma cópia magnífica e muito bonita das profecias de Enoque."[10] Uma cópia desse manuscrito foi doada à Biblio-

71

teca Bodleian, em Oxford, onde foi redescoberta e depois traduzida por Richard Lawrence, em 1821.

O *Livro de Enoque* começa com o profeta ditando a história oculta da espécie humana, que lhe fora revelada pelo Anjo da Paz ao seu filho, Matusalém. Este relata que, enquanto falava, Enoque via uma "visão nos céus... com os olhos bem abertos".[11] Nesse estado desperto, mas alterado, Enoque fala das causas do declínio da humanidade e do sofrimento que ele e Matusalém testemunharam na sua época. Além de referências vagas e gerais que parecem acompanhar muitas vezes as visões de antigos profetas, Enoque expõe sua experiência com precisão fantástica.

Ele conta que certos anjos divulgaram os segredos da criação para a humanidade antes que a nossa espécie tivesse a sabedoria para usar esses poderes. Sem maturidade para aplicar esse conhecimento com responsabilidade, os segredos das plantas e das ervas, da linguagem, da escrita e da alquimia foram usados indevidamente para propósitos de guerra e poder. Enoque pede para conhecer "tudo o que estava escondido" e, em resposta a esse pedido, permitem que ele conheça o nome dos "anjos que desceram dos Céus para a Terra e que revelaram segredos aos filhos dos homens e que induziram os filhos do homem ao pecado".[12]

Ao falar de cada anjo e dos segredos que cada um deles divulga, diz Enoque que o anjo Azaziel "ensinou toda espécie de iniquidades sobre a terra e revelou ao mundo todas as coisas secretas que são feitas nos céus".[13] O anjo Gradel, continua ele, "descobriu para os filhos do homem os instrumentos da morte, a cota de malha, o escudo e a espada para o massacre".[14]

Além dessas revelações perturbadoras, foram mostradas também a Enoque a fonte e a beleza dos mistérios da criação. "Ali também, os meus olhos contemplaram os segredos do raio e do trovão... lá eu vi o lugar de onde são lançados, e fiquei saturado com o pó da terra ... Lá eu vi a própria nuvem, que se estendeu sobre a terra antes da criação do mundo."[15]

Fazendo uma distinção entre o conhecimento e a sabedoria que vem da aplicação do conhecimento à nossa vida, Enoque explica que os segredos do Céu acabaram perdidos na esfera do homem. "A sabedoria saiu para habitar entre os filhos dos homens, mas não encontrou morada." Ele conclui esse trecho da visão dizendo: "A sabedoria não encontrou na terra um lugar onde pudesse morar: sua morada, portanto, é no céu."[16]

Os Poderes do Céu em Corpos da Terra

A descoberta e a tradução de outros textos sugerem que, antes de o conhecimento do Céu ser partilhado na terra, os anjos se perguntaram se a humanidade estava pronta para receber essas informações. Como combina qualidades de anjos a um corpo material, a espécie humana tinha uma posição sem precedentes aos olhos dos anjos de Deus. O comentário do *Livro de Haggadah*, um texto místico judeu, fala que o homem "une dentro de si as qualidades celestes e terrenas".[17] O texto revela também por que Deus criou a nossa espécie: "Eu [Deus] criarei o homem para ser a união dos dois, de maneira que quando ele pecar, quando se comportar como um animal, a morte o alcançará. Mas, abstendo-se do pecado, ele viverá para sempre."[18]

Segundo textos religiosos não-canônicos e gnósticos, dotar a humanidade dos segredos celestes foi tema de tremenda controvérsia no conselho de Deus. O Haggadah diz ainda que "os anjos não tinham todos a mesma opinião",[19] já que os anjos da Verdade e da Paz se opunham à criação do homem, enquanto os anjos do Amor e da Justiça eram a favor do plano de Deus. Uma das preocupações eram as implicações e conseqüências de dotar uma única espécie dos segredos combinados do Céu e da Terra, antes que ela tivesse ganho sabedoria para aplicar esse conhecimento de maneira responsável.

Livros como o Haggadah são apenas uma amostra de um tema muito presente em relatos antigos da criação. Além disso, as noções mais antigas do nosso passado coletivo revelam um ponto de vista que fica claro nas traduções: os que vieram antes de nós viam nossa relação com Deus, com o cosmos e com os outros sob uma luz muito diferente da visão de hoje. Seus escritos não deixam dúvidas sobre a magnitude do papel que Deus desempenha no nosso mundo e na nossa vida. Embora não defina quem ou que é Deus, esse livro expõe evidências de uma inteligência infinita como base da nossa existência.

Por meio do legado de templos imensos, pirâmides misteriosas, grandes bibliotecas e textos místicos, os membros de antigas sociedades dedicaram sua vida à preservação e comunicação dos segredos da criação — segredos que já eram antigos na antigüidade. Nesses segredos havia um conhecimento tão universal e tão sutil que, até hoje, a ciência luta para desvendar seus mistérios e implicações.

O Misterioso Sepher Yetzirah:
O Livro da Criação

Alguns dos registros mais completos e mais detalhados das nossas origens estão preservados na língua e nas tradições dos antigos hebreus. Com uma história contínua de mais de 5.000 anos, lemos as palavras de antigos estudiosos hebreus precisamente como foram escritas, há mais de cinco milênios. Essas palavras nos trazem uma visão da criação do universo, da formação da Terra e da origem do nosso corpo. Uma das fontes mais conhecidas de conhecimento hebreu é uma coleção de escritos místicos conhecidos coletivamente como Cabala.

Apesar desse nome único, a Cabala é na verdade uma coleção de obras — de algumas delas não se sabe a origem, tão antigas são — que formam o corpo da tradição esotérica hebraica. Em geral, o *Zohar* (Livro da Radiância), o *Midrash* (Livro da Iluminação) e o *Sepher Yetzirah* (Livro da Formação) são considerados os textos mais importantes da Cabala. Cada um deles contribui para a compreensão geral de Deus, da humanidade e da criação, de maneiras diferentes e complementares.

Em geral, os historiadores consideram o *Sepher Yetzirah* a parte mais antiga e misteriosa dessas obras. Embora não se conheça exatamente a sua origem, os estudiosos judeus tradicionais acreditam que o texto tenha sido recebido diretamente pelo patriarca Abraão. Neste caso, as primeiras versões do *Sepher Yetzirah* seriam de mais ou menos 3.800 anos atrás, contemporâneas de textos místicos de outras tradições, como os *Vedas* da antiga Índia.

Os *princípios* contidos no *Sepher Yetzirah* podem muito bem ter vindo dessas tradições, mas o livro propriamente dito parece ser do século I E.C., já que é em relatos dessa época que seu nome aparece pela primeira vez. Uma das mais antigas menções é atribuída ao Rabino Yehoshua, do século I, que declarou: "Posso pegar abóboras e, com o *Sepher Yetzirah*, transformá-las em belas árvores."[20]

Com detalhes incomparáveis, esse texto conciso, com cerca de 1.500 linhas, descreve vivamente os acontecimentos que antecedem e incluem o nascimento do cosmos e do nosso corpo. O texto todo é escrito da perspectiva de um antigo observador que narra passo a passo o milagre da obra de Deus. O primeiro capítulo começa afirmando que o nosso mundo é o resultado de três tipos de informação, registradas em três volumes distintos: texto (*Sepher*), número (*Sephar*) e comunicação (*Si-*

ppur). Desses três livros, o texto continua, "Ele [Deus] criou o Seu Universo".[21]

O restante do texto narra o ato da criação, crescendo em detalhes a cada capítulo. Da formação dos primeiros elementos do universo, representados pelas letras hebraicas do antigo nome de Deus, passando pelas outras letras do alfabeto hebraico, que formaram "tudo o que já foi formado",[22] o universo se desdobra diante dos nossos olhos em combinações precisas dessas letras-elementos. Com um nível de detalhes sem paralelo em nenhuma outra história da criação, o *Sepher Yetzirah* explica com precisão como as 22 letras interagem umas com as outras para criar aquilo de que é feito o nosso mundo.

Quando todas as combinações de letras são dispostas graficamente num círculo, há 231 linhas que conectam as possibilidades. No *Sepher Yetzirah*, essas linhas são os 231 "portões". Como vamos ver no Capítulo 6, é através de um desses portões que nos é dada a compreensão da mensagem nas nossas células.

A sabedoria da Cabala pode ser interpretada de muitas maneiras mas, em geral, as obras são classificadas conforme a perspectiva que adotam ao relatar seus segredos: teórica, mágica ou de meditação. Nesse tipo de classificação, o *Sepher Yetzirah* pertenceria a duas dessas categorias. Ele é primeiro um texto de meditação, levando o leitor a contemplar os mais profundos segredos dos domínios espirituais. Além disso, tem forte ligação com a chamada "magia" antiga, já que revela ao praticante treinado instruções e técnicas para trazer o conhecimento da meditação ao mundo físico.

Na sua aclamada tradução do *Sepher Yetzirah*, o rabino Aryeh Kaplan esclarece essa visão, dizendo: "Essa visão [de que o *Sepher Yetzirah* é um texto de meditação com fortes tons mágicos] é corroborada pelas antigas tradições talmúdicas, segundo as quais ele pode ser usado para criar seres vivos."[23] A criação e a destruição desse ser, chamado *golem*, revela o mais alto grau de domínio dos mistérios hebraicos. Embora fragmentos desses textos estejam disponíveis hoje em dia, parece que os textos nunca foram publicados na sua totalidade, já que os que estudam e praticam o lado mágico da Cabala consideram seus segredos muito poderosos.

Além de ser uma das obras mais antigas e misteriosas da Cabala, o *Sepher Yetzirah* é sem dúvida a mais controversa. Segundo uma visão tradicional, essa obra em prosa é muito interessante mas não passa de uma metáfora dos mistérios da criação. Esse ponto de vista é resumido por Karen Armstrong, estudiosa das religiões do mundo. Em *A History of God*, um livro pioneiro e altamente aclamado, ela diz que o *Sepher Yetzirah* "não pretende descrever realisticamente o processo da criação: o relato é francamente simbólico e mostra Deus criando o mundo por meio da linguagem, como se estivesse escrevendo um livro".[24]

No entanto, um exame mais rigoroso sugere que esse texto místico nos oferece muito mais do que símbolos e metáforas. As descobertas que ligam o alfabeto hebraico aos elementos modernos indicam que o *Sepher Yetzirah* é, na verdade, um relato muito antigo e muito rico do ato intencional da criação. O processo passo a passo se assemelha às descobertas da ciência do século XX!

Os mistérios e controvérsias a respeito da origem, da precisão e das interpretações do *Sepher Yetzirah* continuam provocando debates acalorados. Há pelo menos quatro versões importantes do texto e um número quase incontável de versões menos importantes, quando se leva em conta todas as variações. Das cerca de 1.300 palavras da *Versão Breve* às cerca de 2.500 da *Versão Longa*, o Rabino Kaplan sugere que as variações são tantas por causa do segredo necessário para preservar esses ensinamentos. Entre o século VI e o século X, parece que houve uma tentativa de confinar o poder do *Sepher Yetzirah* a um pequeno círculo de alunos. Diz o rabino: "Os líderes dessas escolas podem ter soltado deliberadamente versões espúrias para confundir quem se sentisse tentado a penetrar os mistérios."[25]

Segundo o Rabino Kaplan, foram os próprios cabalistas que acabaram produzindo uma combinação das muitas versões, compatível com os antigos ensinamentos. Criada originalmente no século XVI, essa versão depois foi aprimorada no século XVIII e chamada de *Versão Gra* (de Gra Rabi Eliahu), que é a base do trabalho monumental que resultou no livro de Kaplan, *Sepher Yetzirah: O Livro da Criação*.[26] É essa versão que será usada como referência ao longo deste texto.

A descoberta de uma ligação direta entre os elementos responsáveis pela vida e as antigas línguas dos árabes e hebreus (ver Capítulo 5) dá um novo significado a mais da metade das tradições religiosas e espirituais do mundo. A história comum às tradições judaica, cristã e islâmica, que nos vem por intermédio do patriarca Abraão e é reconhecida por estudiosos da Bíblia, sugere que o Deus de cada uma delas é o mesmo Deus. Embora o nome varie de uma tradição para a outra, todas postulam que o universo vem de um ato intencional de Deus. Dessa perspectiva, o antigo texto pode ser um relato desse ato intencional, quando Deus usou as letras do seu nome (os elementos químicos) para produzir o universo, o mundo e o nosso corpo. Nessa visão, compartilhamos a essência de Deus no fundamento do nosso código genético.

Embora não seja o único texto a descrever essas relações, o *Sepher Yetzirah* é um dos mais completos. Assim, sua narrativa poderosa pode ser tida como uma referência para a compreensão de relatos da criação menos completos, incluindo teorias científicas como o evolucionismo e o criacionismo, que discutimos no Capítulo 2. Ao compreender tudo isso, podemos localizar as partes perdidas e fazer pontes entre as muitas histórias do passado, às vezes de maneiras inesperadas.

SUMÁRIO DO CAPÍTULO 3

- Quase 95 por cento da população do mundo acredita na existência de um poder superior, ou Ser Supremo. Desses, mais da metade chama esse poder de "Deus".

- Por melhor que seja a ciência, as maiores mentes do presente admitem que a compreensão que temos hoje é incompleta. Apesar da clareza do código genético, das equações de Einstein e da maravilha da comunicação pela Internet, há grandes lacunas na visão científica da criação.

- Reconhecendo os esforços monumentais da ciência para explicar a vida, a criação e o universo, as respostas para esses grandes mistérios podem já existir em nossas mais antigas tradições, numa forma que temos ainda que entender.

- Os estudiosos reconhecem que, devido a revisões intencionais e processos naturais, a corrente de conhecimento que liga nossas mais antigas tradições ao mundo moderno foi interrompida em mais de uma ocasião.

- No século XX, a recuperação de textos e bibliotecas, como os Pergaminhos do Mar Morto e a Biblioteca de Nag Hammadi, revelou informações que ficaram ocultas do público por quase dois milênios.

- O mais antigo, místico e controverso aspecto da Cabala, o antigo *Sepher Yetzirah,* é tradicionalmente visto pelos estudiosos como uma coleção de metáforas que descrevem os processos de criação em termos abstratos.

PARTE 2

A Descoberta:
Toda Vida Vem do Nome de Deus

> *"E formou o Senhor Deus o homem do pó da terra..."*
> A TORÁ

> *"Nós te criamos do pó..."*
> O ALCORÃO

Capítulo Quatro

O CRIADOR DO UNIVERSO:
Nas Palavras de Outro Tempo

Encerrada em textos misteriosos como o *Sepher Yetzirah*, a tradição antiga sugere que recebemos a identidade de nosso Criador e conhecimento para unir os mundos espiritual e material. Por meio desse conhecimento, é-nos dado o poder de curar o corpo e trazer paz à vida. Como muitas vezes é o caso, os estudiosos antigos viam esses segredos como facas de dois gumes. A capacidade de unir Céu e Terra oferecia a "sabedoria dos Céus" e a chave para transcender o sofrimento da vida, mas, acreditavam eles, encerrava também o poder de destruir tudo o que a humanidade trabalhou tanto para conseguir. Cabe aos herdeiros desse poder a decisão de transformá-lo numa bênção ou numa maldição.

Ao longo do avanço da nossa civilização, das fogueiras aos fornos de microondas, será que deixamos alguma coisa para trás? Será que a chave para sobreviver às maiores ameaças à nossa existência ficou enterrada nos mais antigos registros do passado? Se for esse o caso, as descobertas da ciência e da tecnologia, somadas à recuperação desses registros antigos, puseram a sabedoria dos céus ao nosso alcance, pela primeira vez em muito tempo. Agora, nossa tarefa é compreender as mensagens deixadas por aqueles que vieram antes de nós.

Fios Compartilhados de um Passado Comum

Entre os temas recorrentes das antigas histórias da criação, está a descrição da origem humana. Através dos fios tecidos nessas histórias, podemos ter um vislumbre das mais antigas lembranças de como viemos parar neste mundo. As tradições orais do Midrash e da antiga Cabala, por exemplo, contam que o Criador disse a Seus anjos: "Vão e me tragam pó dos quatro cantos da terra, e com isso criarei o homem."[1]

De modo semelhante, o Sagrado Alcorão sugere que Deus usou os elementos naturais para criar a humanidade: "Nós o criamos do pó."[2] Porém, em outro ponto, o Alcorão diz que Deus agiu através do fluido para criar a humanidade: "É Ele [Deus] que criou o homem da água."[3] Embora essas duas versões pareçam estar em conflito, um exame mais detalhado resolve o mistério.

Na primeira versão, a história de Adão que se origina do "pó" é parte de uma seqüência maior de eventos que levou à primeira vida. Os versos revelam que, tendo Adão se originado do "pó", começou a tomar forma um processo de formas cada vez mais próximas da vida: do pó formou-se "um pequeno germe de vida, então um grumo, então um pedaço de carne, completo em feitio e incompleto em..."[4] Dessa maneira, o Alcorão amplia a história tradicional de Adão acrescentando detalhes da transformação do "pó" em carne.

Do mesmo modo, nas tradições ocidentais, quando perguntamos a alguém de que foi feito o primeiro homem, a resposta mais comum é: daquilo de que o mundo é feito — minerais, água e ar. Para apoiar essas afirmações, recorre-se sempre à história bíblica da criação. Compartilhada por quase dois bilhões de pessoas das tradições hebraica e cristã, a história de Adão oferece a mais básica descrição das origens humanas. Enganosamente simples na sua forma, o Gênesis relata o milagre da criação humana com palavras simples:

"*E formou o Senhor Deus o homem do pó da terra.*"[5]

Palavras Diferentes/Mesmo Significado

Devido às nuanças da cultura, há casos em que relações sutis registradas numa tradição se perdem quando são traduzidas para outra língua. Enquanto a versão original preserva uma idéia numa única palavra, por exemplo, pode não haver uma tradução exata para essa palavra na nova língua.

Em sânscrito antigo, por exemplo, a palavra *prana* indica o campo vivo de energia que envolve e permeia a vida. Nas línguas ocidentais, o conceito de *energia viva* tem sido historicamente ignorado. Não temos uma palavra com o mesmo significado de *prana*. Então, para transmitir esse conceito, é preciso usar palavras que, sozinhas, não têm relação direta com a idéia original.

Por exemplo: combinando a palavra *vida*, para indicar que estamos falando de sistemas vivos, com a palavra *força*, para incluir o campo energético que vem de dentro do próprio sistema, temos a expressão "força vital". Embora a definição de cada uma das palavras tomada independentemente não tenha associação com a palavra *prana*, a expressão substituta, *força vital*, permite falar da energia sutil dos sistemas vivos em outra língua.

A descrição do primeiro ser humano no Gênesis é outro exemplo de sutileza que se perde na tradução. A primeira parte do Velho Testamento Cristão vem dos cinco primeiros livros da Torá. Segundo a tradição hebraica, Moisés recebeu os livros que conhecemos como Gênesis, Êxodo, Levítico, Números e Deuteronômio há cerca de 3.500 anos, na língua de sua época: o hebraico antigo, ou "bíblico". É na tradução do hebraico antigo para línguas modernas que as nuanças de acontecimentos fundamentais relatados na Torá podem ter ficado nebulosas.

O relacionamento entre a humanidade e a terra, nas traduções da Bíblia, nos mostra feitos de "pó". Em termos gerais, essa versão é correta — diz que somos feitos de elementos naturais — mas a descrição precisa de nossas origens talvez seja mais bem preservada na sua forma original.

Em hebraico, *homem* é "Adão" (ADM), que vem do radical *adamah*. É interessante observar que, em hebraico, *adamah* significa também "terra" ou "chão", o que indica uma relação muito mais direta e pessoal entre Adão e o mundo. Numa tradução literal, Adão seria a pessoa, ou ser humano, "do chão". Essas sutilezas da língua original nos revelam que homem e terra compartilham uma origem comum.

De Adão a Hermes: Histórias de Segredos Proibidos

Até o nascimento da biologia molecular, no século XX, a idéia de que somos feitos de elementos mais simples, "o pó da terra", era um princípio básico da compreensão humana. As tradições mais antigas que descrevem essa relação são as da antiga alquimia. Na sua forma mais simples, a alquimia pode ser definida como uma filosofia da natureza. Pode ser definida também como o uso dessa filosofia para mudar, ou transmutar, a matéria de uma forma para outra.

A lenda sugere que foi ao primeiro membro da nossa espécie, Adão, que os segredos alquímicos do Céu e da Terra foram revelados originalmente. Ao falar do processo responsável pela sua criação, a tradição hebraica diz que um anjo saudou Adão no portal do Éden e o instruiu nos mistérios da Cabala e dos elementos. Além disso, o anjo fez uma promessa: quando a humanidade dominasse a sabedoria dessas "artes inspiradas", a maldição do fruto proibido seria revogada e o homem poderia voltar ao "Jardim do Senhor".[6]

Embora a fonte das formas mais tradicionais da alquimia não seja clara,[7] a criação dessa antiga ciência é comumente atribuída a Thoth, um legendário personagem egípcio, também conhecido como Tehuti e Djehuti. Nas paredes dos templos e em textos escritos em papiro, ele é retratado com corpo de homem e cabeça de íbis de bico longo. Muitos dos avanços que diferenciaram o Egito das outras civilizações de sua época são atribuídos a Thoth: além de introduzir a escrita, as leis e a medicina no antigo Egito, a tradição mística sugere que ele divulgou os segredos alquímicos da natureza.

A sabedoria dos segredos de Thoth teria sido registrada em 42 livros que depois foram reunidos em textos separados, conhecidos como *Tábuas Esmeraldinas*.[8] Com o tempo, os gregos foram assimilando o conhecimento egípcio e, com ele, as tradições alquímicas. Nessa transição, Thoth passou a ser conhecido como o mestre grego dos segredos herméticos: *Hermes Trismegistus* (que significa três vezes nascido). Várias tradições herméticas, como a medicina homeopática, baseada em princípios como "o igual trata o igual" e "assim no alto como embaixo", sobrevivem até hoje.

Essas lendas sugerem que a ciência da alquimia é uma das mais antigas ciências conhecidas pela humanidade. A segunda é o estudo dos corpos celestes, conhecido como astrologia. Acreditava-se que as duas eram recursos divinamente inspirados para redimir a humanidade da "queda" que teria acontecido no início da nossa história.

Registros Antigos das Primeiras Ciências

No nível mais básico, a filosofia da antiga alquimia lembra o processo de alterar e combinar elementos da Terra em novos produtos — a química moderna. Claramente, o conhecimento dos alquimistas serviu de ligação entre a primeira compreensão da natureza e as ciências modernas. Embora a alquimia tenha sido substituída pela sua descendente, a química, descobertas recentes sugerem que relações sutis originalmente descritas na linguagem alquímica se perderam nas traduções modernas.

Da perspectiva da alquimia e da astrologia, as ciências que derivaram delas, incluindo a química, a física e a astronomia, são incompletas. Até pouco tempo, elas se concentravam nos aspectos físicos do mundo — as coisas que podemos "ver" — ignorando os campos de energia sutil que são responsáveis pelo nascimento das estrelas e pelo comportamento dos átomos. Embora a ciência tenha se revelado eficaz para mudar formas de matéria que já existem — como combinar elementos para produzir metais mais fortes e leves — foi apenas nos últimos anos do século XX que começou a se considerar seriamente as qualidades dos elementos que não se pode ver. Ao reconhecer os efeitos de seus campos "invisíveis", as ciências modernas, como a física quântica, estão começando a reconhecer a natureza inter-relacionada dos elementos da criação e a descobrir o sentido que têm na nossa vida relações tão profundamente enraizadas.

A Alquimia do Fogo, do Ar e da Água

Para algumas pessoas, a palavra *alquimia* evoca a imagem de um mago barbudo de um período negro da história, trabalhando numa sala fria e sem janelas, escondida nas entranhas de um castelo medieval, cercado por partes secas de animais e fervendo líquidos derramados de frascos misteriosos. Essa visão vem, em grande parte, da imagem do alquimista que o cinema e os romances modernos divulgam. Mas, entre as tradições mais antigas da história, descobrimos registros de procedimentos para combinar em produtos úteis as substâncias da natureza. Pela tradição oral, das tábuas de barro, das paredes dos templos e de rolos de pergaminho meticulosamente preparados, sabemos que os fundamentos da alquimia eram conhecidos pelos fenícios, pelos babilônios e pelos caldeus, assim como no Oriente, em Roma e na Grécia.

Em geral, os estudos alquímicos partem de um único princípio: o nosso mundo, e tudo o que nele existe, é feito de três elementos simples. Esses elementos, familiares para os estudiosos das tradições sagradas, são o Fogo, o Ar e a Água. Sem um vocabulário científico para descrever esse conhecimento, os estudiosos da alquimia fizeram o possível para preservar e transmitir a sabedoria que possuíam, que já era antiga em sua época. Se pudéssemos "traduzir" as idéias alquímicas sobre Fogo, Ar e Água para seus equivalentes na química moderna, que segredos as velhas fórmulas revelariam hoje?

A Criação Como Trilogia

Na linguagem da era alquímica, Fogo, Ar e Água representavam os extremos de polaridade e equilíbrio. Nesse contexto, a criação pode ser descrita por meio de trilogias de elementos: o "fogo" é tipicamente associado ao ato de dar, ou aspecto "masculino"; a "água" ao ato de receber, ou aspecto "feminino"; o "ar" ao equilíbrio neutro entre os dois, ou a "criança". Muitas tradições recorrem a essas três propriedades: o "positivo", que afirma ou projeta; o "negativo", que atrai ou recebe; o centro, que é "neutro" (ver figura 4.1 abaixo).

Criação Como Trilogia					
Elementos Naturais	Polaridade/ Sexo	Tradição Bíblica	Física Moderna	Carga Elétrica	Tradição Indígena
Fogo	Homem	Pai	Próton	Positivo (+)	Águia/ Condor
Água	Mulher	Filho	Elétron	Negativo (−)	Serpente
Ar	Criança	Espírito Santo	Nêutron	Neutro (0)	Puma/ Jaguar

Figura 4.1: Exemplos de "positivo", "negativo" e "equilíbrio" em diferentes visões de mundo.

Entre essas tradições está a tradição cristã do Pai, do Filho e do Espírito Santo, as culturas indígenas com seus animais, que representam a Terra, o Céu e as criaturas entre os dois (o quadro mostra as tradições andinas), assim como o fundamento da física do século XX: próton, elétron e nêutron. Embora as descobertas recentes no campo da física quântica estejam modificando a nossa visão do próprio átomo, as "nuvens de probabilidades" que estão substituindo rapidamente as partículas imaginadas no passado mantêm a trilogia de atributos (positivo, negativo e neutro), associados agora a prótons, elétrons e nêutrons.

Os textos mais antigos identificavam três elementos, mas os que compreendiam a ordem natural do mundo incluíam um quarto elemento secreto. Esse elemento, "terra", é mencionado explicitamente em tradições alquímicas mais tardias. Os escribas pré-cristãos dos Pergaminhos do Mar Morto, os antigos essênios, chamavam as quatro forças da criação de "anjos": Anjo do Vento, Anjo do Sol, Anjo da Água e Anjo da Terra. Os alquimistas acreditavam que entender a origem do quarto elemento era a chave para compreender a criação, a vida e a imortalidade.

Embora as particularidades dessas visões de mundo sejam obviamente antigas e o vocabulário ultrapassado, o fio de semelhança que liga as histórias de nossas origens não pode ser negado. Supondo que nossos ancestrais estivessem tentando transmitir um importante ensinamento para seus descendentes — incluindo nós, pessoas do seu futuro — o que estariam eles dizendo? Estariam nossos antepassados dizendo apenas que o calor, o líquido, o ar e os minerais formam o nosso corpo e tudo o que vemos? Ou estariam eles compartilhando alguma coisa muito mais específica? As evidências apresentadas neste capítulo e nos dois capítulos seguintes sugerem que, nas palavras de sua época, os antigos alquimistas estavam descrevendo a constituição exata — *a verdadeira química* — da terra e das nossas células.

Vistas com os olhos da análise científica atual, as antigas fórmulas de Água, Fogo e Ar se revelaram incrivelmente precisas! Supondo que são apenas as diferenças de linguagem que se interpõem entre o conhecimento moderno e a antiga sabedoria, então pode ser que a chave para a compreensão mais fecunda exista numa forma que não reconhecemos.

A Ciência Mística da Cabala

Por questões de clareza, vamos usar a expressão *alquimia tradicional* para nos referir à forma medieval dessa ciência. Embora os mistérios da alquimia tradicional estejam bem documentados e sejam hoje de fácil acesso, os princípios subjacentes não são tão óbvios. Durante a Idade Média, para preservar os segredos da "mais antiga ciência" numa época em que esse conhecimento custou muitas vidas, o significado dos símbolos que formam o núcleo da alquimia tradicional era envolto em segredos. Mesmo hoje, os detalhes da "primeira ciência" continuam ocultos para impedir o mau uso do seu poder, sendo conhecidos apenas pelos que estão diretamente envolvidos com a tradição.

Precedendo a alquimia tradicional em mais de 2.000 anos, no entanto, *uma forma ainda mais antiga de alquimia* oferece um dos mais completos registros da criação e da nossa relação com o Criador. É a parte da Cabala que descreve o universo usando as combinações das Letras Hebraicas: o *Sepher Yetzirah*.

No *Sepher Yetzirah*, há frases entremeadas de referências que lembram a alquimia. Os versos falam das primeiras interações entre Fogo, Ar e Água — num tempo antes do começo do tempo — representadas por letras hebraicas. Na descrição da união entre Céu e Terra, somos incluídos como parte da criação. Aqui, descobrimos uma ligação direta com os princípios da alquimia tradicional — e a primeira chave para decodificar a mensagem que existe nas nossas células.

A Árvore da Vida: Modelo do Universo

A narrativa do *Sepher Yetzirah* começa com uma descrição dos dez mundos, ou *Sefirot*, que definem a relação entre as forças da criação. Surpreendentemente, as últimas teorias da criação afirmam também que o nosso universo é feito de pelo menos dez esferas de energia — dez dimensões. Esses mundos sutis são necessários para explicar as observações da física quântica! Os Sefirot são tipicamente representados por esferas e dispostos de modo a formar o padrão da Árvore da Vida (ver Figura 4.2). Partindo dessa árvore, os ensinamentos da Cabala oferecem significado e relevância no contexto da vida diária.

Cada Sefirot representa um dos atributos com que Deus criou o universo e que podemos almejar na nossa vida. Por exemplo: o segundo e o terceiro Sefirot, *Binah* e *Hokhmah*, estão associados aos princípios de Compreensão e Sabedoria, enquanto o quarto e o quinto Sefirot, *Gevurah* e *Hesed*, representam as qualidades de Discernimento e Misericórdia.

O segundo capítulo do texto faz a primeira conexão clara entre a natureza mística da Árvore da Vida e uma coisa mais concreta. A chave está nas primeiras três letras que Deus usou para criar o universo, conhecidas no alfabeto hebraico como *Letras Básicas*, *Mães* ou *Letras Mães*: *Alef (A)*, *Mem (M)* e *Shin (Sh)*. Cada uma das 19 letras restantes é imbuída do próprio poder e do próprio significado, mas este livro vai se concentrar nas três primeiras e no seu lugar especial na criação.

Em termos nada vagos, o texto afirma que é por meio dessas letras, e só delas, que o mistério da criação pode ser rastreado até suas origens. As Três Mães são imediatamente associadas aos três elementos alquímicos da criação: Fogo, Ar e Água. No mesmo parágrafo que identifica os elementos, um enunciado abrangente esclarece a sua relação com o universo e com o que há além dele:

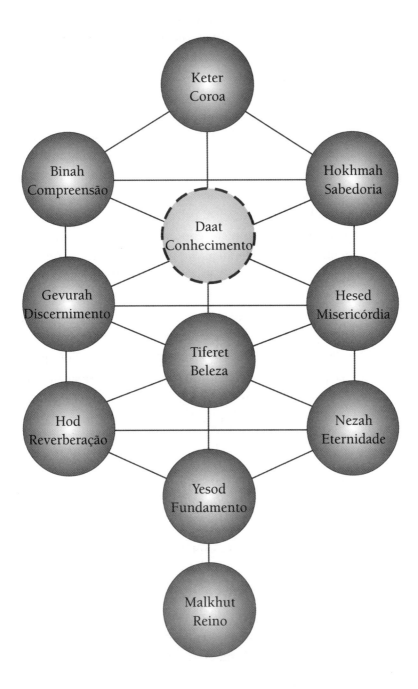

Figura 4.2: A antiga Árvore da Vida mostra os atributos deste mundo em forma dos dez Sefirot (segundo Halevi).[9]

> *As três Básicas, A, M e Sh, são um grande segredo místico, oculto e elevado, do qual emana o Fogo, o Sopro e a Água, do qual tudo foi criado.*[10]

Para compreender o mistério de A, M e Sh, e as implicações do enunciado acima, é necessário enfatizar a sabedoria que é a essência da Cabala. Nas palavras de Halevi,[11] "as relações expressas na árvore formam a base da existência". Tão amplos são os conceitos oferecidos por meio da Árvore da Vida que eles foram aplicados a um número aparentemente infinito de tópicos, que vão das razões do casamento, do divórcio, da doença e da saúde à física da criação. É pelo modo como Início, e o *tempo antes do Início*, são definidos, recorrendo aos elementos representados pelas letras hebraicas, que entendemos o mistério das três Letras Mães.

Com uma notável economia de frases, o *Sepher Yetzirah* usa a Árvore da Vida como metáfora para a criação, afirmando que o primeiro Sefirot representa o "Sopro do Deus Vivo". Tradicionalmente, os cabalistas consideram que essa passagem se refere ao momento da criação, ao primeiro sopro ou à primeira luz, e também à substância primeira de que tudo foi formado. Depois do Início, o leitor é levado numa viagem alquímica que investiga os elementos que formam o universo. Nesta descrição dos quatro primeiros Sefirot, cada enunciado detalha o elemento a que dá origem.

1. Dez Sefirot do Nada: um é o Sopro do Deus vivo. Abençoado e bendito é o nome da Vida dos Mundos. A voz do sopro e da fala. E este é o Sopro Sagrado.[12]

2. Dois: Sopro vindo do Sopro. Com isso, Ele gravou e esculpiu quatro direções (sopros) do Céu: este, oeste, norte e sul. E há um sopro em cada uma delas.[13]

3. Três: Água vinda do Sopro. Com isso, Ele gravou e esculpiu o caos e o vazio, o barro e a lama... Ele despejou água nelas (as letras) e isso se tornou pó, como está escrito.[14]

4. Quatro: Fogo vindo da Água. Com isso, Ele gravou e esculpiu o Trono de Glória e toda a legião nas alturas. Assim está escrito, Ele faz Seus anjos de sopros, e seus ministros de fogo flamejante.[15]

Depois dessas primeiras descrições, o texto continua com um grau de clareza que deixa poucas dúvidas quanto à relação entre as Letras Mães e os elementos:

> *"Três Mães, A, M e Sh, no Universo são*
> *Ar, Água e Fogo."[16]*

Uma vez estabelecidos os atributos de Fogo, Ar e Água, o texto diz que os componentes estão no lugar certo e que o ato de usá-los para o milagre do universo pode continuar. Por meio dos Sefirot restantes, a Árvore da Vida define os limites do universo de Deus e as regras da criação. É aí, também, que encontramos o fio que liga as três Letras Mães aos elementos modernos do mundo físico e ao milagre da vida.

Aparecimento das Três Mães

As passagens acima sugerem que *A, M* e *Sh* não são apenas símbolos dos elementos da natureza. Na forma de "alquimia verbal", os versos nos mostram que conhecer o poder de cada letra é a chave para compreender as forças do universo.

> *"Ele fez a letra Alef reinar sobre o Sopro[17]...*
> *Ele fez Mem reinar sobre a água[18]...*
> *Ele fez Shin reinar sobre o fogo..."[19]*

Em termos que resistiram ao tempo e às traduções, esses versos revelam a profundidade do conhecimento dos autores do texto, assim como sua notável habilidade para transmitir o que sabiam numa linguagem que até hoje tem sentido. Na ausência de linguagem científica, parece que os antigos estavam transmitindo uma sabedoria herdada de uma fonte anterior, ainda não identificada. Com as únicas palavras que conheciam, eles relataram nada menos do que a construção do universo!

Essa descrição dos primeiros atos da criação se assemelha às da alquimia tradicional da Idade Média, assim como à descrição que os essênios fazem da criação dos anjos da natureza, 500 anos antes do nascimento de Cristo. Aqui, o "Sopro de Deus" se torna Ar e Anjo do Vento. De maneira semelhante, a "Água vinda do Sopro" se torna o elemento Água e Anjo da Água, enquanto o "Fogo vindo da Água" se torna Fogo e Anjo do Sol. Com essas ligações em mente, a questão é: o que vincula essas primeiras letras da criação à química da ciência moderna?

Do "Por Que" para o "Como"

Grande parte da tecnologia atual se baseia na mudança de processos que, historicamente, eram deixados à natureza. Para criar tecnologias aparentemente miraculosas, capazes de influenciar os padrões climáticos, criar novas formas de matéria e modificar a configuração genética de alimentos e doenças, foi necessário antes compreender *por que* os processos naturais funcionam.

Mas, da perspectiva dos nossos ancestrais, havia pouca necessidade dessa informação. Para os antigos curadores, alquimistas e milagreiros, era menos importante saber por que o mundo funciona como funciona do que aplicar os princípios da natureza à vida diária. Como não pretendiam melhorar a natureza, havia pouca necessidade de dissecá-la para que dela se beneficiassem suas famílias, vilas e comunidades.

A prece como fator de cura — um fenômeno que a ciência moderna e a medicina ocidental mal começaram a investigar — oferece um exemplo perfeito dessa distinção. Num estudo piloto conduzido no Mid America Heart Institute, em Kansas City, 990 pacientes com sérios problemas cardíacos foram divididos em dois grupos antes de passar por suas respectivas cirurgias e tratamentos.[21] Cinco voluntários rezaram todos os dias para o primeiro grupo, enquanto o segundo não foi objeto de nenhuma prece.

Para surpresa dos pesquisadores, as pessoas do primeiro grupo tiveram benefícios estatisticamente mensuráveis em sua recuperação. Um dos responsáveis pelo projeto declarou: "Os pacientes que receberam orações se saíram melhor."[22] Os resultados desse estudo viraram manchete nacional e acabaram levando a outros estudos no Georgetown University Medical Center e na Harvard University, num esforço para compreender exatamente por que o grupo que recebeu as orações se saiu melhor.

Embora a pesquisa seja interessante, muitos dos que já incorporaram a prece à rotina diária não a consideram necessária. Eles já conhecem o poder da prece e estão acostumados a compartilhá-lo com os outros. Como já sabem que suas preces funcionam, eles não perguntam por quê.

A Ciência Confirma o Antigo Modelo: Repensando o Ar, a Água e o Fogo

Antes que as descobertas do final do século XX nos permitissem manipular a natureza, o foco da ciência era basicamente juntar informações que explicassem o nosso corpo e o nosso mundo. Com o desenvolvimento dos computadores e do armazenamento de dados, numa única geração acumulamos e armazenamos uma quantidade sem precedentes de dados. O Doutor Michiu Kaku comenta esse incrível aumento da nossa capacidade de juntar conhecimento, dizendo: "o conhecimento humano está dobrando a cada dez anos. A década passada [1987 a 1997] produziu mais conhecimento científico do que toda a história humana."[23] Pode ser que a História revele que essa onda de conhecimento, até agora sem precedentes, começou com a maior pesquisa cooperativa do último século: o International Geophysical Year (IGY).

Durante 18 meses, de julho de 1957 a dezembro de 1958, 67 nações participaram de um projeto conjunto para documentar a composição e os processos naturais da Terra, de maneira até então inédita.[24] Ironicamente, são precisamente esses dados modernos que nos permitem fazer uma ponte entre os princípios da antiga alquimia e a mais sofisticada ciência da nossa época.

Nos antigos textos alquímicos, o elemento Ar nunca é claramente definido mas, segundo várias interpretações, os textos se referem ao ar que respiramos. A ciência moderna revela que nossa atmosfera nos fornece o elemento invisível que dá vida a cada célula do nosso corpo: o *oxigênio*. Uma correlação entre a antiga alquimia e a química moderna nos leva a acreditar que o oxigênio equivale ao Ar alquímico. No entanto, o estudo da atmosfera por ocasião do IGY *revelou que não é esse o caso*. Embora o oxigênio seja o elemento mais necessário à vida, há uma quantidade relativamente pequena dessa substância preciosa no ar que respiramos!

Surpreendentes 78 por cento da atmosfera são compostos por outro elemento, que *se combina ao oxigênio* para estabilizar o ar. Embora o estudo tenha revelado que o oxigênio representa cerca de 21 por cento da atmosfera (o resto é formado por argônio, dióxido de carbono e alguns elementos residuais),[25] o grosso de cada respiração que sustenta a vida é constituído de nitrogênio!

Quando os antigos alquimistas identificaram o Ar como um elemento básico da criação, será que estavam nos dizendo, na linguagem de sua época, que se referiam ao nitrogênio? No que diz respeito a esta discussão, vamos pressupor que é esse o caso e ver onde a correlação nos leva. Uma linha semelhante de raciocínio pode ser aplicada aos elementos modernos que equivalem ao Fogo, à Água e à Terra da antiga alquimia.

A água, que corresponde a mais de dois terços da superfície do planeta, é representada quimicamente pela fórmula H$_2$O. Simplificando, essa receita nos diz que há dois átomos de hidrogênio para cada átomo de oxigênio nos oceanos, lagos, rios e córregos da terra, na chuva do céu e na água do nosso corpo. Adotando a mesma perspectiva, que vê *Ar* como uma palavra-código para nitrogênio, talvez *Água* seja um código que corresponde a outro elemento físico.

Estudos da NASA indicam que, percentualmente, o elemento invisível — o oxigênio — predomina na água. Ou seja, a água, que cobre dois terços do nosso mundo, tem aproximadamente 85,5% de oxigênio (88,89%, no caso da água pura), sendo o resto constituído por hidrogênio e outros minerais.[26] (Embora a fórmula indique que há dois átomos de hidrogênio para cada átomo de oxigênio, os átomos de oxigênio são maiores, o que explica a percentagem mais alta na composição.) Nesta discussão, vamos considerar as antigas referências à água como um código para o elemento *oxigênio*.

Supõe-se, em geral, que os textos alquímicos usam a palavra *Fogo* para se referir à energia que é a fonte original de todo o fogo: o sol. O fogo que consome a madeira, o carvão e outros produtos usados como combustível ao longo da história, existe graças à energia do sol que é liberada de dentro deles. Na última metade do século XX, avanços tecnológicos permitiram uma análise detalhada dos elementos que compõem o corpo ardente que fica no centro do sistema solar.

O calor que sentimos num dia quente de verão se deve principalmente às temperaturas inimagináveis do centro do sol (estimadas em 27 milhões de graus Fahrenheit!). Do ponto de vista da ciência, nossa estrela mais próxima é um imenso motor celestial queimando um suprimento limitado de gases, que um dia vai se acabar. Estudos recentes confirmaram que dois elementos básicos alimentam o fogo do sol: cerca de 71 por cento de hidrogênio e 27.1 por cento de hélio.[27]

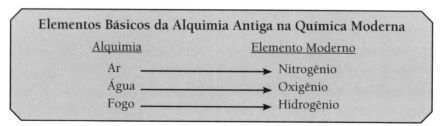

Figura 4.3: Equivalentes modernos dos antigos elementos da criação.

Seguindo a lógica aplicada aos elementos da alquimia, podemos supor que as antigas referências ao Fogo são, na verdade, referências ao elemento que predomina na fonte de todo fogo: o hidrogênio. A partir dessas descobertas, é possível traduzir as antigas referências a Fogo, Ar e Água para elementos químicos reconhecidos pela ciência moderna (ver Figura 4.3).

Graças a estudos como o IGY, sabemos agora que a crosta terrestre, incluindo as camadas sob os oceanos, é formada por uma quantidade relativamente pequena de elementos. Silicone, oxigênio, hidrogênio e alumínio constituem mais de 90 por cento dessa crosta. Mais significativa ainda é a descoberta de que dois desses quatro elementos — o hidrogênio e o oxigênio — constituem mais de 99 por cento do nosso corpo!

Esses estudos revelam que, na verdade, somos feitos "de terra" (ver "Palavras Diferentes/ Mesmo Significado" nas páginas 84-85). Há diferenças, é claro, entre o corpo humano e a crosta do planeta. No nosso corpo, o carbono e o nitrogênio substituem o silicone e o alumínio encontrados na terra. Dos elementos restantes, embora o silicone seja importante em nossa constituição química, ele é encontrado em partes muito pequenas, sendo considerado um elemento "residual". É interessante observar que o alumínio não ocorre naturalmente no corpo, embora seja às vezes absorvido como subproduto da indústria e da poluição.

Tendo estabelecido uma ligação direta entre antigas descrições do corpo e seus equivalentes na química moderna, podemos agora correlacionar a ciência moderna e a Cabala. Se essas correlações são exatas, então a história preservada na tradição alquímica e nas tradições da Cabala começa a assumir um significado ainda mais profundo. Uma reinterpretação do mais antigo e mais completo relato de nossas origens traz novas e surpreendentes respostas para questões em aberto do passado.

SUMÁRIO DO CAPÍTULO 4

- Há um tema comum nas antigas histórias da origem humana: segundo elas, fomos criados do "pó" ou do "barro" da terra. Toda vida vem do mesmo pó.

- Os segredos da nossa criação e da nossa capacidade de transmutar as circunstâncias da vida (unir Céu e Terra) estão preservados nas tradições ocultas da antiga alquimia. As principais entre essas tradições afirmam que o nosso mundo e o nosso corpo são feitos dos elementos Fogo, Água e Ar.

- Um relato detalhado da alquimia, que leva à criação do universo e às origens da humanidade, aparece também no Livro Hebreu da Criação, o *Sepher Yetzirah*. Segundo esse livro, hoje disponível, um poder superior forma o universo e o nosso mundo.

- Nova descoberta: a ciência moderna confirma os antigos modelos, revelando que os elementos alquímicos — Fogo, Ar e Água — correspondem a três dos mais abundantes elementos do nosso corpo: hidrogênio, nitrogênio e oxigênio.

"Que os que buscam continuem buscando até encontrar. Quando encontrarem, ficarão perturbados. Quando ficarem perturbados, ficarão pasmos..."

"Reconhece o que está à vista, e o que está oculto te será evidente."

O EVANGELHO PERDIDO DE TOMÁS

Capítulo Cinco

A DESCOBERTA:
Quando Letras Se Tornam Elementos

Numa época em que o conhecimento humano dobra a cada dez anos e as máquinas podem ser reduzidas ao tamanho de um átomo, ainda dependemos dos mais antigos registros do passado para compreender quem somos — registros preservados em forma de letras de antigos alfabetos. Ao mesmo tempo, a origem dos alfabetos — e das línguas — continua sendo um dos grandes mistérios sem solução do nosso tempo.

Nos 40.000 anos de história do homem moderno, a escrita teve um papel cada vez mais importante, permitindo-nos preservar e transmitir informações para pessoas do presente e do futuro. Durante esse tempo, registramos os acontecimentos da nossa vida mediante uma combinação de quatro formas de escrita. Essas formas estão agrupadas em categorias:

- Imagens pictóricas
- Signos que representam palavras
- Signos que representam sílabas
- Alfabetos inteiros

Por meio dos símbolos, cada forma permite vários graus de complexidade e atendeu às necessidades de um determinado povo num momento específico da história.

Letras e Alfabetos Símbolos e uma Realidade Mais Profunda

Embora o uso de alfabetos completos seja um modo de comunicação mais recente, isso não significa que os *pensamentos* representados na antiga escrita pictórica sejam menos sofisticados do que os que são representados pelas palavras de hoje. Foram apenas os *símbolos* que se tornaram mais sofisticados com o tempo.

Em geral, as imagens pictóricas mais simples, como os *pictogramas*, representam conceitos amplos e elevados, sem fornecer detalhes que dariam maior significado ao evento relatado. No extremo oposto do espectro, os alfabetos permitem que as especificidades dos acontecimentos sejam registradas, transmitidas e preservadas para uso futuro.

A imagem solitária da explosão de uma estrela, encontrada no interior do Cânion Chaco, no Novo México, ilustra esse conceito. O símbolo, que supostamente registra a explosão de uma supernova em 1.054 E.C., está pintado numa saliência da rocha. O brilho dessa explosão foi visto em plena luz do dia em quase toda a América do Norte e seus vestígios ainda são visíveis: é o que os astrônomos chamam de *Nebulosa do Caranguejo*. Embora o pictograma pareça registrar o acontecimento, ele não oferece especificações, como a hora do dia, a intensidade do brilho ou os efeitos que teve sobre as pessoas, os animais e as condições de vida da época. Ele simplesmente registra a ocorrência da explosão. No entanto, astrônomos chineses da mesma época documentaram o evento por meio de uma linguagem alfabética sofisticada, conseguindo assim preservar detalhes, como a data exata em que ocorreu, para as futuras gerações.

As linguagens que usam signos para palavras (*logogramas*) e signos silábicos (*silabogramas*) conseguem preservar mais detalhes do que os antigos pictogramas. Ao usar símbolos para representar sílabas ou palavras, essas formas de escrita têm a capacidade de preservar mais informações a respeito dos acontecimentos que registram.[2]

O recurso mais preciso para registrar informações são os símbolos que representam sons específicos: os *alfabetos*. Num alfabeto, os símbolos são combinados para produzir palavras que preservam informações de maneira precisa e significativa. Supõe-se que a necessidade de registrar experiências seja exclusivamente humana. Esse é o catalisador que levou nossos ancestrais a criar as muitas linguagens e os alfabetos que as representam. Mas, no melhor dos casos, as palavras formadas pelos alfabetos são apenas símbolos do acontecimento ou experiência que registram. *Encerradas nos símbolos-letras, há muitas outras camadas, cada uma com níveis mais profundos de significado.*

Além da origem incerta, um mistério mais profundo cerca os múltiplos significados associados às primeiras linguagens. Os estudiosos reconhecem que, das linguagens obsoletas do passado às modernas linguagens de hoje, os símbolos que denominamos letras servem a um duplo propósito. Externamente, as letras formam as palavras e as frases que armazenam e comunicam informações, como datas, épocas e acontecimentos. Sob esses significados externos, camadas menos óbvias de informações revelam relações sutis no interior das próprias palavras.

Graças ao poder das letras hebraicas, a Torá tem a peculiaridade de ser, externamente, um documento histórico e, internamente, um guia codificado dos segredos da criação. Para os que entendem o código, as palavras são caminhos para significados ainda mais profundos do próprio texto. Os estudiosos da Torá acreditam que, no interior das letras que registram os atos de Deus e dos patriarcas, estão as chaves ocultas para os milagres que as palavras descrevem. Por exemplo, assim como foi revelada uma ligação mais profunda entre "Adão" e "Terra", quando a Torá afirma que "Deus criou o Céu e a Terra", o significado mais profundo dessas palavras relata *como* precisamente o Céu e a Terra foram feitos.

Estudando essas relações ocultas, podemos descobrir o poder da mensagem original do autor. Qualquer estudo lingüístico sério tem que levar em conta os vários níveis, ou camadas, de significado sob os símbolos de uma determinada linguagem.

Quando Letras São Mais do que Letras: O Código Oculto da Língua Hebraica

Quando o táxi parou na frente do museu, filas de pessoas lotavam os degraus de concreto, indiferentes à garoa de primavera. Naquela mesma tarde, eu tinha feito uma entrevista com uma jornalista de uma das agências nacionais de notícias e tínhamos discutido, entre outras coisas, os Pergaminhos do Mar Morto.

"Os Pergaminhos estão aqui na cidade!", disse ela depois da entrevista. "No Chicago Field Museum."

"Verdade?!", exclamei. "A que distância estamos do museu?"

"Com trânsito, uns quinze minutos de táxi."

"Eu já vi os manuscritos cópticos no Egito e estudei extensivamente as palavras dos pergaminhos, mas nunca vi os Pergaminhos do Mar Morto propriamente ditos! Adoraria ir até o museu!"

E pronto. Em questão de minutos, estávamos num táxi a caminho do museu.

Quando descemos no vento gelado, apontei para as filas na frente do museu. "Será que todo mundo está aqui para ver os pergaminhos?"

"Alguns. Mas acho que a maioria está aqui para ver a Sue", respondeu a jornalista. Aconteceu que o dia que escolhemos para a nossa visita era também o primeiro dia da exposição do mais completo esqueleto de um *Tyrannosaurus Rex* descoberto até então, apelidado de "Sue". Os dois estavam no mesmo museu, a algumas dezenas de metros um do outro. Chegando à bilheteria, nossas suspeitas se confirmaram: o grosso das pessoas ia na direção de Sue. Ao lado do saguão principal, pequenos grupos se formavam para ver os pergaminhos, com intervalos programados para não juntar muita gente. Chegamos bem a tempo para o último grupo do dia!

Ao percorrer a exposição organizada para o evento, eu sentia crescer minha expectativa, assim como a das pessoas à minha volta. Quando entramos na sala, ouvi exclamações abafadas de meus companheiros de visita. Para minimizar os efeitos nocivos do calor da iluminação, as lâmpadas que iluminavam cada fragmento de pergaminho eram reguladas de modo a ficar mais fortes e mais fracas a cada poucos minutos. Cada uma das vitrines que abrigavam os delicados fragmentos era iluminada por uma lâmpada que tinha o próprio *timer*, o que criava um efeito estranho, ao fazer com que partes da sala se alternassem entre o claro e o escuro. Fui atraído de imediato por um pequeno pergaminho cinzento, que estava numa vitrine solitária perto do centro da sala. Quando parei na frente do fragmento — parte do antigo *Livro de Enoque* — senti uma onda de calor me invadir diante da magnitude do que eu estava vendo.

Ali, num pedaço esfarrapado de pele de animal, estavam as letras de uma mensagem criada pela mão de outro ser humano, há mais de dois milênios! Mais ou menos cerca de 200 anos antes de Jesus viver na terra, um escriba desconhecido tinha se dado ao trabalho de registrar palavras de sabedoria que já eram antigas quando foram escritas. As manchas de tinta preta que formavam as letras de proporções perfeitas ainda aderiam à superfície do pergaminho, exatamente como tinham sido aplicadas num passado remoto.

Por uma fração de segundo, os séculos que nos separavam se dissolveram. Graças ao mistério das letras, agora a poucos centímetros dos meus olhos, o escriba esquecido tinha desafiado os limites do tempo. Naquele breve momento, compreendi a linguagem de uma forma nova, que nunca mais se repetiu. Além da compreensão lógica, senti os símbolos unindo passado e presente, pelo poder das letras hebraicas.

Há mais de três milênios, as letras do alfabeto hebraico têm um lugar exclusivo no estudo das línguas sagradas. Outras formas de escrita, como os hieróglifos egípcios e a escrita cuneiforme dos sumérios, são milhares de anos mais antigas, mas não são mais usadas nos dias de hoje. Então, é muito provável que a interpretação moderna dessas línguas perca sutilezas que só podem ser conhecidas no uso. Esse não é o caso do alfabeto hebraico — ele é usado continuamente há 3.000 anos, talvez mais.

Ao longo do tempo, ocorreram mudanças no sentido e no uso de algumas letras mas, nos últimos 1.000 anos, o alfabeto permanece inalterado. Uma das mais antigas versões do Antigo Testamento em hebraico, o Códice de Leningrado, foi escrito em 1.008 E.C. A comparação desse manuscrito com as versões modernas da mesma Bíblia revela que os textos combinam perfeitamente — letra por letra! O tempo de uso dessa língua e a estabilidade do seu alfabeto permitem que as traduções de antigos documentos hebraicos preservem o que o autor queria transmitir quando as palavras foram registradas há milhares de anos.

Até quem está habituado ao hebraico diz ter uma sensação de sagrado, de reverência e mistério, diante dessas letras. Muitas línguas têm valores numéricos ocultos associados a cada letra do alfabeto, mas nenhum desses sistemas numéricos foi documentado tão extensivamente e aplicado com tanta freqüência quanto o do antigo hebraico.

Atribuindo um tremendo poder às forças do alfabeto hebraico, o *Sepher Yetzirah* afirma que foi por meio das letras que Deus "representou tudo o que foi formado e tudo o que seria formado".[3] Historicamente, os estudiosos vêem nesse enunciado uma metáfora que simboliza o poder de Deus como fonte da criação. Como já vimos no capítulo anterior, a correlação entre os elementos químicos e a mais antiga língua conhecida e até hoje usada dá uma nova perspectiva a esse enunciado, e talvez à própria origem da vida. O texto codificado descreve precisamente como e por obra de quem (de que força) a nossa espécie veio à existência.

A Ciência das Letras Como Números

Embora a razão original do significado oculto das letras seja um mistério, das mais antigas escritas cuneiformes dos sumérios às línguas de hoje, *cada letra de cada alfabeto sempre foi associada a um valor numérico muito específico.* O estudo dessas relações é conhecido historicamente como *gematria*. Por meio da correspondência um-a-um entre letras e números, a gematria revela as relações ocultas e as camadas mais profundas de significado que seriam ignoradas numa simples leitura das palavras. Extrapolando um pouco o escopo deste livro, vale a pena observar que até mesmo o alfabeto da relativamente recente língua inglesa, fusão de antigas influências gregas e latinas, tem um nível mais profundo de significado, por meio de códigos associados aos alfabetos que lhe deram origem.[4]

Entre as muitas maneiras com que se pode definir "ciência" hoje em dia, o *The American Heritage Dictionary* diz que "qualquer atividade, disciplina ou estudo metodológico"[5] é uma ciência. De acordo com essa definição, a gematria pode ser considerada uma antiga ciência, já que obtém resultados precisos e passíveis de repetição a partir de operações específicas entre letras, frases e palavras.[6] Como alguns antigos textos hebraicos são a fonte de conceitos básicos deste livro, vamos explorar a ciência da gematria da perspectiva das palavras hebraicas. No fim, podemos descobrir que essas relações resolvem o mistério das forças sutis e invisíveis que desafiam a ciência de hoje, como os campos morfogenéticos e os efeitos quânticos.[7]

Uma Breve Introdução ao Alfabeto Hebraico

A língua hebraica é uma língua de consoantes. Ela é escrita de maneira diferente da que é falada: as vogais, que tornam as palavras pronunciáveis, geralmente são omitidas do texto. Historicamente, as vogais eram apenas sugeridas pelo uso dado às palavras, tornando a tradução de passagens escritas em hebraico bíblico não apenas uma ciência, mas uma arte. Devido a essa peculiaridade, é bom conhecer o contexto do que foi escrito *antes que seja traduzido*, para atribuir o sentido correto a cada palavra.

Em tempos mais recentes, as vogais da língua hebraica assumiram uma forma escrita, mediante pontos e símbolos postos sob certas letras e uma palavra. Esses símbolos, conhecidos como *pontos vogais*, hoje são usados para garantir a pronúncia correta — e o significado — das letras e palavras. O alfabeto hebraico *básico* tem 22 letras, sendo que a cada uma delas é atribuído um som e um número. Dessa maneira, a língua é imbuída do sentido externo e óbvio e também do sentido oculto, interior.

A primeira letra do alfabeto, *Alef* (א), é associada ao número 1; a segunda letra, *Bet* (ב), ao número 2 e assim por diante, até chegar à letra *Yod* (י) e ao número 10. A seqüência continua então com múltiplos de 10, sendo a letra seguinte, *Kaf* (כ), associada a 20; *Lamed* (ל) a 30 e assim por diante, até chegar a *Kuf* (ק) e ao número 100. Daí em diante, o alfabeto hebraico básico continua em múltiplos de 100, terminando com a letra *Tav* (ת), associada ao número 400.

Nas tradições mais antigas da Cabala, o alfabeto continua em múltiplos de 100, até a seqüência chegar a 1.000, que corresponde a uma versão maior da primeira letra do alfabeto, *Alef* (que se torna "*Grande Alef*"). Esse conjunto ampliado de letras é especialmente importante na análise do significado mais profundo dos textos hebraicos. A figura 5.1 ilustra as letras do alfabeto hebraico básico e o valor numérico oculto, historicamente associado a cada uma.

Valores Numéricos do Alfabeto Hebraico

Símbolo	Nome	Som	Valor	Símbolo	Nome	Som	Valor
א	Alef	Silencioso	1	ל	Lamed	L	30
ב	Bet/Vet	B/V	2	מ	Mem	M	40
ג	Gimel	G	3	נ	Num	N	50
ד	Dalet	D	4	ס	Samekh	S	60
ה	Hey	H	5	ע	Ayin	Gutural	70
ו	Vav	V	6	פ	Peh	P/F	80
ז	Zayin	Z	7	צ	Tzadi	Tz	90
ח	Chet	Ch	8	ק	Kuf	K	100
ט	Tet	T	9	ר	Resh	R	200
י	Yod	Y	10	ש	Shin	Sh/S	300
כ	Kaf	K/Kh	20	ת	Tav	T	400

Figura 5.1: Letras básicas do alfabeto hebraico, mostrando o valor numérico "oculto" associado a cada uma.

O Significado Oculto de Alma e Céu

A profundidade do significado oculto das palavras pode ser ilustrado pelo exemplo das palavras hebraicas que significam *alma* e *Céu*, e de sua relação com a vida e a morte.

Quase no mundo inteiro, as crenças mais difundidas sugerem que a alma que existe dentro de nós continua a viver depois da morte, quando volta às esferas de sua origem, o lugar que conhecemos como Céu. Tradicionalmente, a relação entre alma e céu é apenas inferida, com base em escritos religiosos e espirituais. Mas o vínculo direto entre palavras e números mostra essa relação graficamente, na sua especificidade. A análise a seguir, tirada da obra de um dos grandes hebraístas do nosso tempo, o Rabino Benjamin Blech, oferece uma visão inédita e o conforto de que tanto precisamos no que se refere ao mistério que envolve o Céu, a Terra e a alma humana.[8]

A palavra hebraica para *alma* é "NeShaMaH", que é escrita sem as vogais, ficando N, Sh, M, H. Atribuindo a essas letras os códigos numéricos apresentados na última seção, seus valores são:

N	*Sh*	*M*	*H*
50	300	40	5

A soma desses valores individuais resulta no valor combinado 395.

50 + 300 + 40 + 5 = 395

Em termos numéricos, 395 é "alma", o que nos permite explorar uma relação que não é óbvia na forma alfabética das palavras. Para compreender precisamente como a esfera do Céu está relacionada com o 395 da alma, aplicamos o mesmo processo às letras da palavra Céu.

Em Hebraico, *Céu* é HaShaMaYiM. Só com as consoantes, a palavra fica assim:

H	*Sh*	*M*	*Y*	*M*
5	300	40	10	40

Deixando que o valor numérico de cada letra a represente, descobrimos uma relação direta e talvez surpreendente entre as duas palavras:

5 + 300 + 40 + 10 + 40 = 395

Somando os valores numéricos de *Céu*, temos o número 395 — *exatamente o mesmo valor* da palavra *alma*!

Segundo uma regra da gematria, duas palavras relacionadas numericamente são relacionadas também em natureza. A despeito do significado atribuído pela cultura e pela sociedade, a relação numérica fala diretamente ao significado subjacente às letras. Essa relação é claramente demonstrada pelas palavras *alma* e *Céu*. Além da óbvia similaridade casual, seus valores numéricos são idênticos! Portanto, segundo a gematria, Céu e alma são iguais.

Como sugerem muitas histórias tradicionais das nossas origens, "Deus criou o Céu e a Terra" como duas esferas distintas mas relacionadas. Além disso, definem a humanidade como uma ponte entre as duas esferas, um casamento entre Céu (espírito e alma) e Terra.

> *"Ele [o homem] une qualidades celestes e terrenas em si mesmo... Eu [Deus] criarei o homem para ser a união das duas..."*[29]

Durante a nossa vida, as qualidades das duas esferas se fundem numa única existência. No final da vida, Céu e Terra, que se fundiram no nosso corpo, voltam às suas respectivas moradas. O corpo volta ao pó da terra, enquanto alma e Céu já são um. Essa perspectiva da vida e da morte oferece uma idéia tangível de por que a morte não significa o fim da nossa existência. É o código numérico oculto que nos garante isso.

Número: A Linguagem da Criação

Em sua obra histórica, *A República*, o filósofo grego Platão disse que a realidade do mundo só pode ser conhecida por meio da experiência — qualquer tentativa de descrever a vida por meio da linguagem é, na melhor hipótese, uma abstração. Mas, sugere Platão, se temos que descrever o mundo por meio da linguagem, melhor que seja pelo uso de números: "Eles [os geômetras] fazem uso das formas visíveis e falam sobre elas... O que realmente buscam é uma visão das realidades que só podem ser vistas na mente."[10] Pitágoras, cuja obra teve forte influência sobre Platão, falou dessa importante relação entre os números e o mundo de forma simples e concisa: "Tudo é disposto de acordo com os números."[11]

No alfabeto hebraico, a importância dos números é inegável. Como cada letra tem um valor, a Torá inteira pode ser vista como uma grande formação de números. Os cientistas e historiadores acreditam que, quando foi revelada à humanidade, a Torá era expressa na forma original da língua: uma única fieira contínua de 304.805 caracteres, sem pontuação nem vogais.[12] O estudioso do século XVIII conhecido como *Genius de Vilna* disse: "Tudo o que era, é e será até o fim do tempo, está incluído na Torá, da primeira à última palavra."

Nesse código numérico, supõe-se que recebemos a mensagem do passado, assim como as chaves para o futuro. Se essa visão da Torá está correta, então os mais profundos mistérios de cura, paz e origens nos foram revelados numa longa fieira de números! Não se sabe ao certo *como* essas informações estão codificadas nos livros relativamente curtos da Torá, mas sabe-se que os estudiosos encontram um significado em suas páginas que vai muito além da mensagem óbvia da palavra escrita.

Ao admitir esse vínculo direto entre as letras da Torá e o nosso mundo, a já árdua tarefa de transcrever o texto envolvia uma tremenda responsabilidade: se cometesse um único erro numa única palavra, o escriba alteraria irrevogavelmente o curso da história humana. Devido à necessidade de manter tal precisão, não se tolerava uma única letra errada na transcrição dos textos. Uma falha desse tipo acarretava a destruição de um rolo inteiro, que poderia ter levado meses para chegar àquele ponto. Então, só as cópias corretas de "O Livro" (a Torá) foram deixadas para futuras gerações.

Graças à confiabilidade dos textos hebreus e dos segredos codificados nas suas letras, temos agora uma visão inédita da relação que temos uns com os outros e com o mundo.

O Poder de Comparar "Maçãs com Maçãs"

A ciência da linguagem e dos números revela uma forte ligação entre as letras das palavras hebraicas e as idéias que as palavras transmitem. Será que existe também uma relação oculta entre a origem da vida, relatada nos textos hebraicos, e a linguagem contemporânea da ciência de hoje? Será que o abismo que parece haver entre as explicações científicas e as explicações religiosas do início da vida não passa de uma diferença entre linguagens de eras diferentes, que relatam os mesmos acontecimentos?

Para unir ciência e espiritualidade, ou quaisquer outras maneiras dissemelhantes de conhecer o mundo, todos os pontos de vista têm que ser convertidos à mesma linguagem antes de serem comparados uns com os outros. Considere a pergunta: "O que é maior, uma milha ou 7.920 pés?" Nesse caso, as duas medidas têm que ser convertidas às mesmas unidades para que se possa fazer uma comparação significativa. Para isso, é preciso criar um *denominador comum* que nos permita comparar "maçãs com maçãs" e não "maçãs com laranjas". Ou seja, quando se considera que uma milha corresponde a 5.280 pés, fica mais fácil responder à pergunta: a distância de 7.920 pés é claramente a maior.

Do mesmo modo, encontrar um denominador comum entre a linguagem da espiritualidade e a linguagem da ciência traria um novo significado para as nossas mais antigas e mais respeitadas tradições. Com isso, teríamos construído uma ponte muito necessária entre os mundos da ciência e da espiritualidade, muitas vezes considerados incompatíveis. Para isso, é preciso encontrar uma ligação entre os dois mundos. *É exatamente essa ligação que o código numérico subjacente à língua hebraica nos oferece.*

A Descoberta: de Alfabeto a Elementos

No final do século XX já se sabia que tudo o que existe no mundo físico é formado por cerca de 118 elementos. Dos gases invisíveis que formam a atmosfera aos densos minerais que formam a terra, muitos dos elementos têm nomes conhecidos e tiveram papéis significativos na história do mundo. Nos anos de 1800, por exemplo, a corrida em busca do ouro, que dominou a Califórnia, o Novo México e o Colorado, contribuiu para o desenvolvimento do Oeste norte-americano. Outros elementos, como o 105, ou *dubnium* (originalmente *Nielsbohrium*, recebeu outro nome em 1997), são tão raros que existem apenas em condições de laboratório e por poucos segundos, logo se desintegrando em materiais mais estáveis.

Os 118 elementos são classificados por características que diferenciam cada um deles de todos os outros — propriedades representadas por números — e dispostos na forma de uma tabela. É a *Tabela Periódica dos Elementos*, ou simplesmente *Tabela Periódica* (ver Apêndice B), que continua a crescer conforme outros elementos vão sendo descobertos. Quando organizam essas características, os cientistas determinam onde cada elemento se "encaixa" no quadro. *São essas qualidades numéricas que ligam os elementos do nosso DNA às letras do alfabeto hebraico*. Essa chave nos permite ler a antiga mensagem codificada no DNA das nossas células.

Das muitas características possíveis que definem cada elemento, o meu estudo de 12 anos revela uma que se destaca como ponte entre os quatros elementos da vida e o alfabeto hebraico: a qualidade conhecida como *massa atômica*.[13] Por mais técnico que pareça esse nome, a idéia de "massa" é um conceito simples, que nos revela o grau de facilidade com que a matéria se deixa mover.[14] Neste livro, vamos nos referir a *massa atômica* simplesmente como massa *e considerá-la o denominador comum que permite unir as letras hebraicas aos elementos químicos da criação*.[15]

Algo maravilhoso começa a se revelar quando examinamos os mais antigos relatos da criação através das lentes de termos assim modernos. De repente, as referências esotéricas ao Princípio assumem um novo e poderoso significado. No Capítulo 4, descobrimos que as antigas referências aos elementos alquímicos da criação — Fogo, Ar e Água — são, na verdade, alusões aos elementos químicos que tornam o Fogo, o Ar e a Água possíveis: hidrogênio, nitrogênio e oxigênio. Para descobrir o segredo guardado por esses três elementos na literatura antiga, temos que determinar que letras do alfabeto hebraico eles representam. É aí que entra em cena a *massa* como denominador comum. Aplicando o mesmo processo que revelou a relação oculta entre "alma" e "Céu", descobrimos o vínculo entre esses elementos — hidrogênio, nitrogênio oxigênio — e o alfabeto.

De acordo com os princípios da gematria, que nos permitem reduzir os números a um dígito, temos que a massa do hidrogênio — 1,007 — não precisa de simplificação porque já é representada pelo número 1. O mesmo processo revela que as *massas simples* do nitrogênio (14,00) e a do oxigênio (15,99) podem ser encontradas somando-se os números à esquerda da vírgula decimal aos números de sua massa, tirados da Tabela Periódica.

Assim, no caso do nitrogênio, o valor "14" se torna a *massa simples* "5" (1 + 4 = 5). No caso do oxigênio, o valor calculado é "6" (1 + 5 = 6). A figura 5.2 resume esses valores. Essa fórmula nos apresenta uma nova maneira de pensar o Fogo, o Ar e a Água — e estabelece os denominadores comuns que nos permitem buscar a equivalência com os valores numéricos ocultos nas letras hebraicas.

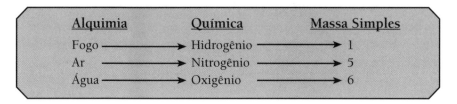

Figura 5.2: O valor "massa" permite pensar de outra maneira os antigos elementos "Fogo", "Ar" e "Água". É esse valor que se torna o denominador comum que liga os antigos conceitos aos elementos modernos.

O Segredo das Três Mães

Como discutimos no Capítulo 4, o *Sepher Yetzirah* afirma que, depois da formação das 22 letras da criação, das quais tudo seria formado, três letras foram escolhidas, entre todas as outras, para ocupar um lugar de honra e respeito. Além de ser o "material" de que o mundo é feito, essas letras se tornariam também o fundamento do nome de Deus: o nome pelo qual Deus seria conhecido na Terra.

> *"Ele escolheu três letras entre as Elementares*
> *[no mistério das três mães Alef Mem Shin]*
> *E Ele as dispôs no Seu grande Nome..."*[16]

Combinando as três Letras-Mães, Deus "selou" e definiu o espaço de sua criação. Como as letras já foram reveladas no texto externo, a nossa busca pelo significado oculto se torna agora uma questão de correspondências. Podemos enunciar essa questão na forma conhecida de uma prova lógica:

Se

as três letras-mães *A, M, Sh*, foram criadas primeiro,

e

essas letras são realmente a "Mãe" da criação,

e

se *Y, H* e *V* são as letras do nome de Deus (*YHVH*)
e a fonte de toda a criação,

então

        por um processo que não é aparente,
        A, M, Sh têm que se tornar Y, H, V!

A relação que permite a evolução de *A M Sh* para *Y H V* é considerada tão sagrada nas antigas tradições que uma seção inteira do *Sepher Yetzirah* é dedicada a esse segredo.

> *"Três Mães: Alef Mem Shin,*
> *um grande segredo místico coberto e selado*
> *com seis anéis.*
> *E delas emana ar, água e fogo,*
> *E delas nascem Pais, e dos Pais, descendentes."*[17]

A resposta para o nosso mistério pode ser enunciada numa única frase: *os estudiosos da Cabala afirmam que as três letras do nome de Deus (YHV) são, na verdade, derivadas das três Letras-Mães (AMSh) e a elas correspondem.*[18] O significado subjacente a essa resposta, no entanto, poderia encher vários volumes.

    A Cabala faz uma distinção entre a criação do nosso Universo da Ordem e o universo *anterior* ao nosso, o Universo do Caos. Os físicos modernos ainda lutam com um dilema: existiu ou não alguma coisa antes do momento do *big-bang*? Mas, para o estudioso da Cabala, a existência de um universo antes do tempo é um dado, necessário até para a compreensão dos ensinamentos.

    A Cabala chama esse "tempo antes do tempo e da ordem" de Universo do Caos, ou *Tohu*. É no Caos que as letras *Alef, Mem* e *Shin* nasceram e foram definidas pela primeira vez. Nesse mundo sem ordem, os elementos, ou *vasos*, que existiam antes dos dez Sefirot, eram incapazes de interagir e, assim, não podiam experimentar a própria essência da vida — não podiam dar e receber. Por isso, eram incapazes de guardar a luz concedida por Deus, e sua experiência era incompleta.

    Devido a essa condição, acabaram se despedaçando, o que é conhecido como *Quebra dos Vasos*. À medida que caíam nas esferas espirituais inferiores, os vasos quebrados eram reconstruídos na forma de outros recipientes, que *podiam* dar e receber. Esses recipientes se transformaram nos dez Sefirot, que formam a Árvore da Vida do nosso mundo, o *Universo da Retificação*, ou Ordem.

No Universo da Ordem, as letras hebraicas do Caos receberam um novo significado e nosso mistério começa a fazer sentido. O "grande segredo místico" do *Sepher Yetzirah* é que as letras do nome de Deus no nosso universo (YHV) e as Letras-Mães do Universo do Caos (AMSh) são iguais. Em outras palavras, *Yod, Hey* e *Vav* vêm das letras *Alef, Mem* e *Shin*, que lhes são correlatas. Com essas relações em mente, temos as informações necessárias para saber como as três Letras-Mães das histórias hebraicas da criação equivalem aos elementos da moderna ciência.

Letras-Mães no Mundo do Caos		Letras-Mães no Mundo da Ordem
A	=	Y
M	=	H
Sh	=	V

Para rever o que sabemos:

1. Fogo, Ar e Água são os equivalentes antigos de hidrogênio, nitrogênio e oxigênio.
2. A ponte entre letras e elementos é numérica.
3. O valor numérico do hidrogênio, nitrogênio e oxigênio é, respectivamente, 1, 5 e 6.

Um exame do código numérico oculto nas letras hebraicas revela não apenas que há uma relação direta entre as letras e os elementos, mas que essa relação é tão precisa que não pode ser confundida!

Elemento Alquímico	Fogo	Ar	Água
Elementos do DNA do Nosso Corpo	Hidrogênio ↓	Nitrogênio ↓	Oxigênio ↓
Como Massa Atômica Reduzida	1	5	6
Como Código de Letras Hebraicas	1	5	6
Mesmos Elementos Como Letras Hebraicas	↑ Y	↑ H	↑ V

Figura 5.3: Os antigos elementos da alquimia, e suas letras hebraicas equivalentes, revelam uma ligação direta entre três dos quatro elementos da vida (hidrogênio, nitrogênio e oxigênio) e as três letras, *Y, H* e *V*, que formam o antigo nome de Deus (o *H* é usado duas vezes: *YHVH*).

No alfabeto hebraico, há exatamente três letras, e apenas três, cujos códigos numéricos ocultos equivalem precisamente à massa simples dos antigos elementos da criação. Os valores ocultos das letras hebraicas Y, H e V se reduzem aos números 1, 5 e 6, respectivamente (ver Figura 5.3).[19]

Por meio dessas simples relações do tipo "maçã com maçã", podemos substituir os elementos do DNA humano pelas letras do alfabeto hebraico que lhes correspondem. Combinando os números que ficam dentro do retângulo menor, é possível ligar diretamente as antigas letras do alfabeto hebraico aos elementos da ciência moderna. Essa relação concreta e verificável nos diz muito sobre o conhecimento de nossos ancestrais.

Graças a registros como o *Sepher Yetzirah*, sabemos agora que estudiosos pré-bíblicos registraram um conhecimento a respeito dos segredos da criação que é de uma época ainda mais remota. Na linguagem da época, eles preservaram o que sabiam, como nós o fazemos hoje por meio dos livros, para as gerações que viriam depois.

Sem se limitar à teoria e à metáfora, esses segredos aparecem agora como fatores responsáveis pelo processo da criação e da própria vida: *são combinações reais de elementos conhecidos e verificados pela ciência de hoje!* Além de dar credibilidade a esses relatos, nossas correlações fornecem uma linguagem que nos permite traduzir as mais antigas histórias da criação com um grau de precisão que antes não era possível.

A parte final da solução do nosso mistério é descobrir de onde vem o quarto elemento da vida, o carbono. Se, como o texto sugere, tudo foi criado a partir de A, M e Sh, que se transformaram em Y, H e V, então, por um processo ainda a ser revelado, o quarto elemento da vida deve vir também dessas três Letras-Mães.

A Solução do Mistério do Quarto Elemento

Ao longo da história da alquimia, além do Fogo, do Ar e da Água, há alusões ao quarto elemento, ou elemento "oculto": a conhecida substância "Terra". Em tradições posteriores, a parte Terra do código foi revelada diretamente, mas *sua origem* continuou oculta para todos, com a exceção dos iniciados nos mistérios da criação. Para os estudiosos do *Sepher Yetzirah*, a chave desse mistério é revelada indiretamente pelo próprio texto:

> *"Com esses três (Sopro, Fogo e Água)*
> *Ele construiu Sua morada."*[20]

Com uma simplicidade eloqüente e profunda, o texto nos diz que a casa do Criador foi feita apenas com essas três substâncias. Com isso, restam poucas dúvidas de que, sozinhos ou combinados, os elementos Fogo, Sopro (Ar) e Água (hidrogênio, nitrogênio e oxigênio) são responsáveis por toda a criação, que é a morada do Criador: o mundo e o nosso corpo.

Ao resolver o mistério do quarto elemento, sabíamos que ele tinha que vir dos elementos que já existiam. Ou seja, para criar o novo elemento, os três elementos existentes tinham que interagir de alguma maneira. Essa união, muitas vezes chamada de "casamento" de Fogo, Ar e Água, nos permite entender nossa relação com o mundo e, em última instância, com o ato da criação.

Como o texto nos diz que só esses três elementos estavam à disposição de Deus nesse ponto da criação, as escolhas analíticas que nos restam são claras. Temos que somar, multiplicar, dividir ou subtrair uns dos outros os valores numéricos dos três elementos para criar o quarto: a Terra. Diante dessas escolhas, podemos recorrer à *navalha de Occan*, uma abordagem que nos indica a opção que tem mais probabilidade de nos dar a resposta mais clara, limitando as possibilidades melhor do que uma abordagem de tentativa e erro. Resumindo: segundo a navalha de Occan, num mundo ideal, a solução mais simples tende a ser a melhor. É esse o caso das possibilidades que podem levar à identificação do quarto elemento, já que uma simples soma nos revela o valor que resolve o nosso mistério.

A partir das três letras que Deus usou para "Criar o Seu Universo", *Yod, Hey* e *Vav*, chegamos a seus valores numéricos, 1, 5 e 6. Combinando esses valores usando o mais simples processo matemático — a adição — chegamos a um novo número, com propriedades muito diferentes dos três números originais: o 12.

<u>Yod</u>   <u>Hey</u>   <u>Vav</u>
 1   +   5   +   6   =   12

Agora, 12 representa o valor do quarto elemento, "Terra". Então, seguindo o agora conhecido processo de reduzir os números de dois dígitos a um único dígito, somamos 1 + 2, dígitos de 12, para chegar a um novo valor: 3. Finalmente, usamos esse valor para procurar, na Tabela Periódica, o nosso elemento misterioso.

Um breve exame da química do corpo humano reduz a nossa escolha a algumas poucas possibilidades. Dos 118 elementos conhecidos, 4 correspondem a mais de 99 por cento do corpo humano: hidrogênio, nitrogênio, oxigênio e carbono.[32] O carbono é o único elemento desse grupo que ainda não foi explicado. Então, podemos agilizar a nossa busca examinando as propriedades do carbono para ver se ele serve de ponte entre a alquimia e a química.

A massa do carbono é 12,00. Aplicando o mesmo processo para simplificar esse valor, temos 1 + 2, sendo 3 o novo valor do carbono (massa simples). Não por acaso, o 3 do carbono é o único valor dos 118 elementos possíveis que se iguala perfeitamente ao 3 produzido pela combinação das letras no nome de Deus: Y, H e V (1, 5 e 6).

Da perspectiva do *Sepher Yetzirah*, isso faz ainda mais sentido. Como sabemos que Deus tinha apenas Fogo, Ar e Água para trabalhar — gases sem cor e sem cheiro, como sabemos agora — o carbono é o único elemento da vida que nos torna sólidos. Sem esse quarto elemento, nosso corpo não existiria!

Quando os antigos escreveram que somos feitos de Fogo, Água, Ar e Terra, estavam dizendo que somos feitos de hidrogênio, nitrogênio, oxigênio e carbono — como descobriu a ciência do século XX. Numa época anterior ao desenvolvimento dos equipamentos sofisticados para testes, dos microscópios poderosos, da análise de materiais e da matemática das equações químicas, nossos ancestrais revelaram a composição do nosso corpo, identificando as unidades constituintes de cada célula humana.

Com a revelação dessa informação tão precisa, perguntamos agora: o que mais foi deixado por aqueles que vieram antes de nós e que ainda não descobrimos? É em resposta a essa pergunta que a última parte do nosso quadro se torna significativa. Qual é o equivalente do carbono na linguagem das letras hebraicas?

Seguindo os procedimentos que aplicamos na última seção deste capítulo, chegamos a um resultado inesperado. Só uma das letras do alfabeto hebraico tem o mesmo valor numérico da massa simples do carbono: a quarta letra, *Gimel* (ג), representada pelo G maiúsculo. *Da perspectiva numérica, Gimel é "carbono" nas escrituras hebraicas e, na alquimia antiga, é "Terra"* (ver Figura 5.4).

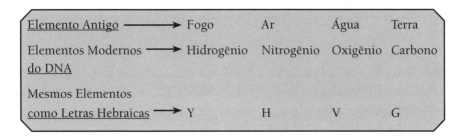

Figura 5.4: Ao converter os elementos antigos, os elementos modernos e o alfabeto hebraico ao seu denominador comum numérico, os elementos alquímicos da criação se tornam os elementos modernos do DNA, que se traduzem nas letras hebraicas YHVG em cada célula do nosso corpo.

Esse passo final na compreensão do sentido mais profundo das antigas letras hebraicas nos permite agora criar uma "cartilha", uma chave para resolver o mistério do nome de Deus no nosso corpo. Mas, ao mesmo tempo, a ligação entre os elementos modernos e o alfabeto coloca novas questões a respeito dos segredos deixados para nós em forma de antigas histórias da criação. Por que essas correlações são tão importantes? No mundo moderno, o que nos diz a descoberta de uma antiga mensagem? Vamos começar a responder essas perguntas examinando quais são as probabilidades de essa mensagem ocorrer por mero acaso.

Como foi mencionado no Capítulo 5, há um total de 22 letras no alfabeto hebraico padrão. Essas letras representam o campo de possibilidades cujas letras podem ser juntadas para criar palavras significativas nessa língua. Assim como uma frase depende da ordem das palavras, a mensagem nas nossas células depende da ordem de suas letras. Esta parte específica da mensagem, YHVG, é formada por 4 das 22 letras possíveis. Com essa informação, podemos calcular a probabilidade de se formar ao acaso uma seqüência significativa de 4 letras do alfabeto hebraico: 22^4, ou apenas 1 em 234.256!

Dito de outro modo, há uma probabilidade de 0,00042 por cento ($1/22^4 \times 100$) das letras YHVG se arranjarem puramente ao acaso. Essa probabilidade cai para 0,00016 por cento quando se considera o alfabeto hebraico estendido, que tem 28 letras! Não se trata de uma probabilidade astronômica mas, combinada à tradução da mensagem, sugere claramente que alguma coisa mais do que "acaso" ou "coincidência" é responsável pelo código. A probabilidade é menor ainda quando se leva em conta que são essas quatro letras, *e só essas quatro letras*, que correspondem aos únicos quatro elementos da Tabela Periódica que criam o DNA humano!

Embora tenhamos agora toda a informação necessária para ler o código químico em cada célula do nosso corpo como uma mensagem num texto, um mistério permanece. O que a mensagem significa precisamente? Para resolver esse mistério, temos que investigar a controvérsia do antigo nome de Deus e o modo como ele se revela nas células da vida.

SUMÁRIO DO CAPÍTULO 5

- Quase todas as formas de comunicação escrita usam uma combinação de um dos quatro tipos de símbolos, ou apenas um deles: imagens pictóricas, signos de palavras, signos silábicos e coleções de símbolos, como os alfabetos.

- Em sua forma original, as letras de muitos alfabetos antigos eram associadas a valores numéricos precisos. Esses códigos "ocultos" trazem significados ainda mais profundos, subjacentes à mensagem externa, transmitida pelas palavras.

- Alguns dos relatos mais antigos e mais completos da origem humana estão registrados na antiga língua hebraica, uma língua que mudou muito pouco nos últimos 2.000 anos, pelo menos.

- A chave para ligar antigos relatos da criação à ciência moderna é um denominador comum que nos permita fazer comparações do tipo "maçãs com maçãs".

- *Nova descoberta*: das 17 características que definem a atual *Tabela Periódica dos Elementos*, só uma corresponde exatamente aos valores numéricos ocultos da língua hebraica — a *massa atômica*, ou massa simples.

- Na solução do mistério do quarto elemento da alquimia e da Cabala, a "Terra" aparece como o quarto elemento da vida: o carbono.

- *Nova descoberta*: ao determinar a *massa simples* dos elementos do nosso DNA (hidrogênio, nitrogênio, oxigênio e carbono), podemos substituí-los pelas quatro letras do alfabeto hebraico: *Yod, Hey, Vav* e *Gimel*, revelando assim que o nosso DNA pode ser considerado um alfabeto traduzível, dentro de cada uma das nossas células. A probabilidade de essas quatro letras formarem ao acaso um mensagem significativa com o alfabeto hebraico é de apenas 1 em 234.256, uma probabilidade de 0,00042 por cento.

> *"Ele escolheu três letras...*
> *Ele as dispôs no Seu grande nome...*
> *um grande segredo místico, oculto, exaltado,*
> *do qual emana Fogo, Sopro e Água,*
> *do qual tudo foi criado."*
> *"Tudo o que é formado, e tudo o que é falado,*
> *é um só nome."*
>
> SEPHER YETZIRAH

Capítulo Seis

O CÓDIGO DENTRO DO CÓDIGO:
Em Cada Célula de Cada Vida, o Nome de Deus

Na presença dos que aceitam a idéia de um único Criador, celebramos os nossos mais belos sonhos e lamentamos as nossas maiores tragédias, perguntando como pode o mesmo poder ser a origem de ambos. Enquanto lutamos para compreender, e às vezes agradar, um Deus que identificamos mediante fragmentos gastos pelo tempo de nossas mais prezadas tradições, nós nos vemos diante de muitas e variadas definições da natureza do Criador. Se há um único Deus, por que há tantas idéias a respeito de como Ele é? Por que devotamos a vida, rezamos, abdicamos da vida e até mesmo matamos em nome de uma presença tão misteriosa que precisamos de sinais para validar Sua existência?

Essas questões nos levam a uma outra, ainda mais fundamental: somos o produto de elementos e moléculas que se combinaram ao "acaso" para produzir o milagre da vida, ou somos o resultado de um ato intencional de criação?

Um Deus que Desafia Definições

Quando criança, eu era fascinado pelo conceito de Deus. Diante da idéia de uma coisa tão grande, tão sábia e tão presente que nem podia ser explicada, eu queria entender o que essa presença significava na minha vida. Lembro-me de ficar deitado de bruços nos ladrilhos frios do chão da sala, nos verões escaldantes do Missouri, estudando a versão infantil de *The Golden Treasury of Bible Stories*[1] — minha primeira janela para os mistérios bíblicos da criação. Na estante, o livro se destacava como uma intimidante fonte de saber, tão grosso que ficava em pé sozinho, sem precisar do apoio dos outros livros que o ladeavam.

Eu sempre começava pelo começo: abria a pesada capa preta e examinava com cuidado cada ilustração e cada palavra em busca de algum indício, antes de virar a página. Lembro-me claramente de sentir que um livro tão impressionante tinha que conter as respostas para todas as minhas perguntas a respeito de Deus e da criação. A minha tarefa era simplesmente encontrá-las. Sentia que, se abrisse o livro muitas vezes e lesse cada palavra do jeito certo, as respostas seriam reveladas e os mistérios resolvidos.

No começo de cada capítulo, um desenho ilustrava o tema da história que se seguia. Tenho até hoje na lembrança a ilustração da história do Gênesis: a imagem de Deus no ato da criação. As linhas negras no papel branco mostravam um homem muito velho, deitado num plano invisível, com a mão estendida dando vida à criação. O cabelo branco e ondulado descia em cascata pelos ombros e se misturava à barba igualmente branca e ondulada, desaparecendo no vazio do universo. Nesta e em muitas outras imagens que representam os mistérios do tempo bíblico, Deus é retratado em termos muito humanos. Ele é mostrado como um homem realizando o milagre da criação de um modo que fazia sentido na época em que o texto foi escrito.

Embora esse tipo de imagem possa representar um aspecto da obra de Deus, poucas pessoas acham que existe realmente um homem deitado de bruços em algum lugar do cosmos, acima da nossa casa, orquestrando o cosmos. Sabemos que a ilustração é uma metáfora da visão que temos da fonte da criação — que tudo sabe, tudo vê e está sempre presente.

Na tradição judeu-cristã, cientistas e estudiosos interpretam essas referências a Deus como uma tentativa de nomear o não-nominável: um símbolo da fonte da criação. Até mesmo as mais antigas raízes das tradições ocidentais afirmam que é impossível conhecer ou representar Deus diretamente, já que Ele existe em todos os lugares, em todas as coisas e, por Sua própria natureza, não pode ser conhecido nem definido.

Os Muitos Nomes de Deus

Os mais antigos mitos do passado atribuem o poder de criar, sustentar e destruir a vida ao Supremo Deus do cosmos, o *Criador*. Pela própria natureza de Sua onipresença, *o Um* ou *o Eterno* está além de qualquer nome direto e é conhecido pelos povos da Terra apenas pelos milagres que se manifestam como natureza e vida.

No sagrado *Bhagavad-Gita* da cosmologia hindu, por exemplo, o poder da criação se expressa em três facetas da mesma força: *Brahma*, o criador; *Vishnu*, o protetor; e *Shiva*, o destruidor. Cada um desses aspectos funciona em harmonia com os outros para perpetuar o ciclo da vida e da morte e para garantir a continuação do cosmos. Esse tema de um único Criador, cujo nome é associado a eventos localizados num momento do tempo, é compartilhado por muitas tradições indígenas e orientais. Ele tem um papel essencial na tradição hebraica e depois na cristã.

Uma das explicações mais diretas da nossa incapacidade para conhecer a totalidade de Deus é de um professor contemporâneo da Cabala, Z'ev bem Shimon Halevi. Com a eloquência de um verdadeiro mestre, ele resume o mistério de Deus em três palavras: "Deus é Deus."[2] Em sua interpretação de antigos textos da Cabala, ele continua essa explicação com exemplos que ilustram a natureza incognoscível de Deus.

Referindo-se aos dez Sefirot da mística Árvore da Vida, Halevi diz que as esferas da criação podem ser representadas pelos muitos nomes místicos de Deus. A primeira esfera, por exemplo, o Sefirot *Keter*, ou *Coroa*, é associado ao nome EHYEH ASHER EHYEH (EU SOU O QUE SOU), ou o início e o fim da criação. Esse é o mesmo nome que foi dito a Moisés quando, incumbido de levar a mensagem aos israelitas[3], ele fez a Deus a pergunta: "Eis que quando eu for aos filhos de Israel e lhes disser: o Deus de vossos pais me enviou a vós; e eles disserem: Qual é o seu nome? Que lhes direi?" Quanto aos outros Sefirot da Árvore da Vida, cada um é associado a um nome, que indica um atributo da natureza de Deus (ver Figura 6.1).

Nas primeiras versões da Cabala, Deus é chamado de *Ayin Sof*, que significa *Infinito* ou *Ser Infinito*.[5] Depois, o *Sepher Yetzirah* se refere a Deus por no mínimo outros seis nomes, cada um deles associado a uma determinada manifestação de Deus na criação.

Alguns exemplos desses nomes: *Yah, Senhor dos Exércitos, Deus de Israel, Deus Vivo, Rei do Universo* e *El Shaddai*.[6] As tradições da Cabala e do *Sepher Yetzirah* falam das muitas combinações de uma única força

Nome do Sefirot	Atributo	Antigo Nome de Deus
Keter	Coroa	EHYEH
Keter	Sabedoria	YHVH
Binah	Compreensão	ELOHIM
Daat	Conhecimento	Sem Nome
Hesed	Misericórdia	EL
Gevurah	Discernimento	YAH
Tiferet	Beleza	YHVH ELOHIM
Nezah	Eternidade	YHVH ZEVAOT
Yesod	Fundamento	EL HAI SHADDAI
Malkhut	Reino	ADONAI

Figura 6.1: Equivalências entre os Sefirot da Árvore da Vida e os nomes de Deus a que são associados.[4]

que vem de um único nome, e dos efeitos de um poder que não pode ser conhecido diretamente.

Eu Sou o Que Sou

As antigas tradições hebraica e cristã registram pelo menos duas ocasiões em que Deus se revelou por meio de um nome muito pessoal. Os dois relatos estão preservados no segundo livro da Torá e no Livro do Êxodo, do Antigo Testamento. Embora o Alcorão registre também o tema geral dessas histórias — o episódio em que Moisés recebe "A Lei" de Deus sobre o Monte Sinai, quando o nome secreto de Deus teria sido revelado, segundo a tradição hebraica — o *nome pessoal* de Deus não é revelado abertamente na tradição islâmica. Como vamos ver no Capítulo 9, no entanto, *os nomes de Deus — o islâmico, o judaico e o cristão — parecem vir da mesma fonte*, e parecem ser equivalentes ao mesmo poder de criação.

A ocasião em que Deus revela o seu nome ao mundo está registrada primeiro no terceiro capítulo do Êxodo. No milagre da sarça ardente, é narrada uma conversa direta entre Moisés e Deus, em que Este declara ser o mesmo Deus dos ancestrais de Moisés, o Deus de Abraão, Isaac e Jacó, assim como o Deus do pai de Moisés. Deus pede então que Moisés transmita uma mensagem para o Faraó do Egito e Moisés lhe faz uma única pergunta: "Eis que quando eu for aos filhos de Israel e lhes disser:

O Deus de vossos pais me enviou a vós; e eles me disserem: Qual é o seu nome? Que lhes direi?"[7]

Segundo as mais antigas versões das escrituras, Deus dá uma resposta direta a Moisés. Em Êxodo 3:14, Deus diz as palavras místicas "EHYEH ASHER EHYEH" e continua: "Assim dirás aos filhos de Israel: 'Ehyeh me enviou a vós'." Com essas palavras, pronunciadas há 3.200 anos, começou o mistério e a controvérsia que perduram até hoje.

O debate gira em torno da maneira aparentemente progressiva com que Deus se revelou, e das possíveis traduções das palavras que usou. Preparando a revelação de sua identidade a Moisés, Deus usou a palavra *Asher* entre duas ocorrências da palavra *Ehyeh*. Nesse caso, Asher funciona como um pronome relativo que se refere à palavra que o precede imediatamente. Essa palavra, por si só, é um exemplo admirável da força da língua hebraica.

Sem mudar a grafia, *Asher* significa ao mesmo tempo "quem", "o qual" e "que". Todas as traduções são corretas, dependendo do uso dado à palavra. No caso da conversa entre Deus e Moisés, a tradução historicamente mais aceita para *Asher* é "que": "Ehyeh que Ehyeh."

É quase certo que *Ehyeh* seja a primeira pessoa do singular do verbo "ser".[8] O que não fica claro é o tempo em que o verbo é usado quando o nome foi dito a Moisés. Como se percebe em alguns comentários da Torá, essa incerteza pode levar a várias traduções diferentes, todas corretas, dependendo do uso dado à palavra. Assim, dependendo da tradução, "Ehyeh" tem o sentido de "eu sou" ou de "eu serei". Além disso, o fato de a palavra aparecer duas vezes na mesa frase abre a possibilidade de a primeira ocorrência ser num tempo diferente da segunda. Nesse caso, a primeira poderia ser "eu sou" e a segunda "eu serei". Ou o tempo verbal pode ser o mesmo nas duas: "Eu serei o que serei" ou "Eu sou o que sou".

Assim, as palavras que Deus usou para prefaciar a revelação do seu nome, "Ehyeh Asher Ehyeh", podem ser lidas de várias maneiras: "EU SOU (QUEM/O QUE/QUE) SOU" ou "EU SEREI (QUEM/O QUE/QUE) SEREI". A tradução mais comum das sagradas escrituras é "EU SOU O QUE SOU". *Isso sugere que Deus se identificou primeiro por meio de suas realizações* (a fonte de tudo o que foi, é e será) *antes de dizer Seu nome pessoal a Moisés.*

O Nome Pessoal de Deus

No Livro do Êxodo, o enunciado que vem depois da revelação a Moisés esclarece melhor o mistério do nome pessoal de Deus: "Assim dirás aos filhos de Israel: O Senhor Deus de vossos pais, o Deus de Abraão, o Deus de Isaac e o Deus de Jacó me enviou a vós; este é o meu nome eternamente, é este é o meu memorial de geração em geração."⁹ Pela primeira vez, temos acesso direto ao *nome pessoal* que Deus revelou a Moisés.

As traduções modernas dos textos hebraico e cristão mostram que, nessa passagem, Deus se identificou como "o SENHOR". Mas, *versões mais antigas dos mesmos textos revelam que um outro nome foi dado originalmente a Moisés*: o místico, sagrado e impronunciável nome de *YaHWeH*. Omitindo as vogais, como manda a convenção do antigo hebraico, o nome de Deus é revelado pelas três consoantes que restam, sendo escrito com quatro letras: ׳ (Y) ה (H) ו (V) ה(H): YHVH.

Na língua hebraica, as letras são lidas da direita para a esquerda, de modo que a palavra YHVH aparece como יהוה. Observe que eu sigo essa convenção neste livro sempre que uso palavras hebraicas, embora suas traduções para o inglês possam ser lidas da esquerda para a direita.

É com as letras do nome YHVH que começamos a ver como é difícil saber qual dos nomes dados a Moisés é realmente o nome pessoal de Deus. Como Deus se identificou inicialmente como "Ehyeh Asher Ehyeh" (EU SOU O QUE SOU), é possível que YHVH seja uma variação antiga de EHYEH.¹⁰ Embora os patriarcas anteriores a Moisés conhecessem o nome YHVH, parece que não compreendiam que se tratava do verdadeiro nome do Criador.

Como há nomes que são atribuídos aos vários aspectos de Deus, o nome YHVH foi entendido originalmente como outro aspecto do Deus vivo. Nos séculos que se passaram antes do tempo de Moisés, o nome "tinha sido pouco mais do que uma denominação costumeira".¹¹

O Nome Inefável de Deus

Na própria língua hebraica, há uma indicação de que Deus nunca pretendeu que o seu nome fosse pronunciado habitualmente entre os povos da terra. Em referência ao Seu santo nome, os estudiosos da Torá sugerem que as próprias palavras — mais especificamente a grafia do nome revelado a Moisés — contêm uma advertência a respeito do seu uso. Quando Deus afirma que YHVH será seu nome "para sempre", a palavra hebraica que significa *para sempre* é escrita, e não com sua grafia tradicional, com a letra *Vav* no centro. Segundo os estudiosos, a ausência do *Vav* indica que o nome deve ser entendido como algo oculto.¹² Refletindo sobre esse indício, o comentário diz ainda: "Nenhum homem deve pronunciar o Nome de acordo com as suas letras."[13]

Com base nas duas revelações contidas no Êxodo, os antigos textos hebraicos usam o nome YHVH cerca de 6.800 vezes (6.823, segundo alguns) para se referir a Deus. Esse nome sagrado tinha tal poder e inspirava tal reverência que pronunciá-lo de maneira imprópria ou desonrá-lo de algum modo era um grande desrespeito a Deus. A própria Torá fundamenta essa crença ao advertir: "Não tomarás o nome do Senhor teu Deus em vão."[14] Tradicionalmente, o Nome era pronunciado apenas no templo, pelo sumo sacerdote, que o entoava no Dia da Reconciliação.

Em algum momento entre a destruição do Segundo Templo de Jerusalém em 70 E.C. e a compilação do Talmude, numa coleção de obras da literatura judaica compilada entre o quarto e o quinto séculos, o nome pelo qual Deus se identifica no Êxodo foi substituído por outro, para impedir o mau uso do primeiro. Depois, em suas 6.800 ocorrências, o nome de Deus foi substituído por *Adonai*, que significa *Senhor*, ou *Ha Shem*, que significa literalmente "o Nome".

Como o nome revelado a Moisés foi originalmente registrado em hebraico bíblico, sem as vogais, não temos como descobrir sua pronúncia.[15] Embora a pronúncia correta fosse preservada na tradição oral do templo, a prática de substituir o nome de Deus por outra palavra fez com que a verdadeira pronúncia do nome original se tornasse coisa do passado. A maioria dos estudiosos sustenta que, nos dias de Moisés, YHVH era pronunciado "Yah-Weih".[16] Nessa pronúncia, a letra V é substituída pelo som de W, embora não haja W no alfabeto hebraico.

Partes dos Pergaminhos do Mar Morto, como o primeiro texto de Isaías, descoberto em 1947, oferecem evidências palpáveis de que a substituição do nome de Deus por um símbolo ou palavra alternativa já era adotada na época da criação dos Pergaminhos, há cerca de 2.200 anos. A figura 6.2 mostra uma parte da coluna XXXIII do primeiro rolo de Isaías (1Qisa), onde há quatro pontos acrescentados entre as linhas como símbolos do sagrado e inefável nome de Deus, uma convenção muito usada.

No segundo encontro de Moisés com "a Divindade", como dizem os comentários hebraicos, Deus se identificou de novo, esclarecendo qualquer mal-entendido que possa ter ficado depois do primeiro encontro. Em Êxodo 6:2-3, Deus diz a Moisés claramente: "Eu sou YHVH." De-

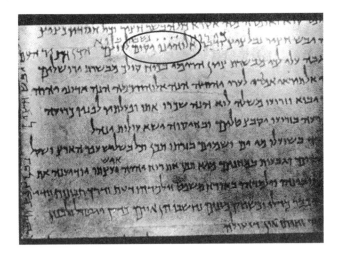

Figura 6.2: Parte do primeiro rolo de Isaías, mostrando quatro pontos no meio da página, acima da segunda frase, como uma substituição para o sagrado nome de Deus.[17] [Foto de John Trevor]

pois, ele confirma que é o mesmo Deus que apareceu aos patriarcas e explica por que eles não conheciam o seu nome na época.

"Apareci a Abraão, a Isaac e a Jacó como El Shaddai; mas pelo meu nome, YHVH, não me dei a conhecer a eles." Nesses casos, os estudiosos sugerem que Deus tinha se identificado para Jacó, Isaac e Abraão mediante um atributo e não de seu nome pessoal. Em geral, a expressão *El Shaddai* é traduzida por "Deus Todo-Poderoso"[18] ou "Onipotente Todo-Poderoso".[19]

Então, em Suas próprias palavras, nos antigos registros que formam a base de mais de metade das religiões do mundo, por duas vezes Deus revelou um nome muito específico, pelo qual os povos do mundo o conheceriam através dos tempos.

Evidências Antigas do Mais Antigo Nome de Deus

A recente recuperação de alguns dos mais antigos textos hebraicos corrobora o argumento de que o nome YHVH é, de fato, o nome revelado a Moisés há cerca de 3.500 anos. Além dos mais de 22.000 fragmentos de papiro, couro e cobre, reunidos como Pergaminhos do Mar Morto, foram catalogados, traduzidos e compilados recentemente mais de 3.000

fragmentos. São pedaços muito pequenos, que ainda não foi possível ligar a nenhum documento específico. Mesmo assim, fazem parte da extraordinária descoberta dos Pergaminhos do Mar Morto. Esses fragmentos revelam agora o que pode ser o achado mais importante de tudo o que se descobriu por meio dos Pergaminhos.

Num desses fragmentos minúsculos, resta uma única palavra, com todas as letras nítidas e claras. Sobrevivendo ao tempo e à natureza, preservadas exatamente como a mão do escriba as traçou há 2.000 anos, as letras formam uma palavra inconfundível, que chama imediatamente a atenção tanto do estudioso quanto do leitor casual. Essa única palavra é o nome pessoal que Deus usou ao se identificar para Moisés, a palavra: YHWH (ver Figura 6.3).

Figura 6.3: Ampliação de um dos mais antigos registros de יהוה, o antigo nome de Deus. Esse pedaço do texto, fragmento número 66 da Caverna IV, estava entre 3.000 fragmentos que, embora façam parte dos Pergaminhos, não foram associados a nenhum rolo em particular.[20] [Foto de Israel Antiquities Authority]

Num comentário sobre a descoberta, Hershel Shanks, editor da publicação arqueológica *Biblical Archaeology Review*, falou da ironia do fato de esse nome permanecer intacto entre milhares de fragmentos: "Será que foi simples coincidência? Será que esse nome é tão usado nesses documentos que se deve mesmo esperar que apareça (e sobreviva) muitas vezes? Ou haverá um significado mais profundo?"[21]

Antes de escrever *O Código de Deus*, foi preciso estabelecer, com a maior precisão possível, o nome pelo qual a presença sobre o Monte Sinai se identificou para Moisés. Depois de 12 anos de pesquisa e da descoberta de indícios que serão apresentados ainda neste capítulo, posso afirmar — além de qualquer dúvida razoável e a despeito da controvérsia acadêmica sobre o assunto — que das muitas palavras e nomes usados para definir o poder e a presença de Deus, há um que sobrevive como o nome pessoal com que Deus claramente se identificou. Esse nome é o tetragrama: *YHVH*.

O Poder do "Nome"

Na ausência de uma revelação pessoal a respeito dos segredos da criação, restam-nos os antigos relatos desses encontros e as interpretações desses relatos, para acrescentar sentido à vida e para entender o mundo. O mistério que envolve o nome de Deus resistiu, preservado por sacerdotes, seitas e sociedades secretas do passado — e continua até hoje. Outras evidências do poder do nome YHVH podem ser encontradas nas lendas e nos ritos da tradição dos maçons.

Entre esses relatos está a história de Hiram Abif, o principal arquiteto do Rei Salomão, que foi assassinado e trazido de volta à vida pelo uso de uma única palavra. Mas, segundo a lenda, até que a palavra que exerce esse poder fosse recuperada e restaurada, a palavra *Mah Hah Bone* era usada como "senha" para substituí-la. A palavra verdadeira era o inefável nome de Deus: YHVH.[22] Como no caso de qualquer lenda, na impossibilidade de verificar o relato, aceitá-lo se torna uma questão de crença pessoal. Mas, dados os poderes de vida e criação atribuídos ao Nome, não é surpresa que ele seja associado também à ressurreição.

A base do mistério que envolve o nome de Deus está na grafia, na pronúncia e na vocalização desse nome, que muitos acreditam ser o mais poderoso e sagrado "sob o Céu". Além das evidências arqueológicas que sugerem que o nome YHVH é, de fato, o nome pessoal do Criador, pode-se descobrir outras evidências por meio do tratamento que é dado ao nome no *Sepher Yetzirah*.

No primeiro capítulo, o *Sepher Yetzirah* nos dá uma visão do processo usado por uma força suprema — identificada por não menos de cinco nomes — para pôr em movimento o nascimento do universo. A primeira frase do capítulo nos diz que Deus criou o Seu Universo com três maneiras de conhecer e transmitir informação.

> *"Com 32 místicos Caminhos de Sabedoria gravou YH, YHVH dos Exércitos, Deus de Israel, o Deus Vivo, El Shaddai, alto e exaltado, habitando em eternidade e Santo em Seu nome. Ele criou o Seu universo com três livros, com escrita, com números e narração."*[23]

Geralmente, é aceito pelos estudiosos do hebraico bíblico que o primeiro nome dado ao Criador nessa frase, YH, é uma antiga forma do nome YHVH.[24] A incerteza que cerca esse nome parece vir da sua derivação. Essa pode ter sido a forma original do nome, depois expandida para YHVH. Ou pode ser uma forma contraída de YHVH, abreviada à sua essência, YH,[25] que se traduz por "Eterno".[26] A forma YH é encontrada ainda hoje nas escrituras tradicionais, como as versões restauradas das Bíblias hebraica e cristã. Na Torá, em Êxodo 15:2, lemos: "Iah é a minha força e o meu canto." Em algumas versões do Antigo Testamento, essa referência a Deus é traduzida por "O Senhor", mas o texto hebraico mostra claramente o nome de Deus, Iah (*Yah*), com as letras *Yod* e *Hey*.[27]

No Haggadah, há uma menção direta a *Yah* como nome de Deus. O texto narra a história do casamento de Adão e Eva no Jardim e deixa pouca dúvida na mente do leitor quanto ao nome pelo qual Deus se revelou na Terra, mesmo antes do tempo de Moisés. Depois do casamento, Adão e Eva mudaram seus nomes para refletir a mudança que essa união tinha causado dentro deles. Diz o texto que eles foram os primeiros da nossa espécie a incorporar o nome de Deus aos próprios nomes:

> Adão chamou sua mulher de Isah e a si mesmo de Ish, abandonando o nome Adão que carregava antes da criação de Eva, *porque Deus acrescentou seu próprio nome, Yah,* aos nomes do homem e da mulher — Yod para Ish e He para Ishah — para indicar que enquanto caminhassem nos caminhos de Deus e observassem seus mandamentos, seu nome os protegeria contra todos os males.[28] [Itálicos do autor]

Embora os comentários hebraicos não concordem todos a respeito de YH ser ou não um nome divino, da perspectiva do Haggadah e do *Sepher Yetzirah*, há poucas dúvidas de que é. Esse texto inicial do *Sepher Yetzirah* relata como a presença divina, chamada YH, realizou o ato da criação usando três tipos de informação: *escrita, numérica* e *falada*.

O Universo a partir de um Único Nome

Na tradução do Rabino Kaplan dessa parte do *Sepher Yetzirah*, Deus criou o Seu universo com "texto (*sepher*), número (*sephar*) e comunicação (*sippur*)" [parênteses do autor]. O rabino esclarece as sutilezas dessas três maneiras de conhecer expandindo a tradução de *texto*, *número* e *comunicação* para incluir *qualidade, quantidade* e *comunicação*, respectivamente.[29]

Depois da introdução, o texto conta como os "Dez Sefirot do Nada", as dez esferas da Árvore da Vida, foram criados. Cada Sefirot, ao ser formado no vazio do universo, trouxe determinadas qualidades à existência: qualidades que espelham todos os elementos da vida e da criação. Devido ao ressurgimento do interesse pela Cabala, há vários textos excelentes dedicados à compreensão e à aplicação dessa sabedoria eterna ao mundo moderno. Mas, neste livro, vamos nos concentrar apenas nas partes do *Sepher Yetzirah* que levam diretamente à mensagem oculta em cada célula do nosso corpo.

Depois do trecho em que os dez Sefirot surgem do vazio, o *Sepher Yetzirah* detalha o processo pelo qual Deus implementou sua criação. Em parágrafos concisos, os versos expõem conceitos de grande amplitude, que vão da origem do universo à sua relação com o nosso corpo. Em termos claros, as frases revelam que foi só com essas letras que Deus construiu o universo.

> *"As 22 letras: Ele as gravou, entalhou, permutou, pesou, transformou e, delas, formou tudo o que já foi formado e tudo o que uma vez seria formado."*[33]

O significado é tão claro que a mente se perde em suas implicações. No nosso corpo, as letras que possibilitaram o nascimento do universo — e de tudo o que Deus realizou por meio do Seu nome — são produzidas, replicadas e armazenadas na forma do milagre de cada célula humana.

Foi apenas na segunda metade do século XX que a molécula do DNA foi caracterizada como "linguagem". Embora os antigos não tivessem palavras modernas para células e moléculas, no idioma de sua época eles nos convidaram a "olhar para dentro" para descobrir o conhecimento de nossa existência. Agora, séculos depois, sua sabedoria nos permite levar um passo adiante a metáfora moderna do DNA como linguagem.

Seguindo as instruções preservadas nos registros do passado, descobrimos o código que nos permite substituir os elementos que formam o nosso DNA pelas letras do alfabeto hebraico. Com isso, conseguimos traduzir a linguagem da vida e ler a mensagem. Para compreender como o código genético pode ser traduzido numa linguagem, no entanto, temos que desenvolver primeiro uma breve compreensão do funcionamento do DNA no nosso corpo.

DNA: A "Pedra Rosetta" da Vida

No esquema geral do cosmos, a nossa existência como espécie é breve dentro do tempo de vida da Terra. Lembro-me de ver, num livro de escola, o nascimento do universo e o da humanidade representados num mostrador de relógio para ilustrar suas idades relativas. Com cada hora representando grandes períodos da existência da Terra, era apenas nos dois ou três minutos antes das 12 horas que aparecia a primeira evidência de vida humana.

Embora ainda haja controvérsia a respeito do que aconteceu antes do momento da criação e do início da vida humana, parece que cresce o consenso em torno de quando começaram. Com novas evidências corroborando a teoria do *big-bang*, estima-se agora que o nascimento do universo ocorreu há 13 ou 14 bilhões de anos.[31] Dentro desse espantoso período de tempo, a formação da Terra é situada há cerca de 4,5 milhões de anos, sendo que a primeira evidência da nossa espécie aparece há apenas 160.000 anos. Supondo que essas estimativas estejam mais ou menos corretas, 99 por cento da vida da Terra até agora já teriam passado quando apareceram nossos primeiros ancestrais!

A despeito da controvérsia a respeito das nossas origens e de quanto tempo estamos aqui, desde o momento em que aparecemos na Terra há uma experiência que sempre compartilhamos com nossos primeiros ancestrais. Faz mais de um quarto de milhão de anos que o processo de conceber e dar à luz uma vida humana continua o mesmo — pelo menos até a última geração do século XX.

Descobrimos o "Segredo da Vida"!

Em 1979, o vínculo que temos com os primeiros membros da nossa espécie mudou para sempre com o nascimento de Louise Joy Brown. No dia 25 de julho desse ano, às 11:47, Louise nasceu num hospital da Grã-Bretanha: ela foi o primeiro ser humano a ser concebido fora do útero da mãe, dando origem à expressão *bebê de proveta*, usada para indicar essas concepções. Desse dia em diante, não é mais necessário haver uma união sexual para se criar uma nova vida: a união sexual é agora uma opção.

Desde essa época, 20.000 crianças foram concebidas fora do útero, desenvolveram-se num ambiente externo por algum tempo e então foram colocadas no útero de uma mulher preparada para levar a gestação até o fim. Além de redefinir *concepção* e *gravidez*, essa linha de pesquisa trouxe inovações maravilhosas, que nos permitem escolher características da criança *antes* de ela ser concebida, de alterar suas características *depois* da concepção, de conceber uma nova vida com o propósito de colher células especializadas e de incubar determinadas células para gerar tecidos especializados. Os avanços dessas tecnologias com jeito de milagre começaram em meados do século XX, com a publicação de um artigo.

Em 1953, a revista inglesa *Nature* publicou um artigo de James Watson e Francis Crick intitulado "Estrutura Molecular de Ácidos Nucléicos: Uma Estrutura para o Ácido Desoxirribonucléico".[32] Com a publicação desse artigo, abriu-se a porta para alterar, manipular e reestruturar a própria essência da vida: a *molécula de DNA*. Embora o trabalho de Watson e Crick incluísse a pesquisa de dois outros cientistas do King's College de Londres, Rosalind Franklin e Maurice Wilkins, foi sua descoberta da estrutura em dupla hélice que resolveu o mistério do comportamento genético e lhes valeu o Prêmio Nobel em 1962.*

Como acontece muitas vezes, num momento informal depois de horas de pesquisa, Francis Crick entrou no Eagle Pub, em Cambridge, Inglaterra, e alardeou a magnitude de suas descobertas daquele dia. Como Watson relembrou depois, Crick declarou que tinham "descoberto o segredo da vida" com aquele trabalho![33] Foi essa descoberta que nos levou à tecnologia que possibilitou o nascimento não-convencional de Louise Brown. As repercussões éticas da descoberta de Watson e Crick são debatidas ainda hoje, desdobrando-se em questões como clonagem humana, pesquisa de células-tronco e responsabilidade pelos primeiros estágios da vida.

O Alfabeto do DNA: Traduzido

Desde que o código da vida foi descoberto, cientistas e não-cientistas se referem a ele como "linguagem". No verão de 2000, numa rara entrevista a respeito de questões científicas, o Presidente Bill Clinton falou à imprensa ladeado pelos líderes de duas companhias que tinham terminado a maior pesquisa cooperativa da história: o *Projeto Genoma Humano*. Combinando esforços, eles produziram o primeiro mapa do

---

* Em 1962, o Prêmio Nobel de fisiologia/medicina foi dividido entre Watson, Crick e Wilkins por sua descoberta da estrutura do DNA. Rosalind Franklin morreu em 1958 e não foi citada na premiação.

nosso código genético e abriram a porta para uma nova era das ciências médicas e científicas no século XXI. Ao falar da importância desse marco, Clinton declarou que o genoma é a "linguagem em que Deus criou a vida".[34]

Freqüentes como são, essas referências são usadas em geral figurativamente, indicando os elementos da vida — a "linguagem" do código químico da vida. No entanto, as relações apresentadas antes neste livro deixam claro que o DNA pode ser visto como linguagem real de um alfabeto antigo e traduzível. Essa linguagem preserva uma mensagem que transcende quaisquer diferenças que possam nos separar como família humana. Para revelar a mensagem do nosso corpo, temos que compreender o alfabeto da vida.

A GENIALIDADE DA DESCOBERTA de Watson e Crick está na descrição da molécula do DNA. Em termos não-técnicos, os elementos constituintes da vida são incrivelmente simples e dispostos de um modo que é ao mesmo tempo eficiente e agradável aos olhos. A essência da pesquisa genética se baseia no fato de a vida ser formada por combinações de apenas quatro compostos químicos. Essas unidades básicas da vida — *adenina, timina, guanina* e *citosina* (A, T, G e C respectivamente) — chamadas bases do DNA, carregam todas as informações necessárias para produzir cada forma de vida que possa existir. Dos menores organismos unicelulares aos cerca de 100 trilhões de células que formam um corpo humano, o código de cada forma de vida é formado por arranjos diferentes dessas quatro bases.

Mediante um processo que só é compreendido parcialmente, as bases se dispõem em pares precisos, conhecidos como *pares de bases*, sendo que cada par contém padrões que se combinam aos outros pares para produzir o modelo da vida. Em outras palavras, cada base funciona apenas com um determinado padrão: a guanina sempre faz par com a citosina (G-C) e a adenina sempre faz par com a timina (A-T). Os pares ficam dispostos de modo a formar os degraus de uma estrutura semelhante a uma escada em espiral, a conhecida *dupla hélice*[35] (Figura 6.4). Esses pares de bases formam a notação do código genético, que se tornou tão conhecida nos últimos anos.

No dia 26 de junho de 2000, o mundo ficou sabendo que duas companhias concorrentes, uma particular e a outra federal, tinham juntado seus recursos para produzir o primeiro mapa da disposição das bases que formam o DNA humano. Para ilustrar esse mapa, correntes aparen-

Figura 6.4: Ilustração da estrutura em dupla hélice do DNA, mostrando como as bases formam pares umas com as outras: C com G, A com T.

temente sem fim de letras passaram pelas nossas telas de TV e apareceram nas páginas das revistas. As seqüências, algumas das quais tinham centenas de letras, representavam as bases que tinham sido identificadas em diferentes lugares da molécula do DNA humano. Essas combinações são conhecidas como genes. São grupos de genes que formam os 23 pares de informação viva (cromossomas) que nos tornam únicos enquanto espécie.[36] A seguir, uma parte do cromossoma humano número 1, para ilustrar a aparência desse código:

```
GATCAATGAGGTGGACACCAGAGGCGGGGACTTGTAAATAACACTGGGCTGTAGGAGTGA
TGGGGTTCACCTCTAATTCTAAGATGGCTAGATAA GCATCTTTCAGGGTTGTGCTTCTA
TCTAGAAGGTAGAGCTGTGTCGTTCAATAAAAGTCCTCAAGAGGTTGGTAATACGCAT
GTTTAATAGTACAGTATGGTGACTATAGTCAACAATAATTTATTGTACATTTTTAAATAG
```

*Duzentas e quarenta bases de uma
parte do cromossoma humano 1.*

A chave para traduzir o código do DNA para uma linguagem significativa é aplicar a descoberta que converte os elementos em letras. Com base em seus valores equivalentes, o hidrogênio se transforma na letra hebraica *Yod* (Y), o nitrogênio na letra *Hey* (H), o oxigênio na letra *Vav* (V) e o carbono na letra *Gimel* (G). Essas substituições revelam que a antiga forma do nome de Deus, YH, existe como química do nosso código genético (letras sublinhadas da Figura 6.5). Por meio dessa ponte entre o nome de Deus e os elementos da ciência moderna, é possível agora desvendar o mistério e descobrir um significado ainda maior no antigo código que vive em cada célula do nosso corpo.

Base do DNA	Elemento Químico			Letra Hebraica
Timina (T)	Hidrogênio	=	Yod	Y
	Nitrogênio	=	Hey	H
	Oxigênio	=	Vav	V
	Carbono	=	Gimel	G
Citosina (C)	Hidrogênio	=	Yod	Y
	Nitrogênio	=	Hey	H
	Oxigênio	=	Vav	V
	Carbono	=	Gimel	G
Adenina (A)	Hidrogênio	=	Yod	Y
	Nitrogênio	=	Hey	H
	Oxigênio	=	Vav	V
	Carbono	=	Gimel	G
Guanina (G)	Hidrogênio	=	Yod	Y
	Nitrogênio	=	Hey	H
	Oxigênio	=	Vav	V
	Carbono	=	Gimel	G

Figura 6.5: As quatro bases do DNA, mostrando os elementos de que são feitas e o equivalente de cada elemento no alfabeto hebraico. Como o nosso código genético é feito de combinações das bases do DNA, às vezes com centenas de letras, há um número tremendo de combinações de YHVG nas nossas células.

Em Cada Célula de Cada Vida: O Código Revelado

Numa entrevista, perguntaram a Albert Einstein como ele via Deus. Na resposta, ele aludiu ao fato de que, embora o Criador não seja diretamente visível, vemos evidências da Sua existência a cada momento, todos os dias.

Disse ele: "Minha compreensão de Deus vem de uma profunda convicção de que há uma inteligência superior que se revela no mundo conhecível."[37] Isso nos dá uma idéia de como uma das maiores mentes do último século percebia a inteligência subjacente ao mundo. A descoberta que associa a inteligência aos elementos da vida dá agora um significado ainda maior à visão de Einstein.

Quando substituímos os elementos modernos pelas quatro letras do antigo nome de Deus, temos um resultado inesperado, à primeira vista. Substituindo o H final de YHVH pelo seu equivalente químico, o nitrogênio, o nome de Deus se transforma nos elementos hidrogênio, nitrogênio, oxigênio e nitrogênio (HNON) — todos eles gases sem cor, sem cheiro e invisíveis! Em outras palavras, substituir 100 por cento do nome pessoal de Deus pelos elementos deste mundo cria uma substância que é uma forma de criação intangível mas real!

Na verdade, as primeiras definições de Deus dizem que Ele é onipresente e que, no nosso mundo, assume uma forma invisível aos olhos. Então, ele só pode ser conhecido por meio de Suas manifestações. O *Sepher Yetzirah* chama a forma não-física da presença de Deus de "Sopro" de Deus.

> *"Dez Sefirot do Nada:*
> *Um é o Sopro do Deus Vivo, a Vida dos mundos...*
> *Esse é o Sopro Sagrado."*[38]

Além disso, os primeiros capítulos do Gênesis relatam que é nessa forma não-física que o Criador estava presente no tempo da criação (Gênesis 1:2). Foi "o *espírito* de Deus" [destaque do autor] que primeiro andou pela face da terra.

O *Sepher Yetzirah* diz ainda que a primeira letra hebraica a emergir do vazio da criação foi a Letra Mãe — *Alef* — que tornou o universo possível. Por meio de um "segredo" místico, Alef se transformou no primeiro elemento a surgir no nosso universo — o hidrogênio — assim como na primeira letra do nome de Deus: *Yod*. As modernas teorias do *big-bang* sugerem agora que o hidrogênio foi o primeiro elemento a se formar a partir da energia liberada no instante da criação, sendo ainda o elemento mais abundante do universo. Os dois relatos parecem descrever o mesmo elemento!

De maneira bem específica, o Êxodo nos diz que o nome YHVH foi revelado como o nome pessoal de Deus. Em termos igualmente claros, é revelado que a humanidade foi feita "à imagem" de Deus. Nessas passagens, está um dos mais diretos indícios da nossa relação com a fonte de tudo o que "é". Com uma nova ênfase, o enunciado a respeito da nossa origem diz que somos feitos apenas *à imagem* de Deus, e não *como* Deus ou *iguais* a Deus. Embora sutil, esse enunciado sugere que, mesmo compartilhando dos atributos do Criador, somos separado de YHVH por alguma coisa que nos torna muito diferentes.

Ao substituir os elementos modernos pelas letras antigas, fica claro que *compartilhamos das três primeiras letras, que representam 75 por cento do nome do Criador*, mas a quarta e última letra do nosso nome químico nos separa de Deus (ver Figura 6.6 abaixo). Enquanto a presença de Deus é a forma invisível e impalpável dos três gases — hidrogênio, nitrogênio e oxigênio — a última letra do nosso nome é aquilo que nos dá a cor, o gosto, a textura e os sons do corpo: o carbono. A única letra que nos separa de Deus é também o elemento que nos torna "reais" no nosso mundo.

Nome de Deus em forma de Elementos			Nome da Humanidade em forma de Elementos	
Nome de Deus	Equivalente Químico		Nome do Homem	Equivalente Químico
Y	Hidrogênio	=	Y	Hidrogênio
H	Nitrogênio	=	H	Nitrogênio
V	Oxigênio	=	V	Oxigênio
H	Nitrogênio	≠	G	Carbono

Figura 6.6: O *H* do nome de Deus, *YHVH*, é substituído por *G* no *YHVG* da Humanidade. Ou seja: essa linguagem nos revela que compartilhamos três das quatro letras do nome pessoal de Deus como código genético, mas não somos iguais a Deus — 25 por cento da nossa composição é muito diferente. É essa diferença que nos dá existência física e responde pela nossa unicidade como espécie.

Isso não sugere que Deus é apenas um gás tênue feito de elementos invisíveis. Ao contrário, é pelo nome de Deus, divulgado a Moisés há

143

mais de três milênios, que o nosso mundo e o fundamento da própria vida se tornaram possíveis. Deus nos diz que, na forma de hidrogênio, o elemento mais abundante do universo, Ele é parte de tudo o que já foi, é e será.

O Nome de Deus no Corpo do Homem

A lenda fala de um ritual que foi realizado antes que se assentasse a primeira pedra do templo que o Rei Salomão construiu em Jerusalém. Preservado até hoje na tradição dos maçons, esse ritual envolvia a posição e a orientação da *pedra angular*, pela qual seriam orientadas todas as outras pedras da enorme construção. Conta-se que o rei guardou uma folha de pergaminho dentro da pedra angular, com um nome que ele mesmo havia gravado. Simbolicamente, o nome que ancora a pedra angular do Templo Sagrado de Jerusalém é também o nome em que o Rei Salomão baseou a liderança do seu povo e o poder da sua nação, e que se tornou a base de um terço das religiões organizadas do mundo. Esse nome era o tetragrama, YHVH, o nome eterno de Deus.

Um exame ainda mais detalhado das letras que formam o nome de Deus e o corpo do homem esclarece precisamente o que essa antiga relação nos diz hoje. Embora, nas versões originais dos textos bíblicos, o nome de Deus seja YHVH, há também a versão abreviada, YH, como já foi observado. Em geral, os estudiosos aceitam os dois nomes, YHVH e YH, indiferenciadamente.[39] Quando traduzido, o nome YH pode ser lido como "o Eterno".[40]

Embora as especificidades variem de acordo com a época e a cultura, nas línguas ocidentais modernas o sentido da palavra *eterno* implica claramente uma existência que não tem começo nem fim e que está além dos limites do tempo.[41] É precisamente esse aspecto "eterno" que é comum ao nome de Deus, YHVH, e ao corpo do homem, YHVG. Por meio dos códigos secretos da antiguidade, formados por letras, e da tradução do DNA num alfabeto, mostramos que há, em nossa existência, alguma coisa duradoura e eterna. Compartilhamos aquela qualidade sem fim com o nosso Criador por meio de 50 por cento dos elementos que definem o nosso código genético.

YHVH = o nome de Deus
YHVG = o nome do Homem

*YH (Deus/Eterno) constitui metade do nome de Deus
e o nome codificado nas nossas células.*

A Promessa de Deus no Corpo do Homem

O segundo aspecto do nosso nome químico leva a nossa relação com Deus a um novo nível. Além disso, descreve precisamente *como* Deus existe no nosso corpo. As duas letras seguintes (VG) do nosso nome, em letras hebraicas equivalentes ao DNA (YHVG), ilustram a natureza dessa relação. É importante observar que, na ciência da gematria, os códigos numéricos dos alfabetos antigos são sensíveis à ordem das letras. Assim como 1 + 2 e 2 + 1 dão o mesmo resultado, 3, as regras dos códigos formados por letras permitem as mesmas considerações com os valores das letras.

Além disso, nos mistérios da Cabala, a ordem inversa (alterada) de um conjunto de letras muitas vezes é associada a esferas alternativas da criação. Enquanto as qualidades relacionadas a um tal espelho variem, o significado em si não muda. Então, no caso do *VG* ou *GV* do nome da humanidade, YH<u>VG</u>, vamos examinar a tradução literal para uma maior compreensão.

Na língua hebraica, as letras *GV* indicam a idéia de "dentro" ou, mais especificamente, "o interior do corpo".[42] Nos 231 portões místicos da criação,[43] mencionados no *Sepher Yetzirah*, *GV* representa *DM*, a raiz do nome *Adão* (A<u>d</u>am), que significa "sangue". A combinação dessas traduções da mensagem nas nossas células oferece agora uma visão inédita da nossa relação com a criação por meio do nome de Deus. Quando substituímos os elementos do DNA pelos seus equivalentes em letras hebraicas, revelamos a mensagem que está escrita em cada célula do nosso corpo (ver Figura 6.7b).

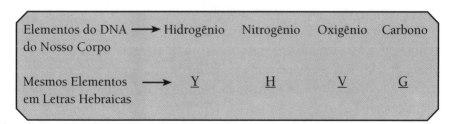

Figura 6.7a: Os elementos do DNA traduzidos em letras do alfabeto hebraico.

- YH: forma abreviada e aceita de YHVH/Eterno, o antigo nome de Deus.
- VG/GV: dentro do corpo.

Uma tradução literal revela a mensagem:

> *"Deus / Eterno dentro do corpo"*

Figura 6.7b: A mensagem que é revelada quando a química das nossas células é traduzida em letras do antigo hebraico.

Substituindo essas palavras pelo nosso código genético, podemos agora mostrar como o nome literal de Deus forma a mensagem que existe dentro de cada célula do nosso corpo: Deus/Eterno dentro do corpo. Uma ilustração gráfica dessa substituição mostra que por meio de várias combinações das quatro bases do DNA — adenina, timina, guanina e citosina — é possível criar a substância da vida a partir do nome que existe no nosso corpo (ver Figura 6.8). Fica igualmente claro que as bases do código contêm graus variados da presença de Deus "dentro do corpo".[44] Dissemos antes que as letras *T, C, A* e *G* são abreviaturas para as combinações de hidrogênio, nitrogênio, oxigênio e carbono, que formam as bases do DNA. Substituindo cada elemento pela letra hebraica equivalente, vemos como a vida humana é criada a partir das variações do nome de Deus no nosso corpo.

Embora exijam mais estudos, essas correlações abrem a porta para uma nova maneira de ver a nossa relação com Deus e com a criação. Esse processo representa apenas o começo de um estudo mais amplo que leve a uma compreensão muito mais profunda.

Embora as ligações entre a linguagem e os elementos não cheguem a definir *quem* é o Deus das nossas preces, ou qual seria a aparência dessa presença, elas nos oferecem uma visão inédita da nossa relação com o mundo e com os outros. A respeito da Figura 6.8, várias conclusões vêm imediatamente à luz.

- Quando correlacionado ao alfabeto hebraico, o código da vida se torna uma mensagem traduzível.

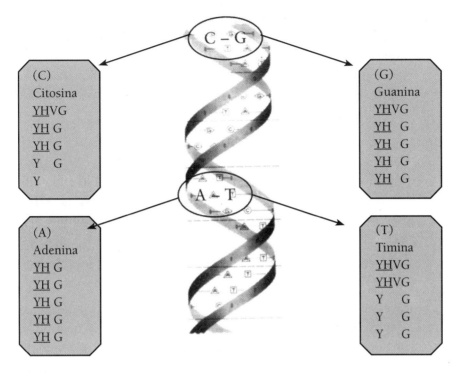

Figura 6.8: Uma ilustração gráfica do antigo nome de Deus, YH, no tecido de nosso código genético.

- Diferentes formas de bases de DNA produzem a mensagem em graus variados de repetição.
- 50 por cento da mensagem que trazemos nas células significa literalmente "Deus/Eterno".
- Os restantes 50 por cento do nosso código genético significam "dentro do corpo", indicando onde podemos encontrar a natureza eterna de Deus neste mundo.

As mais prezadas tradições da humanidade falam da nossa relação com um poder maior e da natureza duradoura dessa relação. No mínimo, a descoberta do nome de Deus em cada célula da vida revela uma mensagem, assim como uma promessa, que transcende quaisquer diferenças entre nós. Num sentido muito real, a base da nossa existência é formada por uma essência ilimitada, irrestrita e eterna. É essa centelha da criação que textos como o *Sepher Yetzirah* comparam ao Criador — uma centelha compartilhada por meio de pelo menos 50 por cento do nome que constitui nossa existência — e que contém a promessa de que cada um de nós pode se tornar mais do que as condições e limitações da vida impõem.

Essa é a promessa compartilhada por cada homem, mulher, criança e ancestral de nossa família global, na forma da mensagem viva codificada em cada célula do nosso corpo.

SUMÁRIO DO CAPÍTULO 6

- Devido à natureza infinita da existência de Deus, Ele é identificado por nomes que descrevem Suas manifestações, como YH (o Eterno), YH YHVH (YH o Senhor), El Shaddai e o Criador.

- O nome YHVH era considerado tão sagrado na tradição hebraica que, em suas mais de 6.800 ocorrências na Torá, ele foi substituído por outro nome para impedir o mau uso e o desrespeito.

- A estrutura da vida é feita de diferentes combinações de apenas quatro bases de DNA, sendo cada base formada pelos quatro elementos da vida — hidrogênio, nitrogênio, oxigênio e carbono.

- *Nova descoberta*: A substituição dos quatro elementos do nosso DNA pelas letras representadas pelo antigo código numérico oculto revela que a base da vida é feita de várias combinações do antigo nome de Deus, YH, que significa "Eterno".

- Além do nome em si, as letras VG, que significam "dentro do corpo", estão codificadas nos restantes componentes da vida.

- A mensagem é um lembrete de que a vida humana — assim como a vida em geral — é unida por uma herança comum. Embora não elucide a origem do código em nossas células, o simples fato de sua existência e a pouca probabilidade de essa mensagem ter-se formado por acaso sugere que há uma inteligência e uma intenção subjacente à nossa origem.

PARTE 3

O Significado:
A Aplicação da Mensagem
à Nossa Vida

> *"Deus se tornou como somos,
> para que possamos ser como ele é.
> Deus é homem e existe em nós e nós nele."*
>
> WILLIAM BLAKE

Capítulo Sete

MENSAGEM DO PRIMEIRO DIA:
A Leitura da Linguagem de Deus

As reações às descobertas que ligam alfabetos antigos a elementos modernos têm sido variadas mas previsíveis. Para alguns, a revelação do nome de Deus no código da vida traz implicações de tal magnitude que eles ficam absolutamente desarmados. As primeiras reações vão da descrença a uma curiosidade que é quase reverência. Há sempre perguntas e vontade de saber mais. "Se o código é real, como isso é possível?" "Como pudemos negligenciar durante tanto tempo uma coisa tão importante?"

Para outras pessoas, essa descoberta proporciona um bem-vindo alívio, confirmando cientificamente aquilo de que já suspeitavam no seu íntimo e que vivem na própria vida. Para além das diferenças de cultura, raça, religião, ação ou crença, a mensagem nos lembra que fazemos parte de algo maior do que as diferenças que impomos aos outros ou a nós mesmos.

Em retrospecto, o código da vida é simples e direto. Só que, neste mundo de separação, com o estudo da natureza reduzido a ciências aparentemente não relacionadas, as conexões se perderam e a mensagem ficou turvada. A descoberta do nome de Deus no interior do nosso corpo nos mostra a vantagem de mesclar diferentes formas de conhecimento numa única compreensão. Para além dos limites tradicionais que definem a química, a linguagem, a história e a religião, percebemos o poder

153

de uma visão de mundo maior e mais integrada. Na simplicidade do código, a mensagem também é simples.

Perfeição da Alma

O que diz essa mensagem sobre o nosso papel na criação? Em capítulos anteriores, vimos que os textos antigos associam o nome de Deus a uma manifestação da Sua presença num determinado momento: o Deus da Misericórdia, o Deus da Criação e assim por diante. O Gênesis nos fornece fortes indícios do papel que temos no destino da nossa espécie. No seu hebraico original, o texto revela que, durante o ato da criação, Deus interrompeu o processo *antes* que ele estivesse completo (Gênesis, 17:1). A tradução seria: "Eu sou El Shaddai, anda na minha presença e *sê perfeito*" [grifo do autor]. O nome atribuído a esse aspecto de Deus é ShaDaY, uma contração de duas palavras hebraicas — *She-amar Day* — que podem ser traduzidas por *"Aquele que disse o bastante, pare"*.[1] Nessa frase simples nos é mostrado o potencial que nos dá ter no corpo o nome de Deus e o porquê da imperfeição que às vezes percebemos no mundo e na nossa existência.

Como o nome ShaDaY representa apenas um aspecto de Deus, seu nome pessoal não se modifica: Deus ainda se identifica como YHVH. Por meio da gematria, convertemos as letras de YHVH no código numérico do alfabeto hebraico. O processo revelou que, na forma numérica, o nome de Deus é 26, que pode ser reduzido a 8, pela soma dos algarismos 2 e 6. Aplicando o mesmo procedimento aos valores do nosso DNA, *YHVG*, temos um número que, embora semelhante, é ligeiramente menor.

O código numérico oculto do DNA da humanidade é 10 + 5 + 6 + 3, ou 24. A soma 2 + 4 é o valor codificado de 6. Esse valor confirma na forma de números o que os textos já revelaram em palavras: *compartilhamos os atributos* do nome de Deus, mas a letra final do nosso corpo físico, *Gimel*, nos diz que não somos iguais a Ele (ver Figura 7.1).

As palavras de Gênesis 17:1 são muito precisas: implicam que o ato da criação foi interrompido apenas com relação *àquilo que poderíamos nos tornar*. Em termos modernos, podemos supor que isso não se refere tanto à nossa perfeição física, mas às qualidades sutis que almejamos como seres humanos. Embora o nosso corpo estivesse completo no momento em que Deus deteve o processo, tivemos permissão para escolher os atributos não-físicos e espirituais que nos permitiriam realizar o

Nome de Deus	Código da letra	Corpo (DNA) humano	Código da letra
Y	10	Y	10
H	5	H	5
V	6	V	6
H	5	G	3
Soma	26	Soma	24
Redução	8	Redução	6

Figura 7.1: Comparação entre o nome de Deus, traduzido nos elementos, e o nosso nome, na forma como é codificado nas nossas células. Como diz a tradição, somos relacionados a Deus, mas nossa forma física (o carbono, ou G de Gimel) nos impede de ser iguais a Ele.

nosso potencial e atingir a "perfeição". Ao ordenar à humanidade que se "tornasse perfeita", Deus nos mandou mudar, evoluir e participar da plenitude do mundo e da nossa essência: Ele nos deu uma ordem para co-criar.

Evolução da Essência

Somada à história escrita revelada nos registros mais antigos, a descoberta de restos humanos modernos com 160.000 anos, como se sabe agora (ver Capítulo 2), sugere que a nossa forma física mudou muito pouco desde que aparecemos na terra. Embora os registros fósseis forneçam evidências físicas de uma progressão evolutiva, a diversidade no nosso passado sugere que houve muitos desvios e curvas ao longo do caminho. Em sua contribuição à Edição Especial de *Scientific American* (vol. 15, nº 2, julho de 2003), Ian Tattersall e Jay Matternes se referem a esse fenômeno: "A história da evolução humana não foi a história da luta linear de um herói solitário. Ao contrário, é a história dos remendos da natureza: de experiências evolutivas repetidas. Nossa história biológica foi uma história de acontecimentos esporádicos, muito mais do que de acréscimos graduais." Talvez o maior mistério da nossa evolução esteja no fato de que, em algum ponto desses "acontecimentos esporádicos", adquirimos as características que nos diferenciam de todas as outras formas de vida.

Tattersall e Matternes abordam a nossa singularidade no seu artigo, dizendo que o *Homo sapiens* incorpora características "inegavelmente invulgares" e acrescentam: "Seja o que for esse algo, está relacionado a como interagimos com o mundo exterior: esse modo é comportamental..." Essas observações sugerem que, a despeito da evolução física que ocorreu, as qualidades da nossa espécie que mais se modificaram estão nos atributos impalpáveis que nos fazem únicos, tais como o nosso modo de lidar com a vida e uns com os outros — a expressão de amor e compaixão, a capacidade de discernimento, que vem de pensamentos, sentimentos e emoções.

Por meio dos sentimentos e emoções, características que nos diferenciam de outras formas de vida[2], "evoluímos" para nos tornar mais do que nossos ancestrais, que nos precedem em centenas de milhares de anos. Essa noção apóia a evidência física de nossa evolução. Nossa capacidade de transcender a dor dos desapontamentos da vida ou de perdoar aqueles que violaram a nossa confiança, por exemplo, nos permite redefinir o que essas experiências significam na nossa vida. À medida que mudamos nossa percepção, redefinimos também o corpo, num sentido muito literal. Como está muito bem documentado na literatura médica e científica, mudando simplesmente a maneira de sentir, conseguimos melhorar funções imunológicas, modificar os níveis hormonais e alterar a freqüência cardíaca, a respiração e o metabolismo.[3,4]

A afirmação da Torá na sua versão do Gênesis — "anda diante de mim e sê perfeito" — não parece ser uma observação relativa à nossa imperfeição, mas um convite para transcender os desafios que cada um de nós enfrenta na vida. Assim, cumprimos o destino de uma perfeição maior, um destino que fica a uma letra apenas da imagem refletida de Deus.

Exteriormente, aceitamos a possibilidade de nosso relacionamento com um poder superior. Mas será que, ao longo do tempo e em meio à luta pela sobrevivência, nós nos esquecemos do que essa relação implica? Acreditar que a família humana vem de uma mistura "acidental" de moléculas, que resultou nesta espécie inteligente e complexa, gera a sensação de que estamos sozinhos no cosmos e de que a nossa sobrevivência realmente se baseia na lei do mais forte e do mais apto. Porém, se descobrirmos que a nossa família global foi "criada" — que somos o produto intencional de uma inteligência maior — o sentido do nosso papel na criação também deverá mudar. Pode ser que novos indícios, como os que encontramos ao interpretar o DNA humano como linguagem original, nos ajudem a compreender melhor a natureza da nossa evolução. Em última análise, podemos descobrir que a resposta para o mistério que nos envolve repousa no coração do nosso mapa genético.

O Mistério do Genoma Humano: O Que Nos Torna Diferentes?

Em junho de 2001, foi alcançado um marco que as gerações futuras possivelmente verão como uma das maiores realizações da história da ciência. Depois de 20 anos de pesquisa, no maior esforço cooperativo do gênero, o primeiro esboço do genoma humano — a receita química do corpo humano — foi concluído.

"Mapear o genoma humano foi comparado à ida do homem à Lua, mas acho que é mais do que isso", afirmou o Dr. Michael Dexter, diretor da Wellcome Trust, que financiou a parte britânica do projeto.[5] Discorrendo sobre o significado desse primeiro mapa genético humano, Dexter especulou que, além de ser uma realização essencial da nossa época, esse feito pode ser "a mais notável realização da história da humanidade". Além de responder perguntas sobre a nossa natureza genética, entretanto, o primeiro mapa genético humano revelou uma surpresa que poucos esperavam.

Para espanto das próprias equipes envolvidas no projeto, descobriu-se que o padrão genético de um ser humano tem muito menos genes do que o esperado. Quando o projeto começou, há cerca de duas décadas, acreditava-se que fosse necessário algo em torno de 100.000 genes para definir um corpo humano. Porém, em 2001, ficamos sabendo que os seres humanos têm apenas um terço da quantidade de genes que se pensava originalmente.

Segundo Craig Venter, presidente da empresa que comandou uma das equipes do mapeamento, "há apenas 300 genes no [genoma] humano que não estão no rato".[6] Francis Collins, líder da parte norte-americana do projeto, comentou as implicações dessa descoberta: "Era difícil explicar o mecanismo de controle [genético] quando pensávamos que havia 100.000 [genes]. Agora temos apenas um terço disso."[7] Indo mais além na reflexão sobre as descobertas de sua equipe, Venter disse: "Isso me diz que os genes não explicam totalmente o que faz de nós o que somos."[8]

Sem diminuir de modo algum o significado do Projeto do Genoma Humano, as descobertas que ele trouxe reforçam as crescentes suspeitas de que algo ainda escapa à nossa compreensão dos organismos vivos. Em algum ponto da trilha de descobertas que levou às sofisticadas explicações da vida com que contamos hoje, parece que uma informação essencial passou despercebida ou foi simplesmente deixada para trás. Venter reiterou essa idéia quando lhe pediram para comentar a importância das descobertas inesperadas: "Acredito que todos os nossos comportamentos, todos os nossos formatos e funções têm, claramente, um componente genético, mas os genes explicam só uma parte do processo." [9]

Nestes primeiros anos do século XXI, talvez estejamos apenas começando a entender as implicações dessas descobertas e o quão profético é o comentário de Venter. Há 7 milênios, as práticas espirituais, tradições religiosas e literatura sagrada nos exortam, por meio dos registros históricos, a reconhecer que a vida humana é mais do que os ossos, a carne, os músculos e os cabelos que são óbvios a olho nu. O mapa do nosso código genético, concluído hoje graças a instrumentos sofisticados e a vinte anos de trabalho das melhores mentes do nosso tempo, nos levou à mesma conclusão. "Ainda existimos como espécie", observou Venter, "porque temos uma adaptabilidade que vai além do genoma."[10]

Se apenas 300 genes nos separam de um rato do campo, o que nos torna tão diferentes? Pode ser que a resposta a essa pergunta seja precisamente a chave que se encontra no coração de nossas crenças e tradições religiosas mais profundamente enraizadas. Quase todos os relatos antigos nos dizem que, com o primeiro dos homens, nossa espécie foi imbuída de alguma coisa, de uma "centelha" especial, como tem sido definida: um misterioso fio de essência espiritual que nos une eternamente a outros da nossa espécie e ao nosso Criador. É essa centelha que nos diferencia de todas as outras formas de vida. Talvez essa mesma força imbua de singularidade o nosso código genético.

A Força Que Está em Toda Parte, o Tempo Inteiro, e Que Responde à Emoção Humana

Recentemente, alguns cientistas sugeriram que o mundo moderno superou a necessidade de explicações espirituais para os mistérios da vida. Na revista alemã *Der Spiegel*, o renomado físico teórico Stephen Hawking reforçou esse ponto de vista ao afirmar: "O que eu fiz foi mostrar que a maneira como o universo começou pode ter sido determinada pelas leis da ciência .... Isso não prova que Deus não existe, apenas que Deus não é necessário."[11] No entanto, descobertas recentes no campo da física quântica sugerem que pode haver relações surpreendentes e inesperadas entre as "leis da ciência" de Hawking e o "Deus" das tradições espirituais. Pode ser que se descubra que os dois se referem à mesma força!

Descobertas científicas do final do século XX mostram que o próprio fundamento da nossa visão de mundo está se modificando drasticamente. É o caso do estudo que documenta que muitos átomos podem coexistir exatamente no mesmo lugar e no mesmo instante sem se chocar uns com os outros;[12] do anúncio da teleportação de um feixe de luz ("desmontado" e depois "remontado" em outro lugar), pela Universidade Nacional Australiana;[13] ou do fenômeno dos "fótons gêmeos" (duas unidades de luz com a mesma origem) que espelham um o comportamento do outro, mesmo separados por distâncias de muitos quilômetros.[14]

O que poderia explicar essas observações? Novas pesquisas sugerem que os eventos da criação, de minúsculas partículas subatômicas a enormes e distantes galáxias, estão relacionados. Ao se darem conta da existência de uma forma de energia antes desconhecida, os cientistas se viram de repente no território não-mapeado de um mundo em que a linha divisória entre a ciência tradicional e o mundo místico de forças invisíveis é menos definida.

Chamado de "Mente de Deus", "Mente da Natureza" ou "Holograma Quântico", esse campo de energia antes não-reconhecido é definido como uma força que está em todo lugar durante o tempo inteiro, que existe desde o Princípio e apresenta uma forma de inteligência que reage às nossas emoções mais profundas. Em termos modernos, essa descrição é impressionantemente semelhante às referências antigas à presença de Deus.

Pode ser que o poder dos nomes esteja apenas começando a revelar a magnitude das descobertas que essa força ainda tem a revelar. As implicações dessa força, sutil e sempre presente, fornecem pistas para a solução de mistérios como a bilocação de átomos, a comunicação entre átomos através de grandes distâncias e a saúde do nosso corpo.[15] Ao mesmo tempo, o reconhecimento desse campo fornece uma ponte extremamente necessária entre a ciência moderna e as antigas descrições dessa mesma força.

À luz das novas descobertas no mundo quântico, surge uma tendência a revisitar a sabedoria preservada nos mais antigos relatos da criação. Embora a linguagem seja de um outro tempo, os temas tratados são notavelmente semelhantes às revelações da ciência do final do século XX. Assim como hoje uma força unificadora é considerada essencial no estudo da física, o princípio de uma única força todo-poderosa no fundamento da vida permeia os mais antigos e diversos relatos sobre as origens da vida. Tendo em mente esse poder, um exame dos textos editados e restaurados da antiga literatura cristã, hebraica e gnóstica nos dá outros indícios da diferença sutil que nos separa de outras vidas.

"E o Homem Foi Feito Alma Vivente"

Uma das principais chaves do mistério da nossa singularidade é a distinção que esses textos fazem entre o corpo humano e a centelha divina que anima esse corpo. Versículos descobertos nas versões restauradas de traduções bíblicas nos dão alguns indícios para a solução desse mistério. Eles dizem, por exemplo: "YaHWeH... formou o espírito do homem..."[16] e "Porei no vosso íntimo o meu espírito..."[17] No entanto, mesmo que sejam precisos, esses enunciados não contêm informações que nos ajudem a compreender nossa misteriosa existência. Já os textos gnósticos "perdidos", mencionados antes, dão uma idéia mais clara das sutilezas da alma humana e de como ela veio a ser.

Entre os documentos da Biblioteca de Nag Hammadi, havia um texto raro dos mandeanos, a única seita gnóstica que sobreviveu até os tempos modernos. Considerando a "humanidade" uma vida estranha a este mundo, os textos dos mandeanos se concentram na singularidade da nossa experiência na Terra. Eles começam sua narrativa descrevendo a criação de Adão num texto intitulado *Criação do Mundo e o Homem Alienígena*.

O texto faz uma distinção clara entre o corpo de Adão e sua alma, que entra no corpo depois que este é formado. Quando Adão é infundido com a misteriosa força da "Vida", seu corpo desperta. Fazendo eco a outros textos gnósticos, que descrevem a criação de Adão como um esforço coletivo dos anjos dos céus, o manuscrito começa afirmando que, sob as ordens de Deus, "eles criaram Adão e o pousaram no chão, mas nele não havia uma alma. Quando criaram Adão, não conseguiram dar-lhe uma alma".[18] Mas, quando a "radiância da Vida se pronunciou em [Adão]", ele "abriu os olhos no tronco corporal".[19]

Outro texto gnóstico, conhecido como *A Hipóstase dos Arcontes*, é uma interpretação mística dos primeiros livros da Gênesis, escrita provavelmente no século III E.C.[20] No relato que faz da criação de Adão, a essência viva do espírito de Adão é considerada distinta e separada do seu corpo. "E o Espírito surgiu... desceu e foi habitar dentro dele, e esse homem [Adão] tornou-se alma vivente. Ele [o Espírito] o chamou de Adão..."[21]

Para entender melhor a natureza do espírito de Adão, contamos ainda com indícios esparsos, vindos dos fundamentos das tradições hebraica e cristã, como o Talmude.

Humanidade: Sabedoria de Anjos em Corpos de Terra

O Haggadah, por exemplo, além de afirmar que a humanidade foi criada como ponte entre os mundos do Céu e da Terra, diz *quais são as qualidades* dos anjos do Céu e das criaturas da Terra que se fundiram para criar a espécie do "homem". Herdamos dos anjos quatro qualidades que contribuem para a nossa singularidade.[22] São elas:

- o "poder da palavra",
- o "intelecto discriminador",
- o "andar ereto" e
- o "olhar" dos nossos olhos.

O "poder da fala" é um poder duplo que não dividimos com nenhuma outra forma de vida da Terra. A ciência demonstrou que a vibração afeta o mundo físico de maneira profunda. É da vibração que vem a força que devasta cidades inteiras durante um terremoto e a força que cura o nosso corpo pela emoção. A fala permite que tornemos audíveis as nossas vibrações. Com a capacidade de fazer vibrar o diafragma no abdômen e fazer entrar a quantidade exata de ar entre os músculos das cordas vocais, criamos as vibrações que curam o corpo e modificam o mundo. Além disso, é por meio das palavras que preservamos a memória do passado e compartilhamos com os outros as experiências que nos tocam a alma.

É o nosso "intelecto discriminador" que nos permite escolher quando, como e até se compartilhamos as nossas opiniões por meio do dom da palavra. Nosso intelecto nos permite considerar as conseqüências de nossas ações, poupando-nos de viver num estado de perpétua reação, tentando "consertar" as escolhas de que nos arrependemos.

Graças ao "andar ereto", libertamos o uso dos braços e mãos, ganhando mobilidade para realizar as ações que julgamos pertinentes. A postura ereta nos permite construir o nosso mundo, expressar as mais profundas emoções e cuidar uns dos outros de um modo que não é possível para nenhuma outra criatura da Terra. Da perspectiva da vida como espelho da consciência, a postura ereta é também uma metáfora para a nossa capacidade de "passar por cima" das provações e dos desafios da terra sob os nossos pés.

O "olhar dos olhos" é talvez a mais significativa das dádivas que recebemos dos anjos. É costume dizer que os olhos são "as janelas da alma". Olhar nos olhos uns dos outros é muito mais do que um mero processo óptico. Por meio da visão que temos dos outros e da visão que permitimos que os outros tenham de nós, trocamos uma quantidade enorme de informações a respeito da nossa saúde, do nosso estado mental, dos nossos sentimentos e desejos de uma maneira que nos é exclusiva. Graças ao "olhar" que recebemos dos anjos, podemos curar ou destruir, amar ou odiar, conforme a mensagem que transmitimos.

Contrabalançando os traços que temos em comum com os anjos, temos quatro características que herdamos do "animal do campo":[23]

1. "Comer e dormir".
2. "Expelir os resíduos do corpo".
3. "Propagar" a espécie.
4. "Morrer".

É claro que os autores desses textos acreditavam que, como descendentes de Adão, trazemos a centelha que nos liga ao Criador, o que não acontece com nenhuma outra espécie.

Detalhes importantes a respeito da natureza da alma são encontrados no Haggadah. Com títulos como *Os Anjos e a Criação do Homem* e *A Criação de Adão*, o texto conta que Adão recebeu a essência de Deus como alma. Ao falar das qualidades da centelha de Deus, o texto faz uma referência clara à natureza feminina da alma humana. "Pois Deus tinha moldado sua [de Adão] alma com especial cuidado. *Ela é a imagem de*

Deus e, assim como Deus preenche o mundo, assim a alma preenche o corpo humano" [itálicos do autor].[24]

Essa passagem nos dá dois indícios importantes da natureza de Deus. Primeiro, ela nos diz que o corpo de Adão foi imbuído de uma força feminina. Embora isso não impeça que outros aspectos espirituais de Adão sejam masculinos, fica claro que a essência infundida no primeiro ser da nossa espécie era feminina. Em segundo lugar, ao contrário das interpretações tradicionais, em que Deus é "Ele", a passagem sugere que a natureza feminina da alma de Adão é, pelo menos em parte, idêntica à do Criador.

Embora discutam a natureza da alma e de Deus sobre a Terra, esses textos deixam claro que o "espírito" de Deus é uma força separada e distinta, que se juntou a Adão *depois* da criação do seu corpo. Como falta esse nível de detalhes às traduções bíblicas convencionais, nossa visão da natureza do corpo e do espírito se limita em geral à conhecida passagem do Gênesis na versão do Rei Jaime: "E formou o Senhor o homem do pó da terra, e soprou em seus narizes o fôlego da vida; e o homem foi feito alma vivente."[25]

Essa frase, que descreve o mesmo momento na criação da vida humana, combinada a passagens mais antigas e mais específicas, contribui para a compreensão geral da singularidade que há no âmago da nossa existência. O poder misterioso da nossa alma permite que tornemos a vida melhor e deixemos um mundo mais digno para os que virão depois, o que não é permitido a nenhuma outra criatura da Terra.

O Nome de Deus no Nosso Corpo: O Que Isso Significa?

Pode ser que a nossa singularidade se deva ao fato de o nosso corpo ter sido criado para receber a "centelha" de Deus. Embora a vida em todas as suas formas seja feita dos quatro elementos que equivalem ao nome de Deus, fontes antigas deixam claro que só a vida humana foi imbuída do espírito pessoal de Deus. O Haggadah corrobora essa visão, dizendo que o homem é a única criatura sob o Céu em cuja formação Deus interveio de maneira física e pessoal.

"Ele [o homem] é o único que foi criado pela *mão* de Deus."[26]

Todas as outras criaturas — o texto continua — foram criadas "da *palavra* de Deus". Com essa distinção, o corpo de cada ser humano é definido como um "microcosmo, o mundo inteiro em miniatura". Por outro lado, o texto compara o mundo que nos cerca a um espelho da nossa natureza coletiva: "O mundo em volta é um reflexo do homem."[27] Foi só nos últimos anos do século XX que a ciência moderna confirmou que o mundo à nossa volta espelha nossos mais profundos estados emocionais.[28] Mais uma vez, uma idéia convincente nos é oferecida mediante algumas poucas palavras eloqüentes numa língua de outros tempos.

A sabedoria convencional sugere que passagens como as do Haggadah são simples metáforas do passado. Mas, quando nos aventuramos além desse limite, percebemos que elas nos fazem ver o que significa trazer o nome de Deus em cada célula do corpo. Os antigos relatos têm um denominador comum: Adão, como primeiro da nossa espécie, foi imbuído de um dom sem paralelos no universo inteiro.

No ato de criar a vida humana, Deus compartilhou uma parte de si mesmo ao "soprar o seu sopro" na nossa espécie. Com isso, assumimos o papel de "vasos" dotados do espírito divino. Esse papel continua até hoje, já que o antigo segredo da criação desse recipiente é preservado e transmitido pelo milagre de cada vida humana. Pode ser que a chave do mistério da nossa singularidade permaneça escondido dentro das moléculas minúsculas que guardam o código da vida: o nosso DNA.

Dessa perspectiva, o nosso código genético pode ser considerado uma antiga receita do tipo de recipiente necessário para guardar a essência de Deus. Com frases que deixam poucas dúvidas quanto ao seu significado, muitas tradições espirituais afirmam que o nosso corpo é uma estrutura especializada, construída para conter o Céu na esfera da Terra. Assim como os templos são construídos para abrigar dentro deles o espaço sagrado, segundo os textos hebraicos, gnósticos e cristãos, o nosso corpo é o "templo" que abriga a sagrada essência de Deus.

No Novo Testamento, por exemplo, as referências ao nosso papel de templo são sutis no início. À medida que o mistério dos ensinamentos vai se revelando, as referências se tornam mais diretas. O Evangelho de João relata que Jesus "falava do templo do seu corpo".[29] No terceiro capítulo dos Coríntios, a referência é mais direta, feita em forma de pergunta: "Não sabeis vós que sois o templo de Deus, e que o espírito de Deus habita em vós?"[30] No sexto capítulo do mesmo livro, há uma outra referência direta: "*Vosso corpo é o templo do Espírito Santo, que habita em vós...?*"[31] (itálico do autor). Tendo feito claramente a distinção entre o corpo do homem e o Espírito Santo que nele reside, os textos canônicos e gnósticos afirmam que só a forma humana tem capacidade de abrigar o espírito de Deus.

Partindo da definição do nosso corpo como estrutura que abriga a essência de Deus, a Cabala nos leva ainda mais para o fundo do mistério, relatando que os recipientes de luz de Deus (os "vasos" mencionados no Capítulo 5) quebraram e caíram nas esferas espirituais inferiores da Terra. Aqui, nas esferas da Terra, onde as trevas e a luz coexistem, os vasos se consertaram e conseguiram comunicar sua luz aos mundos dos seres humanos.

Como expressão do poder de criação, só nós participamos dos eventos do mundo, criamos a qualidade da nossa vida e temos discernimento para fazer escolhas que nos tornam pessoas melhores. É só no nosso mundo que cada dia tem um propósito, um começo e um fim, e pode ser considerado um sucesso ou um fracasso. Em cada momento do dia, afirmamos ou negamos o dom da nossa singularidade com a nossa maneira de viver a vida. Agora que deparamos com os maiores desafios da história, a mensagem existente nas células é um lembrete desse poder e dessa singularidade.

A história nos revela uma grande ironia: a mesma tecnologia que detém o poder de destruir tudo o que conquistamos, detém também o poder de revelar que a nossa vida é uma expressão de alguma coisa grande e maravilhosa. As palavras que estão dentro de cada uma das nossas células nunca foram sujeitas às edições, cortes e interpretações dos textos convencionais. A mensagem permanece intacta, como era no primeiro dia da nossa existência.

Quando os acontecimentos da vida nos põem à prova, essa células resistem como um símbolo vivo e imutável, uma pedra fundamental que nos lembra:

- Não estamos sozinhos.
- Estamos aqui "de propósito", como resultado de um ato intencional da criação.
- Estamos inextricavelmente ligados uns aos outros e à vida.
- Compartilhamos uma característica única — a essência de Deus — de um modo que nos diferencia de qualquer outra vida da Terra.

Vida: Por Escolha ou Por Acaso?

É ao calcular a probabilidade de a vida ter surgido por acaso que entendemos plenamente o sentido da mensagem em nossas células. O Capítulo 1 citou uma definição de *sistema vivo* do ponto de vista químico, e uma definição de vida como "um padrão de comportamento que alguns sistemas químicos adquirem quando atingem um certo nível de complexidade".[32] Mais adiante, no mesmo texto, os autores aprimoram ainda mais essa visão, sugerindo que a vida é o resultado de "sistemas químicos organizados e complexos, que propagam, crescem, metabolizam, usam o seu ambiente e se protegem dele, evoluem e se modificam em resposta a mudanças a longo prazo no ambiente".[33] Embora essas definições de aparência estéril descrevam *o que* a vida faz, elas não explicam *como* a vida veio a existir.

Se a vida surgiu por acaso ou depois de uma série intencional de eventos ordenados é uma questão que gera controvérsias desde o nascimento do método científico, há cerca de 400 anos. A questão é: será que reações químicas ocorridas ao acaso na "sopa" primordial da criação levaram às primeiras células vivas? Ou será que outra força, ainda não identificada, interveio na organização das substâncias químicas do mundo para formar a vida do nosso corpo?

Até hoje não existe uma teoria viável da origem química da vida — a criação de vida a partir de matéria não-viva nunca foi cientificamente documentada em condições de laboratório. Na verdade, os cientistas reconhecem que a probabilidade de a vida surgir por acaso é mínima. Francis Crick, ganhador do Prêmio Nobel, fala das muitas condições complexas e variadas que teriam que acontecer para aparecer o primeiro bruxuleio de vida: "Um homem honesto, armado com todo o conhecimento de que dispomos neste momento, poderia afirmar apenas que, em certo sentido, a origem da vida parece ser quase um milagre, tantas são as condições a serem satisfeitas para iniciá-la."[34] Ou seja: a improbabilidade é gigantesca.

O astrônomo inglês Sir Fred Hoyle e Chandra Wickramasinghe, matemático e astrônomo da Cardiff University, no País de Gales, nos deram uma idéia do tamanho dessa improbabilidade. Eles estimam que a probabilidade de ocorrer por acaso uma combinação de moléculas capaz de produzir a mais simples forma de vida é de 1 em $10^{40.000}$ (ou seja, 10 seguido de 40.000 zeros!).[35] Mesmo reduzindo esse número à metade, há pouquíssima probabilidade de elementos combinados ao acaso terem produzido formas de vida complexas ao longo de toda a história da Terra, estimada em 4,5 bilhões de anos.

No clássico texto *Molecular Biology of the Gene*,[36] James Watson fala da singularidade e do mistério das células vivas. "Temos que admitir que a estrutura da célula nunca será compreendida como a da água ou a das moléculas da glicose. A estrutura exata da maioria das macromoléculas dentro da célula continuará desconhecida e, além disso, sua localização relativa no interior da célula só pode ser vagamente estimada."[37]

Parece que há *alguma coisa* no funcionamento da fábrica de milagres de cada célula do nosso corpo que desafia qualquer explicação da sabedoria convencional moderna. A partir dessas observações, começamos a perceber como é improvável sermos o resultado de uma casualidade da criação. Assim, a mensagem codificada dentro de cada uma de nossas células assume um significado ainda maior.

A Ordem como Sinal de Inteligência

Na natureza, a *ordem* em geral é vista como sinal de inteligência. A existência de padrões previsíveis e repetíveis que possam ser descritos por fórmulas universais é um exemplo do que significa a palavra *ordem*.

Em entrevistas que deu já no final da vida, Albert Einstein falou de sua crença numa ordem subjacente à criação e de sua visão da origem dessa ordem. Durante uma dessas conversas, ele confidenciou: "Vejo um padrão, mas a minha imaginação não consegue conceber o autor do padrão... todos nós dançamos conforme uma melodia misteriosa, entoada a distância por um gaiteiro invisível."[38] Na nossa busca pelo sentido da vida, a ordem é vista, em geral, como um sinal de que há alguma coisa maior "lá fora".

É precisamente esse tipo de ordem que foi observado entre as 60.000 imagens fotografadas durante a missão Viking para Marte, em 1976. A descoberta do que parece ser uma estrutura artificial na superfície do planeta gerou controvérsias que perduram até hoje.[39] As estruturas piramidais de dois, três, quatro e cinco lados, localizadas entre valetas perfeitamente alinhadas que se estendem por muitos quilômetros, são evidentes para o olhar treinado, mas a questão permanece: elas são produto da natureza ou os restos de uma construção intencional de muito tempo atrás? Embora a solução definitiva para esse mistério exija uma missão tripulada, a presença de princípios matemáticos nessas estruturas[40] sugere certamente que elas são o produto de um desígnio.

De modo semelhante, a descoberta de ordem na base da vida pode ser considerada um sinal de inteligência no interior dessa vida. A revelação de que os quatro elementos da vida correspondem a letras-chave de um antigo alfabeto, somada ao fato de essas letras formarem uma mensagem, leva o grau de ordem subjacente à vida a uma magnitude ainda maior. Acrescentando a esses fortes indícios de intento o fato de cada célula do nosso corpo trazer precisamente a *mesma mensagem*, o significado desse código se torna maior do que a própria descoberta.

A presença do nome de Deus codificado nas células da vida não preserva apenas uma mensagem, mas uma mensagem com um significado especial.

O Mistério de "Deus é Um"

Historicamente, os seres humanos vêm ao mundo como resultado da união entre um homem e uma mulher, a *mãe* e o *pai*. Seja por escolha ou por acaso, é a mistura do DNA fornecido pelo corpo de cada um deles que resulta na nova vida dentro do útero da mãe. Um dos mistérios da vida, tornado ainda mais misterioso com o advento da clonagem humana, é a criação da vida humana a partir de um espermatozóide e de um óvulo. Será que isso basta? Ou é preciso alguma outra coisa?

O que é a força invisível que dá o "comando" para as células crescerem e se dividirem do modo certo no momento certo para formar um bebê saudável? Quem é o "gaiteiro" a que Einstein se referiu como fonte da "melodia" cósmica? Ao analisar o nascimento partindo da antiga perspectiva dos números, descobrimos um indício.

A "equação" a seguir, que representa a união da mãe e do pai para produzir o corpo humano (Adão), só fica completa quando o valor numérico de Deus é introduzido. O Capítulo 4 revelou que a palavra hebraica que indica o primeiro da nossa espécie, "Adão ou *Adam*" (sem as vogais), é ADM. Aplicando os valores numéricos a cada letra, temos o seguinte resultado:

<u>A</u>   <u>D</u>   <u>M</u>
(*Alef*) = 1   (*Dalet*) = 4   (*Mem*) = 40

A soma desses valores produz um novo valor combinado: 45. Uma outra soma reduz o valor de Adão a 9.

$$1 + 4 + 40 = 45$$
$$4 + 5 = 9$$

Em termos numéricos, 9 é Adão. Por meio da linguagem dos números, podemos agora analisar a relação de Adão com seu pai e sua mãe. Mas, para determinar como mãe e pai estão relacionados ao 9 de Adão, é preciso antes descobrir seus valores ocultos.

Em hebraico, mãe é EM.[41]

E   M
(Alef) = 1   (Mem) = 40

A soma dos valores individuais produz o valor combinado 41, que pode ser reduzido a 5. Um processo semelhante, aplicado a "pai", que se escreve AV,[42] resulta em:

A   V
(Alef) = 1   (Vet /Bet)   = 2
1   +   2   = 3

A soma desses valores cria um novo valor: 3. Com as palavras pai, mãe e Adão agora convertidas à linguagem comum dos números, podemos comparar "maçãs com maçãs" e levar a análise a um nível mais profundo.

Como Adão (a humanidade) resulta da união de pai e mãe, seu nome deveria ter um valor igual à combinação dos dois. Mas *não é isso que ocorre* quando somamos o 3 de *pai* ao 5 de *mãe*. Essa operação produz um valor combinado, 8, que é menor do que o 9 de Adão. Esse aparente mistério é resolvido por uma passagem da Torá e da perspicácia do Rabino Benjamin Blech.

Embora muitos pesquisadores interpretem as passagens das antigas tradições como metáforas, muitas vezes as referências encontradas na Torá são específicas. O Rabino Blech observa que, como é claramente expresso no Gênesis, Deus tem um valor numérico. "O Senhor é nosso Deus, *o Senhor é Um*"[43] [itálico do autor]. Para alguns estudiosos, essa é uma declaração direta de que o valor numérico de Deus é o número 1. Mas, no interior do "1", reside um mistério ainda mais profundo.

Completando a Equação da Vida

Na língua hebraica, o número 1 é associado à primeira letra do alfabeto, *Alef* (א). As razões mais profundas e as questões complexas subjacentes à criação de Alef são objeto de muitos estudos e certamente dignas de outros tantos. Mas, para descobrir por que "pai" e "mãe" têm um número a menos do que "Adão", vamos limitar a nossa discussão. Examinando a origem de *Alef*, o mistério da passagem "O Senhor é Um" fica resolvido.

Como revela o Rabino Blech, a antiga letra *Alef* é formada pela união de duas letras distintas, sendo que uma delas é usada duas vezes. No canto superior direito e no canto inferior esquerdo de *Alef* está a primeira e menor letra do nome de Deus, *Yod* (י). Essas duas ocorrências de *Yod* são separadas pela letra *Vav* (ו) inclinada. Considerando separadamente cada uma das letras que formam *Alef*, resolvemos o mistério.

Na análise das letras hebraicas em forma de números, a cada *Yod* é atribuído o valor 10, enquanto a *Vav* é atribuído o valor 6. A soma desses valores (10 + 10 + 6) dá um novo valor combinado, 26, que é *precisamente o mesmo valor* do antigo nome de Deus: YHVH! Além de representar diretamente o número 1 no alfabeto hebraico, *Alef* é também uma referência indireta, codificada, à presença e ao nome pessoal de Deus. "Um" é literalmente igual a "Deus".

Pela regra das relações numéricas, que discutimos no Capítulo 4, duas palavras relacionadas em termos de valor são relacionadas também quanto à sua natureza. Dessa perspectiva, "Deus" é o valor que falta na equação de mãe e pai para que o resultado seja Adão. Além da união entre as quantidades terrenas fornecidas por homem e mulher, o espírito de Deus tem que estar presente para que Adão (a humanidade) fique completo.

A EQUAÇÃO DA VIDA

Mãe	+	Pai	+	Deus	=	Adão
5	+	3	+	1	=	9

Mais do que uma mensagem acrescentada à vida, o fato de o código *ser* vida nos diz que Deus existe *como* corpo — o nosso corpo. O que vemos como átomos de carbono, oxigênio, hidrogênio e nitrogênio, o "material" da vida, *é* Deus. Embora o código não defina precisamente *quem* é Deus, ele nos diz, em termos da nossa própria ciência, que não é possível separar a nossa vida, ou qualquer outra, da presença de um poder superior.

Com a eloqüência que o caracteriza, o poeta William Blake resume a nossa relação com Deus em poucas palavras: "Deus é homem e existe em nós e nós nele." Além de descrever a nossa relação com Deus, Blake diz que Deus existe como humanidade e que a humanidade pode escolher ficar cada dia mais perto da perfeição do Criador: "Deus se tornou como somos para que possamos ser como ele é." Se aceitarmos a sabedoria desse enunciado, podemos transcender os desafios da nossa vida e quaisquer diferenças que nos separem.

SUMÁRIO DO CAPÍTULO 7

- Na linguagem original, a Torá nos diz que Deus interrompeu a criação antes que ela estivesse completa: "anda na minha presença e sê perfeito" (Gênesis 17:1). Os estudiosos sugerem que esse enunciado não se refere à perfeição física, mas à realização do potencial da essência espiritual que existe dentro de nós.

- A análise dos valores numéricos que representam o nosso DNA (YHVG) e dos valores que representam o nome de Deus (YHVH) revela que, mesmo compartilhando os atributos do nome de Deus, não somos iguais a ele.

- Muitos cientistas, incluindo os responsáveis pela descoberta do código genético, sugerem que a probabilidade de a vida ter surgido por "acaso" beira o milagre. Parece que há uma força na vida que a ciência ainda não consegue explicar.

- Na natureza, a ordem que pode ser descrita por fórmulas matemáticas universais é vista como sinal de uma inteligência subjacente.

- O fato de haver, no código da vida, um grau tão alto de ordem e dessa ordem conter uma mensagem, sugere uma inteligência de uma magnitude ainda maior.

- Na equação hebraica da vida, a simples união de "mãe" e "pai" não é suficiente para produzir "Adão", o primeiro da nossa espécie. Fica faltando alguma coisa. Mas, quando a presença numérica de Deus é acrescentada à equação, os números se equilibram e a fórmula fica completa.

> *"Não é porque são más que as pessoas brigam... A guerra é travada basicamente pelo que é essencial... o pão. Ajude os necessitados. Alimente os famintos. Suavize a dor dos aflitos... Esse é o meio de evitar a guerra e de garantir a magnífica bênção da paz."*
>
> RABINO BENJAMIN BLECH

Capítulo Oito

O QUE APRENDEMOS?
Sobreviver ao Nosso Futuro Com Base nas Lições do Passado

Com as recentes comemorações da virada do século ainda frescas na memória, cientistas, organizações e pessoas conscientes fazem a si mesmas uma pergunta da qual dependem muitas outras: vamos sobreviver como espécie por mais cem anos? Ou seja, vamos sobreviver mais um século modificando geneticamente os alimentos, priorizando o corpo e criando atividades que esgotam a vida dos oceanos, dos rios e das florestas? Ou, o que é ainda mais importante, vamos continuar usando o tremendo poder da natureza como a arma mais letal que a história conheceu?

Até meados do século XX, não fazia muito sentido fazer essa pergunta. Hoje, isso mudou. Como resultado das inovações científicas desenvolvidas durante a Segunda Guerra Mundial, incluindo as da física quântica, da genética e da eletrônica miniaturizada, nossas escolhas tecnológicas acarretam agora conseqüências que vão durar centenas de anos e afetar muitas gerações.

A questão pendente quanto ao nosso futuro não é tanto sobre o desenvolvimento de tecnologias, mas sobre a sabedoria para implementá-las. Só porque temos a *capacidade* de mudar os padrões climáticos de vastas regiões da terra e de criar novas formas de vida, *será que temos o direito* de fazer essas coisas?

175

Brincar de Deus: O Que Nos Dá esse Direito?

De meados dos anos 1970 até o começo da década de 1990, tive o privilégio de trabalhar entre cientistas e engenheiros brilhantes no desenvolvimento de algumas das tecnologias mais avançadas da história. Para as universidades e corporações, esse foi um período de tremendo impulso, já que a nossa nação estava redefinindo sua dependência com relação ao óleo estrangeiro e lutando para manter sua superioridade durante a Guerra Fria e o programa espacial. Como era de se esperar num período de pesquisas tão intensas, foi igualmente intensa a introspecção. Os cientistas estavam explorando os limites da recém-descoberta capacidade para alterar a vida e o planeta num nível que historicamente cabia a Deus e à natureza.

A responsabilidade que vem com um poder tão assombroso muitas vezes suscitou debates acalorados a respeito do nosso direito moral e ético de usar essas tecnologias — debates de que eu sempre participava com entusiasmo. Alimentando as discussões que irrompiam junto às máquinas de doces ou refrigerantes, e que continuavam nos vestiários e cantinas, os argumentos seguiam, em geral, duas escolas de pensamento.

Uma delas sustentava que nossa capacidade de "atiçar" as forças da natureza é, por si só, a licença para explorar essas tecnologias ao máximo. Em outras palavras, como temos a capacidade de mudar os padrões climáticos e de criar novas formas de matéria e de vida, devemos fazê-lo para ver até aonde a tecnologia pode chegar. Essa linha de raciocínio levava a um outro tipo de justificativa: se não fosse para fazer essas coisas, nunca teríamos descoberto os segredos que as tornam possíveis.

A outra escola de pensamento era mais conservadora, afirmando que a capacidade de modificar a vida e a natureza não nos dá necessariamente o direito de exercer esse poder. Para os que apoiavam esse curso de raciocínio, as forças da natureza representam "leis" sagradas que não devem ser molestadas. Adaptar os genes dos filhos antes do nascimento e ajustar os padrões climáticos globais às nossas necessidades está "fora dos limites", argumentavam eles, e transgride uma antiga confiança tácita. Cruzar a linha que separa *usuário* e *criador* nos coloca na situação de competir com o poder de Deus — mesmo que isso não seja enunciado claramente.

A questão é, então, o que nos dá o direito de fazê-lo? Esse argumento era muitas vezes ilustrado pela metáfora do velocímetro do carro: só porque ele marca até 300 quilômetros por hora, não temos de dirigir necessariamente nessa velocidade!

Essa metáfora do velocímetro ilustra também uma terceira linha de raciocínio. Se o velocímetro indica que um carro consegue fazer 300 quilômetros por hora, é muito provável que alguém tente atingir essa velocidade. Parece que é inerente à natureza humana testar seus limites e levar ao extremo suas competências. Só que, quando testamos esses limites, temos o poder de determinar a hora, o lugar e as condições do teste.

Podemos ir a um trecho deserto de uma estrada bem pavimentada, num dia em que o tempo esteja seco, e minimizar assim a possibilidade de nos machucar ou de machucar alguém — ou podemos agir por impulso e testar os limites do carro numa estrada movimentada, expondo-nos ao perigo e arriscando a vida de outras pessoas. O primeiro teste é feito com responsabilidade; o segundo, com negligência. O mesmo princípio se aplica a como forçamos os limites para manipular as forças da natureza.

Na época em que eu trabalhava na indústria da defesa, depois do expediente eram comuns as conversas sobre o desenvolvimento da tecnologia de armamentos. No final da Guerra Fria, com a redução gradual dos arsenais nucleares das superpotências, essas discussões levavam invariavelmente à questão das tecnologias que substituiriam as armas nucleares no futuro: de poderosos raios *laser* que rebatem em espelhos em órbita para atingir alvos aqui na Terra a bombas de nêutron destinadas a acabar "apenas" com a vida, deixando intactos prédios, carros e casas. Uma década antes, uma conversa sobre essas possibilidades teria parecido ficção científica.

Além dessas armas ofensivas, as discussões incluíam também tecnologias defensivas. Seria possível produzir uma mudança genética que nos tornasse imunes a bactérias e vírus no caso de uma potência inimiga soltar um agente biológico entre populações inocentes? Hoje, como já existe a tecnologia para cada um desses cenários e outras tantas tecnologias, tão numerosas que fogem ao escopo deste livro, a questão não é mais a sua viabilidade — mas se devemos ou não desenvolvê-las.

Se decidíssemos alterar o nosso DNA para enfrentar uma ameaça biológica a curto prazo, por exemplo, será que essa escolha afetaria a capacidade do nosso corpo de se proteger contra ameaças no futuro? Quais seriam as conseqüências a longo prazo de uma mudança na fórmula genética de uma população inteira, uma fórmula que levou milhares de anos para ter um resultado bem-sucedido? Será que poríamos em perigo a sobrevivência da nossa espécie ao aplicar o que parecia ser uma medida salvadora, sem entender totalmente suas conseqüências?

Durante a Guerra Fria, essas eram as perguntas feitas diariamente por aqueles que tinham como tarefa concretizar precisamente essa possibilidade. Mais de uma década depois do fim da Guerra Fria, elas continuam entre as questões mais urgentes com que deparam as atuais sociedades de base tecnológica, questões que precisam ser respondidas à medida que nos aventuramos pelo território desconhecido da reengenharia da vida e da natureza. No mundo de hoje, entregamos à ciência e aos cientistas a liderança da nossa viagem de exploração — da qual é pouco provável que haja volta. Estamos aprendendo a modificar as forças da criação, e a nossa esperança é conseguir sobreviver a esse processo de aprendizado.

10.000 Civilizações Inteligentes: Onde Estão Elas?

Será que em algum lugar do cosmos, ou mesmo no passado remoto da Terra, outras civilizações passaram por experiências semelhantes e fizeram perguntas semelhantes a respeito dos próprios avanços? Será que as escolhas tecnológicas do passado tiveram conseqüências tão devastadoras que deram fim a essas civilizações? Se esse for o caso, será que podemos aprender com essas experiências e evitar os erros que levaram ao seu desaparecimento?

Em 1961, o astrônomo Frank Drake formulou a agora famosa equação de Drake, estimando que, nos 13 ou 14 bilhões de anos de história do nosso universo, podem ter-se formado 10.000 civilizações inteligentes. Diante disso, cientistas e pesquisadores fazem a si mesmos uma pergunta óbvia: se é possível haver tantas civilizações inteligentes, onde estão elas? Se ainda existem algumas dessas 10.000 civilizações inteligentes, é razoável supor que elas conheçam os princípios universais da natureza que governam o tempo, o espaço e a matéria. É razoável supor também que, como nós, incorporaram esses princípios ao seu modo de vida. Nesse caso, as evidências dessas tecnologias deveriam ser detectadas aqui na Terra, em forma de sinais de comunicação. Mas, até hoje, nenhum sinal foi reconhecido.

Carl Sagan, astrônomo e colega de Drake, sugeriu duas razões para a aparente ausência desses sinais. Primeiro, podemos estar entre as primeiras civilizações a atingir um ponto em que é possível manipular as forças da natureza — um ponto a que ele se refere como "adolescência tecnológica". Diante de evidências arqueológicas que talvez não estivessem disponíveis na época de Sagan, hoje essa possibilidade parece improvável.[1]

Em segundo lugar, há a possibilidade de outras espécies inteligentes terem existido no passado, terem seguido um caminho semelhante ao nosso e não mais existirem. Nesse caso, segundo Sagan, não detectamos evidências dessas formas de vida avançadas porque elas não sobreviveram à curva do próprio aprendizado e se destruíram ao fazer mau uso das forças da natureza. E nós podemos estar num ponto excepcionalmente crítico da história da nossa espécie — correndo o risco de cometer os mesmos erros e sofrer as mesmas conseqüências. Essa possibilidade leva a uma outra consideração.

Se estamos de fato numa adolescência tecnológica, temos que amadurecer agora para poder arcar com as responsabilidades que esse poder representa. Assim como as crianças que fazem a transição para a vida adulta, nesta nossa adolescência temos que aprender a navegar pelas mudanças na vida e sobreviver à transição. Como muitos pais podem confirmar, a transição da puberdade é um período de confusão e ajustes.

Parece que é de um dia para o outro que o corpo das crianças assume sua forma adulta, acarretando todas as pressões e responsabilidades que definem um adulto na nossa sociedade. E cada jovem tem que entender à sua maneira o que está lhe acontecendo: e depressa, para sobreviver.

Do mesmo modo, nesta adolescência tecnológica coletiva, temos que aprender a equilibrar o poder de nossas descobertas com os valores da vida e da natureza. Recorrendo uma vez mais à analogia da transição da criança para a vida adulta, cabe lembrar que a puberdade esconde uma armadilha para muitos jovens: esse tempo de mudança é acompanhado por um sentimento de "invulnerabilidade". Somada ao poder recém-descoberto, a sensação de ser indestrutível leva muitas vezes ao descuido, na medida em que os limites da autoridade e da razão são testados. Infelizmente, essa sensação de invencibilidade é um fator-chave na causa número um de mortes entre os jovens de hoje: os acidentes de automóvel devido a riscos desnecessários.[2]

Vale a pena considerar os paralelos entre a adolescência dos nossos filhos e a adolescência tecnológica. Mais do que uma simples discussão filosófica, nossa sobrevivência depende da nossa capacidade de reconhecer as escolhas que afirmam ou negam a vida neste mundo.

Refletindo sobre a magnitude das crises que enfrentamos hoje como família global, a futuróloga Barbara Marx Hubbard define a nossa situação em termos muito simples: "Se não aprendermos [que estamos todos ligados, que estamos todos relacionados, que tudo é um só corpo vivo], não respiraremos mais!"[3]

A Maior Ameaça

No seu relatório *World State* de 2000, o Instituto Worldwatch observou: "A promessa brilhante de um novo século é toldada por ameaças sem precedentes à estabilidade do mundo natural."[4] Quase sem exceção, as ameaças mencionadas nesse relatório vêm de avanços recentes na ciência e da maneira desgovernada com que a tecnologia invadiu a nossa vida. A produção deficiente de alimentos, a construção de economias sustentáveis, as incertezas da tecnologia genética, a disseminação de armas capazes de tornar regiões da terra inabitáveis por centenas de gerações — questões como essas deixam claro que entramos numa rota de destruição e que a sobrevivência da nossa espécie está ameaçada.

Muitos cientistas, pesquisadores e organizações viram a década de 1990 como o término de um ciclo e como uma oportunidade para avaliar nossos erros e conquistas como comunidade global. Em junho de 1995, durante uma conferência em Killarney, Irlanda, o psiquiatra de vanguarda Stanislav Grof apresentou um artigo que refletia a preocupação de muita gente a respeito das condições de deterioração que ameaçam o mundo, assim como o sentimento de muitos outros cientistas.[5] Grof mencionou alguns perigos imediatos: "a poluição industrial do solo, da água e do ar; a ameaça de resíduos e acidentes nucleares; a destruição da camada de ozônio; o efeito estufa; a possível perda de oxigênio planetário resultante do desflorestamento negligente e do envenenamento do plâncton dos oceanos; os perigos dos aditivos tóxicos nos alimentos."[6] Qualquer uma das condições mencionadas por Grof encerra um perigo real e presente aos sistemas vitais da terra. O fato de estarem presentes no mesmo momento histórico indica, potencialmente, uma ameaça inimaginável.

Num artigo clássico sobre inteligência extraterrestre,[7] Carl Sagan descreve uma série semelhante de cenários que, se deixados sem controle, podem levar ao eventual colapso das sociedades globais como as conhecemos. "Alguns deles vêem os problemas globais aqui da Terra — o antagonismo entre as nações, os arsenais nucleares, o crescimento populacional, a disparidade entre ricos e pobres, a falta de alimento e de recursos e as alterações descuidadas do ambiente natural do planeta — e concluem que vivemos num sistema que de repente se tornou instável, num sistema destinado ao colapso."[8] A partir dos mesmos dados, ele continua suas observações sobre o estado do mundo de um outro ponto de vista: "Outros acreditam que os nossos problemas têm solução, que a humanidade ainda está na infância e que um dia vamos crescer."[9]

É interessante observar que, ao examinar as condições identificadas como ameaças, descobrimos um fio que as une. Esse fio é a humanidade. Cada uma das situações citadas por Sagan, pelo Worldwatch Institute e por Grof, leva potencialmente a cenários catastróficos. Além disso, em cada uma delas vemos que a humanidade é a única fonte de ameaça.

A partir desses dados, fica claro que, no presente momento, representamos o maior de todos os perigos para a sobrevivência da nossa espécie! Fica igualmente claro que nós é que podemos garantir a sobrevivência da espécie e a viabilidade do planeta para as futuras gerações.

NUMA DAS CENAS mais proféticas do filme *Contact*, a Doutora Arroway é questionada por um congresso internacional de especialistas reunido para determinar quem pode representar melhor os valores dos cidadãos da Terra no caso de um contato extraterrestre. Como parte do processo de seleção, apresentam a ela um cenário hipotético: se ela tivesse a oportunidade de fazer uma única pergunta aos representantes da civilização supostamente avançada que espera encontrar, qual seria essa pergunta? Depois de uma breve pausa, ela responde que lhes perguntaria como tinham sobrevivido à adolescência tecnológica sem se destruírem.

São claros os paralelos entre o tema de *Contact* e os acontecimentos do nosso mundo. Embora não sejam necessariamente provocadas por um contato extraterrestre, nossa civilização enfrenta as mesmas questões e preocupações que a Doutora Arroway revela ao congresso. Como sobreviver ao assombroso poder que a ciência e a tecnologia desencadearam, especialmente diante da nossa diversidade e de tantas idéias diferentes a respeito do mundo?

Esse tema não é novo na história da humanidade. Os mais antigos registros da civilização humana não nos falam do milagre e das belezas da vida, mas da luta antiga e humana com o poder e do seu uso em prol de idéias e crenças. Hoje, além dos problemas ambientais decorrentes da evolução da indústria, estamos diante de uma crise que pode ser ainda mais fundamental para a nossa sobrevivência.

Junto com os riscos que agora ameaçam o mundo, vivemos à sombra cada vez maior de tecnologias bélicas com poder para destruir a civilização e deixar o nosso planeta inabitável para todas as formas de vida, à exceção das mais simples, durante séculos. O apoio ao desenvolvimento dessas tecnologias, a precisão das armas delas resultantes e a facilidade com que agora o seu uso é justificado — acredita-se até que seja possível sobreviver a elas — criam a que é atualmente a maior ameaça à nossa sobrevivência.

Da Ignorância à Intenção: O Caminho Que se Afasta da Beira da Destruição

A destruição dos sistemas vitais do planeta — oceanos, atmosfera, rios, lagos e florestas — se deve em grande parte à ignorância que havia no passado a respeito do dano que combustíveis fósseis e produtos químicos podem causar ao mundo. Sempre houve pessoas com acesso a esses perigos, e é claro que o poder e a cobiça influenciaram a maneira como as novas tecnologias foram implementadas, mas a população em geral desconhecia as conseqüências do favorecimento às atividades que esgotam recursos.

Ao equilibrar a carreira, as reuniões da APM e os treinos de futebol, a família norte-americana média confiou ao governo e à indústria a tarefa de manter seguros os níveis de radiação das usinas nucleares e de dispor corretamente da água, do vapor e dos resíduos das minas e das fábricas. Como consumidores, até recentemente poucos tinham olhado além das prateleiras dos supermercados do bairro para ver de onde vêm os produtos que facilitam a nossa vida.

Dessa perspectiva, o dano que o planeta sofreu pode ser considerado não-intencional, um subproduto da nossa visão de progresso e economia e da nossa relação com o mundo. Agora que foram identificados os perigos advindos de produtos que esgotam o ambiente e que as previsões científicas foram validadas, podemos trabalhar juntos para fazer mudanças e "consertar os erros". Embora isso não seja desculpa para as catástrofes (incluindo vazamentos de óleo, fusões nucleares, explosões em instalações da indústria química e lixo tóxico) que ocorreram, serve para diferenciar a ameaça das tragédias ambientais, a ameaça das armas de destruição em massa e o pensamento que levou à sua criação.

Um Mundo Ainda em Guerra

Para muita gente, o final da Guerra Fria, no final dos anos 1980, marcou o início de uma paz relativa no mundo. Pela primeira vez em quase uma geração, a ameaça constante de uma guerra nuclear pareceu se desvanecer e o mundo deu um suspiro de alívio, enquanto os EUA e a Rússia forjavam novas relações e exploravam novas maneiras de trabalhar juntos na era pós-Guerra Fria. Mesmo não havendo guerras "declaradas" assolando o mundo, a paz relativa era exatamente isso: *relativa*. Além dos conflitos ruidosos entre Israel e Palestina, no final dos anos 1990, *havia pelo menos 20 outras nações ativamente envolvidas em guerras*.[10] Apesar de serem chamadas de "conflitos", essas hostilidades causaram o mesmo sofrimento e as mesmas perdas que são a marca das guerras declaradas.

Recebendo pouca atenção da mídia, alguns desses conflitos se arrastam há décadas e outros são relativamente recentes — mas seu preço em vidas já é calculado em milhões. Em 1999, a guerra no Sudão, entre muçulmanos do norte e cristãos do sul, resultou em 1,9 milhão de mortes, em grande parte de civis.[11] No final do século XX, o continente africano era palco de quase metade das guerras não-declaradas do mundo inteiro, dividindo-se a outra metade entre pontos críticos, como Bósnia, Kosovo, Macedônia, Chechênia, Azerbaijão, Tajikistão, Caxemira, Índia, Filipinas, Indonésia, Tibete e Oriente Médio. Marcado por guerras civis, lutas pela independência, guerras religiosas e limpeza étnica, o período que tantos consideram um tempo de paz não tem sido nem um pouco pacífico.

Depois dos trágicos acontecimentos de 11 de setembro de 2001, a ameaça do terrorismo concentrou a atenção do mundo em países e cidades de que muita gente no Ocidente nunca tinha ouvido falar. De repente, nomes como Kabul, Tora Bora e Afeganistão se tornaram familiares, enquanto as tropas americanas eram enviadas para as montanhas escarpadas na fronteira com o Paquistão. Apoiando-se no princípio de segurança preventiva, a caça aos terroristas, concentrada a princípio em países muçulmanos, mudou o cenário da paz mundial de um modo inédito na história recente.

Nas palavras do professor de Harvard, Samuel P. Huntington, "As condições para um possível 'embate de civilizações' estão presentes".[12] Mais do que em qualquer outro momento da história recente, o mundo se divide entre diferentes maneiras de lidar com supostas ameaças aos interesses nacionais e, em países como Israel, com a defesa do seu modo de vida.

É no contexto de um mundo assim que a tecnologia se tornou, uma vez mais, um fator decisivo para a paz. As armas convencionais e o sofisticado arsenal nuclear que garantiram a supremacia ocidental durante grande parte do século passado, existiam graças a uma tecnologia que agora caiu nas mãos dos que nos consideram seus inimigos. Embora a Guerra Fria tenha terminado oficialmente no final dos anos 1980, as armas que nasceram da ciência dessa era continuam por aí.

Por Que Agora?

No final da última década, definiram-se os sete membros do "clube nuclear" (nações que admitem a posse de armas nucleares): EUA, Rússia, China, França, Inglaterra, Índia e Paquistão. Há outros países empenhados em programas nucleares, como a Coréia do Norte. No ápice da Guerra Fria, os arsenais nucleares dos Estados Unidos e da antiga União Soviética incluíam cerca de 70.000 ogivas nucleares espalhadas pela América do Norte, Europa e Ásia![13]

Esses números incluíam armas disponíveis para uso e reservas para reabastecer o estoque em caso de guerra. Assinados os tratados que se propunham a reduzir essa incrível quantidade de ogivas, as nações nucleares começaram a reduzir seus arsenais, suficientes para destruir muitos planetas do tamanho da Terra. Hoje, no começo do século XXI, o arsenal nuclear do mundo está reduzido à metade do que era no ápice da Guerra Fria: as ogivas nucleares são agora 36.000, segundo o Conselho de Defesa dos Recursos Naturais.[14] No entanto, o Conselho informa que esses números não incluem os arsenais de países nucleares não declarados, como Israel.

Numa época em que são cada vez maiores as diferenças e a tensão entre vizinhos nucleares, não se pode subestimar a ameaça que esses arsenais representam. O processo de desarmamento que começou depois da Guerra Fria parece ter perdido o ímpeto. Sobre isso, Joseph Cirincione, diretor do Projeto de Não-Proliferação da Fundação Carnegie para a Paz Internacional, comentou: "É surpreendente, mas o desarmamento nuclear potencialmente parou." A respeito do que resta hoje dos arsenais nucleares, Jorgen Wouters informou no *ABC News*: "As grandes potências ainda têm armas da Guerra Fria em quantidade suficiente para fritar o planeta várias vezes."[15]

Além da competição nuclear entre potências que se tornaram inimigas, o número crescente de armas químicas e biológicas aumenta a já formidável ameaça de guerra com conseqüências globais.[16] Embora declarados ilegais no Protocolo de Genebra de 1925 e de novo na Convenção de Armas Químicas de 1993,[17] as toxinas biológicas e os agentes químicos destinados à guerra são hoje uma ameaça maior do que em qualquer outro período dos últimos 100 anos.

É claro que há condições para uma guerra de proporções épicas inimagináveis. É igualmente claro que é impossível se defender contra qualquer uma das múltiplas ameaças conhecidas. E, com toda a probabilidade, o armamento global oferece ameaças que ainda não são do conhecimento público.

Nesse contexto de arsenais cada vez maiores e da tensão crescente entre as potências do mundo, muita gente me pergunta: "Por que agora? Por que publicar agora um livro que revela a mensagem que há nas nossas células?" Se é para explorar o poder de um princípio que pode unificar diferentes idéias étnicas, religiosas e políticas, é à nossa geração que cabe fazê-lo. Diante de um arsenal global com poder de destruição sem precedentes, pronto para ser usado em defesa de políticas baseadas em nossas diferenças, agora é o momento perfeito para divulgar a mensagem que há nas nossas células.

Durante uma entrevista feita em 1949 e publicada no *Liberal Judaism*, Alfred Werner perguntou a Albert Einstein como seriam as armas de uma terceira grande guerra na era nuclear. Sua resposta evocou nitidamente o caminho perigoso pelo qual enveredamos e a nossa responsabilidade, como civilização, de garantir que essa especulação nunca se transforme em realidade. Com a simplicidade que lhe era tão característica, Einstein respondeu: "Na Terceira Guerra Mundial não sei, mas sei o que vão usar na Quarta — pedras!"[18]

Nos primeiros anos do século XXI, estamos numa perigosa encruzilhada como civilização global. A decisão de recuar da beira do conflito global não é mais "americana", "russa", "chinesa" ou "européia". Com a globalização e a difusão da tecnologia, um conflito em qualquer lugar do mundo deve ser pensado hoje em termos mundiais.

Enquanto as nações da Terra se aliam a ideais políticos e crenças religiosas, as guerras civis, as guerras religiosas e as guerras econômicas — por mais "justas" que pareçam — têm o potencial de envolver regiões e continentes inteiros, numa escala que seria impossível há um quarto de século.

Diante de tecnologias que podem incapacitar os mais eficazes exércitos, devastar a própria base da vida, destruir cidades e nações e vaporizar populações inteiras, o futuro da nossa espécie depende da nossa capacidade coletiva de superar as diferenças. Pode parecer uma grande ironia, mas as evidências sugerem que esta pode não ser a primeira vez que a humanidade se vê diante da perspectiva de sua própria destruição pelo uso de armas com poder para eliminar civilizações inteiras da face da terra.

Embora não façam parte da história convencional, alguns dos mais antigos registros do passado descrevem exatamente esse cenário e a batalha que acabou com dois grandes impérios numa época anterior à história. Um corpo cada vez maior de evidências arqueológicas, consideradas anômalas em estudos tradicionais, sugerem que pelo menos alguns desses documentos podem ser os últimos registros que restaram de acontecimentos históricos reais. Se for assim, podemos estar testemunhando hoje a reencenação de uma lição muito antiga — e a oportunidade de escolher um novo final.

Lições do Passado

O *Mahabharata*, que já foi chamado de épico nacional da Índia e de Bíblia hindu, é uma obra literária sem igual no que diz respeito à amplitude do tema. Trata-se do relato detalhado de uma guerra que usa uma tecnologia tão avançada, com conseqüências tão devastadoras, que é impensável aceitá-lo como registro de um fato histórico. Embora esse antigo relato fale de sobreviventes da última batalha da guerra, não houve uma vitória. No *Mahabharata*, o preço pago pelas sociedades em guerra é uma destruição de proporções bíblicas, incluindo a perda de incontáveis vidas, a infertilidade do solo e a destruição de uma avançada civilização que precede a história.

Esse relato foi registrado originalmente em sânscrito antigo, há 2.500 ou 3.000 anos. Com cerca de 100.000 versos, o épico tem como tema central a luta entre dois reis, Pandu e Dhitarashtra, que se desenrolou nas planícies próximas do que é agora Nova Delhi, na Índia, e terminou numa grande batalha que pode ter ocorrido há 8.000 ou 10.000 anos — numa época em que, segundo a história tradicional, não existiam grandes civilizações nem tecnologia avançada! É interessante notar que a última batalha descrita no *Mahabharata* marcou o fim do último ciclo da cosmologia hindu, *Dvapara yuga*, e o início da última grande era mundial. É nessa última era, *Kali yuga*, que vivemos hoje.

No passado, as armas e táticas de guerra descritas no épico indiano interessou a historiadores e generais. Hoje, as mesmas descrições chamam a atenção de cientistas e pesquisadores. Segundo o *Mahabharata,* nessa guerra foi usada uma arma que destruiu vastas extensões da Terra. Essa misteriosa arma é descrita como uma "arma desconhecida, o aerólito de ferro... um único projétil carregado com todo o poder do universo".[19] O impacto resultou numa "coluna incandescente de fumaça e fogo, com o brilho de 10.000 sóis..."[20]

Os versos descrevem ainda a completa devastação que essa arma deixou em sua esteira. "A terra tremeu, chamuscada pelo calor terrível dessa arma. Elefantes irromperam em chamas... Numa extensa área, outros animais desabaram no chão e morreram. As águas ferveram e as criaturas que nela viviam também morreram."[21] Nas etapas finais da batalha, o texto fala do destino horrível dos seres humanos apanhados por essa destruição. "De tão queimados, os corpos ficaram irreconhecíveis. O cabelo e as unhas caíram."[22] Há ainda outros detalhes: "a cerâmica quebrou sem motivo. Os pássaros, perturbados, descreveram um círculo no ar e ficaram brancos."[23]

É inacreditável que a descrição dessa tecnologia e de seus efeitos corresponda a fatos ocorridos há tanto tempo, já que fala de uma arma diferente de tudo o que existiu em qualquer ponto da história... até a introdução das armas atômicas em meados do século XX. Até recentemente, era inconcebível que uma destruição dessa magnitude, como a que é descrita no *Mahabharata*, viesse de uma única arma. Em 1945, no entanto, com a detonação da primeira bomba nuclear, a possibilidade de uma catástrofe de tais proporções tornou-se uma realidade moderna.

A relação entre a batalha catastrófica do *Mahabharata* e o poder da devastação nuclear não passou despercebida. Depois da bem-sucedida detonação da primeira bomba atômica do mundo, o teste Trinity, em 1945,* o físico Robert Oppenheimer citou uma passagem do *Bhagavad-Gita,* uma parte do *Mahabharata.* Referindo-se ao duplo papel do deus hindu Shiva, ao mesmo tempo criador e destruidor, Oppenheimer citou o épico enquanto testemunhava a fúria da explosão: "Agora eu me tornei a morte, o destruidor de mundos."[24]

Além dos poemas épicos da Índia, outras culturas antigas, como a dos nativos norte-americanos e a lenda das *Stanzas de Dyzan* do Tibete, também contêm relatos referentes a um tempo de grande destruição no passado. Em geral, a devastação é atribuída à antiga luta entre o bem e o mal e à busca do poder. Será que, em algum momento do passado distante, as tecnologias nucleares, incluindo as que se destinam à guerra, existiram na Terra? Será que, milhares de anos antes do começo da história convencional, uma civilização avançada galgou os degraus da evolução tecnológica só para se desintegrar nas ruínas da própria destruição?

Diante das evidências, muitos cientistas começam a considerar seriamente essas questões. Já em 1909, quando os cientistas começaram a se dar conta do poder que podia ser liberado do átomo, o físico Frederick Soddy comentou: "Acredito que houve civilizações no passado que conheciam a energia atômica e que, por fazerem mau uso dela, foram totalmente destruídas."[25]

Se houve uma civilização antiga com ciência e tecnologia para domar o poder do átomo e usá-lo na guerra, ainda deve haver evidências dessa destruição. Embora haja no mundo inteiro relatos de descobertas atípicas — montanhas com os cumes chamuscados, areia do deserto fundida em enormes placas de vidro, antigos esqueletos radioativos[26] — os achados mais significativos estão sendo desenterrados no legendário local da batalha descrita no *Mahabharata.*

No começo do século XX, os arqueólogos começaram a escavar os restos de uma civilização desconhecida no vale do Rio Indo, no norte da Índia e do Paquistão. Sabe-se que povos nômades habitaram essa região por milhares de anos, mas o desenvolvimento dessa região era associado às invasões arianas de 1500 A.E.C. Agora, com a descoberta de duas grandes cidades — Harappa e Mohenjo Daro — essa data foi recuada para cerca de 3.000 A.E.C.

---

* Numa instalação militar no Vale Jornada del Muerto, uma região isolada do estado norte-americano do Novo México (N. do E.).

O arqueólogo inglês Sir John Marshall fez escavações na cidade de Mohenjo Daro pela primeira vez nos anos 1920, um trabalho a que Sir Mortimer Wheeler deu continuidade em 1946.[27,28] Essas escavações revelaram um centro urbano muito bem planejado, com uma sofisticação que nem hoje existe em muitas cidades e vilarejos dessa região. Os arquitetos de Mohenjo Daro planejaram uma cidade em forma de grade quadrada, definida por ruas principais de nove metros de largura. Nessa grade, muitas estruturas tinham água corrente e sistemas de esgoto, além de grandes recintos fechados que talvez fossem locais de banho público ou ritual. Condizendo com o avanço de suas cidades, os membros da cultura do Indo usavam uma forma de escrita, agora conhecida como escrita do Vale do Indo, que nunca foi decifrada. Sem a possibilidade de ler o que os antigos habitantes deixaram, temos apenas os artefatos físicos para nos contar a história de Harappa e Mohenjo Daro.

Talvez o maior mistério que envolve essas cidades é o fato de terem sido esquecidas. Por que elas foram abandonadas? As descobertas de Wheeler nos dão um indício. Quando a escavação chegou no nível das antigas ruas, foram encontrados muitos esqueletos humanos estranhamente espalhados. Muitos estavam contorcidos em posições estranhas, alguns ainda de mãos dadas, como se tivessem sido apanhados de repente por algum desastre. Há outros relatos de descobertas semelhantes: "Grupos de esqueletos em posição de fuga foram encontrados nas escadas."[29] O que aconteceu com essas pessoas e por que seus esqueletos continuam intactos? O que poupou esses corpos dos animais selvagens, da decomposição natural e dos saqueadores?

Pode ser que a resposta a essas perguntas esteja na descoberta, menos difundida, de esqueletos semelhantes encontrados perto da atual cidade indiana de Delhi. Ao escavar para começar as obras de um projeto habitacional, um grupo de trabalhadores descobriu uma coisa que não deveria existir. Numa área em que já havia sido relatado um número alarmante de ocorrências de câncer e defeitos de nascimento, os trabalhadores descobriram uma espessa camada de cinza radioativa sob a superfície da terra.[30]

Descobriu-se depois que a cinza cobria uma área de cinco quilômetros quadrados (numa comparação, a maior área de devastação na cidade japonesa de Hiroshima era de mais ou menos seis quilômetros quadrados). No livro *Riddles of Ancient History*, o arqueólogo russo A. Gorbovsky menciona a descoberta, nessa área, de pelo menos um esqueleto humano com um nível de radioatividade 50 vezes maior do que seria se fosse devido à radiação natural![31] Como explicar essas descobertas atípicas numa civilização que chegou ao apogeu e então se extinguiu, 2.000 anos antes do tempo de Jesus de Nazaré?

É claro que ainda há muito trabalho a ser feito nesses sítios arqueológicos. A continuação da pesquisa vai nos permitir validar as descobertas e desvendar os segredos que esses restos guardam para nós. Mas, mesmo na ausência de um estudo mais específico, essas descobertas se somam às evidências de que há muito tempo aconteceu alguma coisa de efeitos tão devastadores que uma civilização inteira desapareceu.

Será que as descobertas de Wheeler, Marshall e outros revelam indícios de uma civilização avançada, mas incapaz de sobreviver à própria "adolescência tecnológica"? Hoje, os efeitos de explosões nucleares são bem documentados. A similaridade entre esses efeitos e o que se descobriu nessas cidades antigas torna inevitável a comparação. Quando comparamos as evidências concretas de hoje com os registros do passado, uma pergunta nos vem à mente: se percorremos antes o caminho da autodestruição e obliteramos uma civilização inteira com o mau uso do poder, será que corremos o risco de cometer de novo o mesmo erro?

Será que, com as nações se pondo umas contra as outras em conflitos motivados por posse de terra, linhagens sangüíneas, crenças políticas e religiosas, caminhamos para outra guerra global? Será que vamos deixar que as diferenças entre capitalismo e socialismo; entre valores cristãos, hebreus e muçulmanos; entre as várias concepções de *progresso*, dividam o mundo de maneira aparentemente irreconciliável? Conhecendo o poder destrutivo dos arsenais nucleares, químicos e biológicos do mundo, será que temos coragem de descobrir a resposta para essas perguntas?

A história mostrou que, no calor do conflito, a defesa de crenças e valores se transforma em justificativa para se lançar mão de quaisquer meios. O *Mahabharata* é a história de uma arma poderosamente letal usada como último recurso por um exército que acreditava que precisava vencer a batalha para não ser privado de sua civilização e de seu modo de vida. Se um cenário semelhante se manifestasse hoje, é bem possível que as gerações futuras descobrissem um relato épico da grande guerra do século XXI, justificada por crenças parecidas. Se a literatura indiana é, de fato, um registro de acontecimentos históricos, então a humanidade já sofreu as conseqüências desse modo de pensar e quase não sobreviveu. Da próxima vez, podemos não ter tanta sorte.

Em meio a tantas questões aparentemente complexas que envolvem os atuais problemas do mundo, a simplicidade de suas origens às vezes passa despercebida. A maior ameaça à nossa sobrevivência vem da atitude que temos diante da nossa diversidade. Quase todos os conflitos dos dias de hoje são baseados nas diferenças entre povos, raças, religiões e crenças. No século XXI, a aceitação de um princípio que transcende nossas diferenças, unindo pessoas de todas as crenças e origens, é um avanço espiritual, além de ser um recurso estratégico. A natureza universal do nome de Deus nas células do nosso corpo pode se tornar o fundamento desse princípio.

Além das Diferenças: Sobrevivência Por Meio da Unidade

A história e as experiências dos que vieram antes de nós podem ser os nossos melhores guias no território desconhecido das novas idéias. Os tempos são outros e agora temos que considerar fatores, ligados à ciência e à tecnologia, de que nossos ancestrais de 100 anos atrás nem desconfiavam. Mas, sob vários aspectos, a necessidade de fazer frente à mudança continua a mesma.

Das comunidades nativas norte-americanas, tentando preservar seu modo de vida no século XVII, à nossa família global, tentando sobreviver às ameaças do século XXI, no nível mais básico a experiência é a mesma: estamos falando de respeito à vida. *Uma das grandes lições que a história nos ensinou é que a união e a cooperação trazem uma possibilidade muito maior de sobrevivência do que a competição e o conflito.*

DURANTE A COLONIZAÇÃO EUROPÉIA da América do Norte, as comunidades indígenas, até então indiferentes e até hostis aos seus vizinhos, sentiram a necessidade de superar suas diferenças. Quando os primeiros exploradores e colonizadores chegaram às praias do atual nordeste norte-americano, foram bem recebidos pelas tribos e famílias que viviam nessa área há muitas gerações. Os diários dos colonizadores de Jamestown, Virginia, que foi a primeira colônia européia permanente na América do Norte, contam que sobreviveram ao devastador inverno de 1607 para 1608 — um inverno para o qual não estavam preparados — graças aos conselhos e ao apoio dos nativos.

Mas logo ficou claro que os dois modos de vida eram incompatíveis: o modo de vida nativo não poderia sobreviver à visão de mundo dos europeus. Para as comunidades indígenas, que há centenas de anos equilibravam com sucesso as necessidades da vida diária com os ciclos da natureza, a idéia de alguém se dizer dono da terra era tão inconcebível quanto a de alguém se dizer dono do ar à sua volta ou da chuva que caía do céu. Como a idéia de a natureza ter donos não fazia sentido para eles, muitos nativos não levaram a sério a ameaça trazida pelos colonos europeus. Eles simplesmente não entendiam o que estava acontecendo a eles e à sua cultura.

Mas alguns poucos líderes dessas tribos começaram a perceber a ameaça que pairava sobre eles. Mesmo que não entendessem totalmente a intenção dos colonos a respeito da terra, esses visionários perceberam que as várias tribos tinham que cooperar umas com as outras e falar com uma única voz para preservar seu modo de vida, que de outro modo se perderia para sempre. Eles sabiam que disso dependia a sua sobrevivência! Infelizmente, esses líderes perceberam também que suas comunidades eram incapazes de se unir e de se organizar para agir antes que fosse tarde demais.

Um dos exemplos mais pungentes da necessidade de união pelo bem maior é a história da tribo Narragansett e de seu líder, o Chefe Miantonomo. O chefe percebeu que a colonização da América do Norte não ameaçava apenas os membros de sua tribo, mas também as tribos à sua volta, com as quais o seu povo já tinha tido conflitos no passado. Então, ele propôs aos povos Mohawk uma aliança unificada para criar o que o historiador Ian K. Steele chamou de "movimento de resistência ameríndio".[32] Segundo os relatos, o chefe disse em 1642:

> *Nós temos que ser um, como eles [os ingleses] são*, senão logo acabaremos, pois vocês sabem que nossos pais tinham veados e pele em abundância, nossas planícies estavam cheias de veados, assim como nossos bosques, e de perus, e nossas baías cheias de peixes e aves. Mas esses ingleses pegaram nossa terra e com foices cortam o capim, com machados derrubam as árvores; suas vacas e cavalos comem o capim, seus porcos estragam os peixes que pomos para assar; e todos nós vamos morrer de fome" [itálico do autor].[33]

Infelizmente, a história mostra que esforços bem-intencionados numa área da vida nem sempre resolvem os problemas em outras áreas. Durante uma batalha entre tribos que aconteceu enquanto os povos nativos perdiam seu modo de vida para os europeus, o Chefe Miantonomo foi capturado pelos Mohegans, que o entregaram à custódia dos ingleses como "rebelde". Mas, como ele não estava dentro da jurisdição das Colônias Britânicas, os ingleses acharam que não tinham direito legal para julgar o seu caso. Como solução, entregaram o chefe à tribo dos Uncas, que o executaram, com testemunhas inglesas para confirmar a punição.

Essa história ilustra a importância de se pôr de lado as diferenças individuais diante de uma ameaça comum. Embora nada garanta que o genocídio de 20 milhões de nativos norte-americanos pudesse ter sido evitado, pode ser que um esforço combinado de todos os nativos tivesse mudado a maneira como foi conduzida a colonização da América do Norte. Não há dúvidas de que ela teria ocorrido, a despeito de qualquer esforço por parte dos nativos: a onda de descontentamento que varreu a Europa do século XVII e a tecnologia que permitiu a colonização do "Novo Mundo" geraram um impulso que não dava para deter.

No entanto, o modo como ela aconteceu poderia ter sido modificado pela união dos 50.000 nativos da Virginia em 1607. Tendo a seu favor a predominância numérica, o conhecimento para sobreviver na "nova" terra, talvez os povos nativos pudessem ter persuadido os colonizadores a trabalhar com eles e não contra eles, se tivessem uma única voz.

Com as brigas internas dentro das tribos e as diferenças de opinião, valores e metas, essa voz não se levantou a tempo. Quando conseguiram ver o que estava acontecendo ao seu modo de vida e à sua terra, as tribos da América do Norte estavam tão enfraquecidas pelas doenças (como a varíola) que os europeus trouxeram e tão em desvantagem diante dos rifles e canhões (além dos cavalos, carroças e fortes) que pouco puderam fazer.

Aqui, o essencial é que, na sua incapacidade de superar diferenças localizadas e de se unir em nome do bem comum, os habitantes originais da América do Norte perderam tudo o que amavam e prezavam: sua cultura, a terra que cultivavam há centenas de gerações e, finalmente, seu modo de vida. Embora tarde, hoje a realidade dessa tragédia é reconhecida. O que restou desse antigo modo de vida está sendo restaurado e preservado nos locais mais belos e virgens da América do Norte. Além disso, muita gente descontente com as maneiras convencionais de viver, de praticar a medicina e a religião, está se voltando para os antigos costumes, considerados sagrados pelos primeiros habitantes da América.

A história do Chefe Miantonomo e da colonização dos Estados Unidos é uma entre muitas. Mas esse exemplo foi escolhido porque traz uma forte lição de sobrevivência, que hoje em dia podemos usar. Essa lição é simples: é do interesse das famílias, das comunidades e das nações olhar além das diferenças que desafiam o seu modo de vida e trabalhar cooperativamente para superar problemas que ameaçam a sua existência.

Em maior escala, o mesmo princípio pode ser aplicado ao planeta. Embora isso pareça óbvio, a história está cheia de situações nas quais não se conseguiu aceitar esse princípio fundamental de sobrevivência. No entanto, não se trata apenas de bom senso: as outras espécies também nos dão bons exemplos da eficácia da união e da cooperação.

Natureza: Modelo de União e Cooperação

Embora a teoria da evolução tenha sido alvo de duras críticas, as observações que Darwin fez ao desenvolvê-la tornaram-se exemplos clássicos no estudo do comportamento social. Embora as espécies sejam diferentes, os princípios são semelhantes nos insetos, nos animais e nos seres humanos. Ao contrário das conclusões sobre força e sobrevivência a que Darwin parece ter chegado em *The Origin of Species*, seus trabalhos posteriores descrevem estratégias de sobrevivência baseadas na união e na cooperação e não na "sobrevivência do mais apto". No livro *The Descent of Man*, Darwin resume as observações a esse respeito: "As comunidades que incluíam o maior número de membros solidários floresciam melhor e criavam o maior número de descendentes."[34]

No começo do século XX, o naturalista russo Peter Kropotkin reforçou essas idéias de Darwin com as próprias observações, demonstrando que a chave para a sobrevivência e o sucesso das espécies é a união e a cooperação. No clássico de 1902, *Mutual Aid: A Factor of Evolution*, Kropotkin expõe com eloqüência os benefícios que vêm do fato de as formigas viverem em sociedades cooperativas e não competitivas.

> Ninhos maravilhosos, edifícios proporcionalmente maiores do que os dos homens; estradas pavimentadas e galerias abobadadas; armazéns e corredores espaçosos; plantação, colheita e "maltagem" dos grãos; métodos racionais para cuidar dos ovos e das larvas e para construir ninhos especiais para os pulgões, que

Lineu chama pitorescamente de "vacas das formigas"; e, finalmente, coragem, determinação e inteligência superior — tudo isso é o resultado natural da ajuda mútua que praticam em todos os estágios de sua vida laboriosa.[35]

O Dr. John Swomley, professor emérito de ética social na St. Paul School of Theology, na cidade de Kansas, não deixa dúvidas de que é vantajoso para nós encontrar meios cooperativos e pacíficos para construir as sociedades globais do futuro. Citando as evidências apresentadas por Kropotkin e outros, Swomley afirma que a prevalência da cooperação sobre a competição é mais do que um simples benefício de uma sociedade bem-sucedida. Ele diz claramente que a cooperação é "um fator-chave de evolução e sobrevivência".[36] Num artigo publicado em fevereiro de 2000, Swomley faz referência a Kropotkin, afirmando que a competição dentro de uma mesma espécie ou entre espécies "é sempre prejudicial à espécie. Criam-se melhores condições quando se elimina a competição por meio de ajuda mútua e apoio mútuo".[37]

Em 1993, na abertura do Simpósio sobre Aspectos Humanísticos do Desenvolvimento Regional, realizado em Birobidzhan, Rússia, Ronald Logan exortou os participantes a considerar a natureza como modelo de sociedades de sucesso. Numa referência direta a Kropotkin, ele disse: "Se perguntarmos à Natureza 'quem são os mais aptos: os que estão continuamente em guerra entre si ou os que se ajudam?' ela nos dirá que os animais com hábitos de ajuda mútua são sem dúvida os mais aptos. Eles têm mais chances de sobreviver e atingem, em suas respectivas classes, o maior grau de desenvolvimento de inteligência e organização corporal."[38]

Na mesma comunicação, Logan citou a obra de Alfie Kohn (*No Contest: The Case Against Competition*), que expõe com clareza o que a sua pesquisa revelou a respeito da dose benéfica de competição nos grupos. Depois de examinar mais de 400 estudos sobre cooperação e competição, Khon conclui: "A dose ideal de competição... em qualquer ambiente, na sala de aula, no local de trabalho, na família, na quadra de jogos... é zero... [A competição] é sempre destrutiva" (*Noetic Sciences Review*, primavera de 1990).[39]

Sabe-se que a natureza é um ótimo campo de provas para experiências de cooperação e sobrevivência entre insetos e animais. As lições da natureza nos revelam, sem deixar dúvidas, que a união e a cooperação são vantajosas para os seres vivos. Estratégias do mundo natural, que resistiram ao teste do tempo, nos oferecem um modelo para a nossa própria sobrevivência. Mas, para aplicá-las no nosso mundo, temos que levar em conta um fator que não aparece no reino animal. Como indivíduos e como espécie, precisamos saber "para onde estamos indo" e o que esperar quando chegarmos lá, antes de modificar a nossa maneira de viver. Precisamos saber se o resultado é vantajoso e se vale a pena esperar por ele!

Um Futuro no Qual Acreditar

Alguns dos mais brilhantes cientistas, futuristas e visionários da nossa época têm especulado sobre o que realizaremos como espécie se continuarmos no atual ritmo de avanço tecnológico por décadas ou séculos.

Embora cada visão seja diferente, todos antevêem um tempo em que as condições que mais sofrimento causaram à humanidade serão lembranças do passado. Eles vêem um mundo em que a doença foi eliminada, em que o tempo de vida é medido em centenas de anos e em que a imortalidade é uma possibilidade. Eles nos vêem transformados numa espécie interplanetária ou galáctica, já que as viagens espaciais, as viagens no tempo e a tecnologia tipo *Star Treck* serão coisas comuns. Quase todos esses futuristas vêem as mais negras situações do mundo como obstáculos temporários — degraus a serem galgados — que nos levam ao tempo de suas visões.

No livro *Visions*, Michio Kaku expõe a sua visão do nosso futuro como planeta. Baseando-se em entrevistas que ele fez ao longo de dez anos com mais de 150 cientistas de diversas áreas, Kaku antevê uma era de possibilidades fantásticas, que parecem boas demais para serem verdadeiras. Ao mesmo tempo, ele adverte que um futuro de reservas ilimitadas de energia, imortalidade, cooperação global e viagens pelo túnel do tempo, só será possível se sobrevivermos à presente crise das economias baseadas no combustível fóssil e à tendência a usar a tecnologia para nos destruir.

Para formar um quadro desse futuro, Kaku se refere ao astrônomo russo Nikolai Kardashev, que classificou as civilizações de acordo com sua capacidade de usar os elementos da natureza como fontes de energia. Usando esse critério, ele estabelece três níveis, que chama de civilizações *Tipo I, Tipo II* e *Tipo III*.[40] O que diferencia esses tipos de civilização é a quantidade de energia que consomem e a fonte dessa energia. A diferença em consumo de energia entre um tipo e outro é de mais ou menos dez bilhões de vezes o nível anterior e pode ser ultrapassada em períodos relativamente curtos de tempo.

Nesse esquema simples e direto, Kardashev visionou civilizações globais que sobrevivem à própria adolescência tecnológica, às guerras e às diferenças de um modo que, por longos períodos de tempo, ficam impedidas de se destruírem. São esses longos períodos que nos permitem medir a duração das civilizações em milhares de anos e não em centenas.

Kardashev define o primeiro nível de progresso como civilizações *Tipo I*. O que as caracteriza é terem dominado os poderes da natureza, tirando sua energia do próprio planeta. Usando o oceano e o vento, e explorando as profundezas da terra com tecnologias específicas, terão superado as limitações dos combustíveis fósseis, assim como os riscos e perigos das economias com energia nuclear. Numa civilização Tipo I, as enormes reservas de energia disponíveis eliminarão a necessidade das guerras movidas pela escassez de combustível. Ao mesmo tempo, sua tecnologia proverá energia em abundância para as necessidades básicas da vida de uma população presumivelmente em crescimento.

As civilizações *Tipo II* são caracterizadas pela capacidade de ir além de seu planeta imediato e tirar sua energia do sol mais próximo. Tendo conquistado um tempo de vida muito longo, as necessidades de energia das civilizações Tipo II vão forçá-las a buscar novas reservas ilimitadas de energia fora do planeta. Dominar a energia do sol exigirá tecnologias mais sofisticadas do que a simples coleta passiva de raios do sol, como fazemos hoje. Alguns teóricos sugerem que, ao atingir o estágio de uma civilização Tipo II, vamos viajar ativamente até o sol com coletores que refletem enormes quantidades de radiação solar para alguns locais na terra, onde será convertida em energia usável.

Quanto às vantagens da civilização Tipo II, Kaku fala de um mundo que não será mais vulnerável às forças da natureza. Graças à tecnologia de regulagem do clima e ajuste planetário, a longevidade dessa civilização permitirá planejamentos que envolvem ciclos planetários perdidos há séculos no mundo de hoje.

No esquema de classificação de Kardashev, os avanços mais sofisticados se dão nas civilizações *Tipo III*. Tendo ido além do tipo de energia fornecida pelo sol mais próximo, a civilização Tipo III vai se expandir para outras estrelas em busca de energia e recorrer talvez à estrutura da galáxia, transformando-se aos poucos em civilização galáctica. Na visão de Kaku, a ciência de uma civilização Tipo III dominará até mesmo a esquiva energia de Plank, permitindo a abertura do espaço-tempo para criar atalhos e túneis entre estrelas e galáxias. A vida e a civilização serão imortais, tendo superado as limitações da deterioração "natural" e a possibilidade de destruição por fenômenos "casuais". Por mais fantásticos que pareçam esses cenários, muitos cientistas, pesquisadores, futuristas e visionários acreditam que essas tecnologias e esses futuros não são apenas possíveis: são o nosso destino.

> *A chave para atingir esses níveis de progresso é sobreviver ao presente. Temos que sobreviver à nossa curva de aprendizado e descobrir um modo de nos tornar maiores do que as diferenças que nos separaram no passado.*

Dentro desse esquema de classificação, a humanidade tem ainda que atingir o primeiro nível de uma civilização Tipo I! Com base nas condições do nosso mundo e no desenvolvimento da ciência e da tecnologia, somos agora uma civilização *Tipo 0*. Dependemos ainda de reservas limitadas de combustível fóssil, cujo uso ameaça o ambiente. Ao mesmo tempo, a escassez desse combustível dividiu as populações do mundo em termos de "tem" e "não tem", e tem servido de justificativa para os conflitos que dominaram a era industrial.

Uma característica das civilizações Tipo 0 é a incapacidade de juntar o conhecimento coletivo numa sabedoria que beneficie a espécie como um todo. Nas palavras de Kaku, "Na Terra, somos ainda uma civilização Tipo 0: estamos ainda divididos em nações ciumentas e petulantes e profundamente separados em termos raciais, religiosos e nacionais".[41] Como um raio de esperança, ele identifica uma tendência que também está se avolumando: apesar das guerras civis, étnicas e religiosas, estamos ficando cada vez mais dependentes uns dos outros devido à globalização das economias. Ele menciona a formação de organizações de comércio, como a União Européia, como prova dessa tendência.

Aonde nos levará essa tendência? A resposta a essa pergunta depende do que estamos fazendo neste momento, à medida que buscamos novas maneiras de resolver nossas diferenças e casar nossas opiniões a respeito de como deveria ser o mundo.

Se as conquistas dos últimos 200 anos são uma indicação do que é possível para a nossa espécie, então o futuro guarda mesmo uma promessa que muitos conseguem imaginar só em sonho. Porém, para superar o sofrimento e a tragédia, que parecem tão dominantes, temos que viver o suficiente para construir o mundo que tantos sonhavam. Temos que sobreviver a um tempo marcado pelas maiores mudanças já enfrentadas pela nossa espécie. Temos que cooperar e resolver nossas diferenças. Dentro de cada célula da vida está preservada a mensagem que nos dá um motivo para acreditar no futuro e a chave para resolver as diferenças, tornando possíveis essas futuras civilizações.

A autora e visionária Jean Houston define muito bem a magnitude do nosso tempo na história. Com a eloqüência que caracteriza a sua obra, ela fala a respeito do grau de mudança que enfrentamos hoje e do que podemos esperar para o futuro: "O único esperado é o inesperado. Tudo o que foi, não é mais, e tudo o que não é, vai ser. A nossa é uma era de mudança quântica, a mais radical desconstrução e reconstrução que o mundo já viu. E somos nós que vamos conduzi-la."[42]

SUMÁRIO DO CAPÍTULO 8

- Com o fim do milênio ainda vivo na memória, os cientistas se perguntam se vamos ou não sobreviver mais 100 anos usando as forças da natureza como arma, sem compreender plenamente as conseqüências disso.

- A equação de Drake estima que pode haver umas 100.000 civilizações inteligentes, desenvolvidas durante os 13 ou 14 bilhões de anos de história do nosso universo. A pergunta que muitos se fazem é: onde estão elas? Carl Sagan sugere que talvez não tenham sobrevivido à adolescência tecnológica.

- Será que a descoberta arqueológica de uma grande cidade que floresceu há 8.000 ou 12.000 anos indica a existência de uma civilização avançada na Terra, num tempo anterior ao início da nossa história? Será que os restos de esqueletos humanos radioativos, cerâmica derretida e areia fundida em vidro corroboram a teoria de que essa civilização se destruiu com armas atômicas, como sugere a descrição da grande batalha no épico hindu *Mahabharata*? Se é esse o caso, estaremos cometendo os mesmos erros?

- Com pelo menos 20 guerras civis, religiosas e políticas se desenrolando hoje, a "paz" que se seguiu à Guerra Fria tem sido apenas uma paz relativa. A tensão global e os crescentes arsenais de armas de destruição em massa fazem com que um conflito planetário com resultados catastróficos seja mais provável agora do que em qualquer outro momento dos últimos 100 anos.

- Exemplos das tradições nativas da América do Norte e observações da natureza mostram claramente que, muito mais do que a competição e a agressão, a união e a cooperação aumentam a probabilidade de uma espécie sobreviver. Agora, a união e a cooperação são consideradas recursos estratégicos, além de refletirem verdades espirituais. A mensagem em nossas células nos oferece uma razão para acreditar que essa união é possível.

- Os futuristas prevêem que, num futuro não tão distante, as doenças e o sofrimento de hoje serão lembranças do passado. Porém, para atingir esse futuro, nossa civilização tem que sobreviver o suficiente para adquirir a compreensão científica e espiritual necessária.

"Como seres humanos com cinco dedos, recebemos nas mãos a dádiva do pensamento e da vida. Como seres humanos com cinco dedos, somos todos iguais."

LINDA DEE (DINE'S NATION)

Capítulo Nove

O CÓDIGO DE DEUS:
Uma Razão para Acreditar

Sempre tive fascínio por multidões. Há um sentimento, muitas vezes chamado de "eletricidade", que só ocorre quando milhares de pessoas convergem para o mesmo lugar no mesmo momento. No caos organizado de tantos indivíduos, cada um mergulhado na sua própria vida, fica fácil imaginar que essas experiências têm um papel menos óbvio num plano muito maior. Concentrados nos próprios afazeres ou na pessoa a seu lado, os passantes nada sabem da história dos que estão à sua volta, às vezes a poucos centímetros de distância. No entanto, em qualquer multidão — *shows*, restaurantes ou parques — todos são o produto da dor e das tragédias pessoais, assim como dos sucessos e das alegrias que os levaram ao lugar onde compartilham agora esse breve momento.

Quando estou andando nos mercados exóticos do Peru, nos bazares do Cairo, nos aeroportos enormes que se transformaram em comunidades auto-sustentadas, ou sentado numa mesa de bar na calçada de qualquer cidade, uma pergunta me vem à mente: "O que seria preciso para que todas essas pessoas compartilhassem um momento de união?" Assim como uma antena nacional nos leva além de diferenças de cultura, religião e *status*, que verdade teria esse efeito quando revelada? Que declaração teria poder para transcender as crenças que nos separaram no passado e possibilitar uma união que continue muito depois de o momento passar?

203

Experiências que Unem

Em discussões informais durante seminários e conferências, muitas vezes faço precisamente essa pergunta ao público. A resposta mais comum tem base na experiência pessoal e na perspectiva histórica. Na memória recente, a união de pessoas está associada à necessidade de união, como no caso de uma tragédia compartilhada ou de uma meta comum.

Durante a segunda metade do século XX, parecia que a nossa família global tinha sofrido uma quantidade excessiva de catástrofes, naturais ou provocadas pelo homem. Essa suspeita tem sustentação estatística: em termos de secas, tempestades, inundações e incêndios — além de desastres industriais e ambientais — os últimos 100 anos chegaram aos maiores extremos já registrados.[1] Porém, as tragédias que deixaram sua marca indelével na nossa lembrança, ofereceram também as melhores oportunidades de cooperação, como comprovam a devastação causada pelo furacão Andrew, as inundações da Europa Oriental, a bomba na cidade de Oklahoma, o vazamento do reator de Chernobyl, na Rússia, e tantas outras tragédias.

É claro que, durante o mesmo período, acontecimentos felizes também levaram à união. Entre pessoas que não se conheciam, os espetáculos oferecidos por casamentos reais, finais de campeonatos e jogos olímpicos ofereceram momentos de empolgação e a oportunidade de viver experiências compartilhadas. No entanto, esses momentos em geral foram breves rompantes de emoção e não acontecimentos com força para determinar o curso da história. Em geral, o meu público vê nas tragédias a maior oportunidade de união.

As imagens do 11 de setembro de 2001 continuarão vivas na mente desta geração e, provavelmente, de muitas outras. Quem consegue esquecer a cena daquelas pessoas, de todas as nacionalidades imagináveis, se afastando cambaleando dos edifícios em chamas, com o corpo coberto por uma camada de cinza sinistra? Quem consegue esquecer as emoções conflitantes de horror e orgulho ao ver policiais e bombeiros entrando correndo nos mesmos prédios para salvar outras pessoas, e desaparecendo depois no inferno que se seguiu?

De repente, bancários, donos de mercearias, *chefs* de restaurantes, vendedores de rua e transeuntes em geral trabalhavam lado a lado com as equipes de resgate para tirar o maior número possível de pessoas do entulho do que tinha sido o orgulho da paisagem nova-iorquina. Nesse dia, num contraste gritante com os horrores da pior expressão da nossa espécie, testemunhamos também o seu melhor. Em inúmeros casos de heroísmo, pessoas arriscaram a vida sem hesitar, para que outras pudessem viver.

Além do que esses acontecimentos nos revelaram sobre a sociedade, eles também nos ensinaram muita coisa sobre nós mesmos como seres humanos. Embora esses acontecimentos sejam os *catalisadores* que nos reúnem em exemplos de "união por meio da tragédia", o poder que despertam dentro de nós não vem apenas de prédios em chamas. Em entrevistas, os que sobreviveram confessaram que seu rompante de força, que os outros classificaram como heroísmo, veio da sensação surrealista e às vezes "misteriosa" de haver uma força maior movendo-se dentro deles.

Nos dias pós-tragédia, pessoas que foram homenageadas pelos seus esforços sobre-humanos, respondiam que "não tiveram escolha" quando lhes perguntavam o que lhes tinha passado pela cabeça no momento em que agiram. A experiência direta de outro ser humano em necessidade tocou-as no nível visceral. Ignorando a lógica que normalmente as *afastaria* do perigo, a experiência despertou alguma coisa mais profunda e elas agiram.

Em geral, pessoas que trabalharam lado a lado num esforço frenético para salvar vidas, declaram que sua força é mais do que o simples espírito de cooperação. É como se uma "fusão" de almas viesse da consciência de que, juntas, elas são capazes de realizar muito mais do que sozinhas. Nesses casos, é o *significado da experiência*, mais do que os acontecimentos, que muda para sempre a vida das pessoas.

Dessa perspectiva, quando eu me pergunto "O que seria preciso?", estou na verdade perguntando: "Que experiência, compartilhada por um grande número de pessoas, despertaria em nós uma consciência maior de união e propósito? O que nos faria ir além do interesse momentâneo, levando-nos, de coração e mente, a uma nova realidade de cooperação, paz e respeito à vida?" Deve haver uma resposta para essas perguntas. E essa resposta deve estar associada ao *sentimento experimentado* no momento do acontecimento.

Independentemente do catalisador, esse sentimento compartilhado teria que ser profundo, pessoal e real a um ponto que fosse impossível ignorá-lo: um "*Aha*" visceral que transcendesse a rotina diária. Esse sentimento teria que nos penetrar até a essência, eriçando os pêlos da nuca e trazendo lágrimas aos olhos! Se os que estavam no aeroporto, no bazar ou no café onde me fiz a pergunta pudessem ter uma experiência dessa magnitude, outras pessoas, além de nossa vizinhança imediata, também poderiam.

O impacto pessoal de um momento assim compartilhado nos daria uma rara oportunidade: a oportunidade de ver o mundo e — mais importante ainda — de ver uns aos outros à luz de uma possibilidade maior. É o sentimento inegável de uma experiência desse tipo, direta e profundamente pessoal, que perdura muito além do momento. O sentimento nos faz encontrar uma razão para acreditar que somos parte de algo maior — e força para fazer a diferença no mundo.

O Poder do Momento

No instante da experiência vital vinda da mensagem nas nossas células, cada homem e cada mulher — cada operário, profissional, pai, mãe, educador, fazendeiro, membro de tribo, guerreiro, padre, a despeito de origem, raça ou religião — ficaria firme na consciência de sua relação com um poder maior. Ao aceitar essa consciência sem dúvida nem hesitação, olhariam nos olhos uns dos outros com um renovado senso de confiança, auto-estima e honra. Diante de outras pessoas, que antes não teriam entendido nem tolerado, enxergam agora o que nunca enxergaram: a evidência concreta do papel de todos num plano maior.

Aonde nos leva um momento assim tem menos importância do que a disposição a deixar que ele ocorra. Graças à mensagem que trazemos nas células, podemos todos vencer a ameaça da tecnologia descontrolada, da guerra global e da doença, com a certeza de que valemos mais do que nossas riquezas, origens e fronteiras.

Somos uma família — possivelmente sem igual em toda a criação. Como em qualquer família, qualquer coisa que um de seus membros faça ou experimente marca uma possibilidade para todos os outros. Cada um define o potencial do todo. Por mais remotos que pareçam, os extremos trágicos da fome, da doença, da guerra e da pobreza, que afligem pessoas, sociedades ou nações num determinado momento, indicam que essas tragédias podem acontecer a qualquer um.

Do mesmo modo, o sucesso de alguém da família se torna o modelo do sucesso e da sobrevivência de todos. Cada vez que um de nós descobre como superar uma doença, uma intolerância, um momento de ódio, uma tecnologia contrária à vida, a porta se abre para todos.

Embora haja muitas discordâncias entre os líderes do mundo, há uma tendência que parece ser indiscutível: segundo os principais indicadores de mudança planetária, a família humana está diante dos maiores desafios à sobrevivência já registrados na história. Algumas das melhores mentes da nossa época afirmam que, se mantivermos o modo de pensar que nos levou a semelhante condição, estaremos em rota de colisão com o desastre. Além da iminência de um colapso dos ecossistemas, previsto para meados do século, de vírus imunes a qualquer droga conhecida e das mudanças nos padrões climáticos, que já alteram a viabilidade de lavouras sustentáveis, estamos hoje diante da ameaça de uma guerra global.

Como cada um desses problemas ameaça o futuro da nossa espécie, não faz sentido matar uns aos outros por diferenças na cor da pele ou no modo de adorar a Deus. É evidente que temos "peixes maiores para fritar"!

O Poder de uma Mensagem

Antes de sua morte, em 1996, Carl Sagan especulou sobre o impacto que a descoberta de inteligência fora da Terra teria sobre as nossas atitudes e sociedades. Num artigo clássico,[2] ele definiu a busca pela vida lá fora como uma curiosidade que é tão antiga quanto a própria humanidade. Na primeira frase, ele diz: "Ao longo da história, ponderamos sobre as estrelas e nos perguntamos se a espécie humana é única ou se... há outros seres que refletem e inquirem como nós — companheiros pensadores no cosmos."[3] Sagan observa ainda que, mesmo que seja impossível responder a uma transmissão extraterrestre, o simples fato de detectar o sinal pode afetar diretamente a direção da pesquisa científica e as visões da sociedade em geral. Segundo Sagan, não se trata apenas de descobrir se estamos ou não sozinhos, mas de chegar a uma nova visão da sustentabilidade do nosso caminho tecnológico.

Com toda a probabilidade, uma transmissão do espaço viria de uma civilização mais antiga e avançada do que a nossa. Transmissões como as de rádio viajam à velocidade da luz e levam muito tempo para percorrer as enormes distâncias entre estrelas e planetas. Pressupondo que existam outras civilizações, os cientistas estimam que a distância média entre elas é de 300 anos-luz. Qualquer sinal que detectássemos de uma estrela vizinha teria sido enviado 300 anos-luz antes.

No caso de ser possível responder ao sinal, outros 300 anos-luz se passariam antes que nossa transmissão fosse recebida. Ou seja: uma única comunicação levaria 600 anos-luz! Dado o número de estrelas da nossa galáxia, é muito mais provável que a primeira mensagem não viesse de nosso vizinho mais próximo, mas de algum lugar mais distante. Isso significa que, antes de chegar aqui, o sinal teria percorrido uma distância tão grande que qualquer conversa significativa seria quase impossível.

Mas, da perspectiva de Sagan, o simples fato de receber esse sinal nos diria que a civilização que o enviou conseguiu sobreviver ao avanço tecnológico: que ela dominou as conseqüências desse avanço sem se destruir no processo. Diz ele: "Uma única mensagem do espaço mostraria que é possível sobreviver à adolescência tecnológica."[4] Além disso, Sagan sugeriu que, embora não seja provável, é possível que "o futuro da civilização humana dependa da recepção e decodificação de mensagens interestelares".[5]

Se o simples fato de receber um sinal pode ter um impacto integrador sobre a nossa família global, o que dizer do impacto de um sinal com sentido — de uma mensagem legível?

Contato!

E se aplicássemos as idéias de Sagan a respeito dos benefícios de um sinal extraterrestre a uma mensagem de tipo diferente? E se as aplicássemos à mensagem que há em cada célula do nosso corpo? Num sentido real, o nome de Deus que trazemos nas células *vem de* um outro mundo mas *é*, ao mesmo tempo, o nosso mundo. Será que a descoberta da mensagem concreta do nome de Deus nas nossas células teria um efeito semelhante ao do recebimento de uma mensagem simbólica de um sinal eletrônico vindo do espaço?

Como sugerem os estudos, é a magnitude da experiência compartilhada que desperta o senso de união entre pessoas de diferentes origens. Pode ser que os indícios da presença de Deus, vindos de uma busca multinacional — o Projeto Genoma Humano — tenham potencial para produzir esse efeito.

Se "contato" é o recebimento de uma mensagem viável numa forma reconhecível, vinda de uma fonte que está além deste mundo, então a descoberta do antigo nome de Deus no código genético humano pode muito bem ser considerada um contato!

O Momento Perfeito

"Fiquem com a gente! Estaremos de volta logo depois das notícias!" — anunciou o apresentador do programa quando chegamos à metade da entrevista. Ouvi o ruído de estática e o "bip" indicando que estávamos fora do ar por alguns momentos. De repente, ouvi a voz do apresentador ao telefone: "Grande entrevista, Gregg — é uma coisa de impacto! Começamos muito bem!" Durante 30 minutos, tínhamos discutido as provas científicas da existência do campo unificado de consciência que envolve o mundo e a possibilidade de esse campo servir de condutor para preces pela paz. Eu tinha dito que, segundo alguns estudos, quando um certo número de pessoas atinge o que é chamado de "emoção coerente" — como a que vem de sentimentos unificados de paz — o efeito se estende *além* do grupo que está rezando e atinge as famílias e comunidades onde os estudos são conduzidos.

Ao saber desses estudos, o apresentador teve a reação de sempre, mas o que ele disse em seguida me deixou arrepiado. Ele começou compartilhando sua crença de que nós (a humanidade) somos o produto de uma inteligência antiga. Disse ele: "Se isso for verdade, então em algum ponto do passado essa inteligência deve ter deixado indícios de sua existência. Em algum lugar deste mundo deve haver um sinal inconfundível — o 'cartão de visita' do Criador — para nos lembrar de que fazemos parte de alguma coisa maior do que nós." Mal parando para respirar, ele continuou: "Acredito que vamos encontrar essa evidência e que ela nos dará uma razão para parar de brigar entre nós. Eu só espero que seja logo! O que você acha, Gregg? Você acredita que ela está por aí em algum lugar?"

Suas palavras me pegaram completamente de surpresa. O homem do outro lado da linha não tinha como saber que, há 11 anos, eu buscava exatamente essa evidência! Hesitei, tentando descobrir uma resposta honesta que não traísse o compromisso de não discutir minhas descobertas até que o trabalho atingisse um ponto em que pudesse ser divulgado com responsabilidade. Uma fração de segundo depois, no entanto, o dilema desapareceu quando ouvi novamente a voz do apresentador: "Dez segundos para voltar ao ar." E assim começou o outro segmento do programa. Nunca tive oportunidade de responder àquela pergunta, e ela não me foi feita de novo. Mas o fato de ela ter sido feita é a chave desta história.

Se somos de fato ligados por uma consciência que compartilhamos, deve haver poucos segredos neste mundo e certamente pouquíssimos "acidentes". Dessa perspectiva, foi o entrevistador que fez a pergunta, mas foi como se, coletivamente, essa consciência compartilhada fizesse a pergunta por todos nós — ou seja, estávamos pedindo ajuda a nós mesmos!

O que o apresentador não tinha como saber é que eu tinha chegado a um ponto frustrante da minha pesquisa. Eu nunca questionei a existência do código, mas tinha começado a questionar a minha maneira de procurá-lo. Ouvir as palavras "só espero que seja logo" era exatamente o que eu precisava para me animar naquele momento. Para mim, o tom de urgência da voz dele era quase um apelo e seus comentários me inspiraram a continuar. Assim, meses depois cheguei à descoberta que gerou este livro.

Eu acho que, no nível inconsciente, todos nós trabalhamos juntos. Sendo honestos nas nossas conversas, falamos em geral as palavras certas, exatamente no momento certo e, com isso, causamos nos outros impressões inesperadas. Naquela noite, eu "nos" ouvi pedindo que encontrasse a evidência mencionada pelo apresentador, dando-nos um motivo para acreditar que a paz é possível. O fato de a pergunta ter sido feita sugere também que agora é o momento certo para divulgar a mensagem que trazemos nas células.

As estatísticas a respeito do desperdício de vidas, que comentei no Capítulo 1, corroboram sombriamente o comentário do historiador Eric Hobsbawm: segundo ele, o século XX foi o "século mais criminoso" da história conhecida. As estatísticas mostram também uma coisa de que muita gente já suspeitava: como espécie, somos os responsáveis por mais mortes, além de atos intencionais de violência e desrespeito pelo bem-estar dos outros, do que as doenças e os desastres naturais. Diante dessas lembranças sombrias do passado, muitas vezes me perguntam se uma simples informação pode trazer mudanças favoráveis à vida e contribuir para reverter a tendência à crueldade que dominou os últimos quatro séculos. Será que essa mudança pode ocorrer numa escala significativa? Minha resposta é um enfático sim! Além de ser possível, eu acredito que uma mudança dessa magnitude é viável e necessária. A mensagem de Deus/Eterno que trazemos nas células pode ser o catalisador para iniciar essa mudança!

Pode ser que o próprio fato de uma tal mudança nos ser ainda desconhecida torne perfeita essa oportunidade. Se informações que abalam os fundamentos das nossas crenças fossem reveladas rotineiramente, como o proverbial menino que gritava "lobo", o impacto da mensagem se perderia. Hoje, a convergência de tantas condições que nos ameaçam o futuro, faz deste o momento perfeito para descobrir que a nossa "igualdade" é maior do que as nossas diferenças.

Um subproduto notável dos acontecimentos do 11 de setembro foi a intensidade com que a mídia divulgou os efeitos da tragédia. Poucas horas depois das primeiras notícias, um novo formato de telejornalismo inundou o mundo: notícias intensificadas por gráficos eficazes e temas musicais que ampliavam ainda mais o drama que se desenrolava diante dos nossos olhos. Nos dias e meses que se seguiram, enquanto buscávamos um novo tipo de "normalidade" no dia-a-dia, continuamos a receber notícias com a mesma intensidade, como se cada dia trouxesse uma nova crise. Desde então, o vigor dessa cobertura implacável produziu outro subproduto — dessa vez inesperado.

Em graus variados, o público em geral se dessensibilizou para reportagens de guerra e terror. Assim como os norte-americanos ficaram calejados para notícias sobre as mortes da guerra do Vietnã, notícias que nos teriam chamado a atenção antes da tragédia do 11 de setembro, também viraram rotina.

Agora, a natureza e o estilo de apresentação necessários para prender a nossa atenção por mais alguns momentos tinham ido bem além do que estávamos acostumados no passado. Até as notícias que envolvem sexo e tabus exigem agora elementos mais chocantes para se destacar na programação rotineira de todos os dias. É nesse contexto que se apresenta a oportunidade para uma mudança significativa, mediante o poder de uma mensagem capaz de tocar cada membro da nossa família global.

Como mais de 95 por cento da humanidade acredita na existência de um poder superior, saber que trazemos uma mensagem vinda desse poder rivaliza com as mais poderosas mensagens que a mídia divulga hoje em dia! A revelação dessa mensagem não é garantia de uma mudança fundamental na visão que temos de nós mesmos. Porém, ela prepara o cenário ao oferecer uma razão pungente para tal. É um lugar para começar.

Uma Espécie Sempre em Mudança

A mudança parece ser uma parte fundamental da natureza humana. Nossa breve história é pontuada por mudanças em vários graus. Enquanto algumas exigiram pouco mais do que adaptação a uma nova atitude, outras exigiram agilidade e inovação para garantir a sobrevivência. Há cerca de 10.000 ou 20.000 anos, por exemplo, nossos ancestrais passaram por mudanças de intensidade quase impensável no mundo moderno. As evidências geológicas sugerem que, perto do final da era plistocena, ocorreu uma rara inversão magnética! Numa questão de horas ou dias, quem vivia nessa época testemunhou uma mudança de 180 graus, já que o Pólo Norte magnético da Terra se tornou o Sul e o Pólo Sul se tornou o Norte.

É impossível imaginar o que esse fenômeno significou, sem nenhuma ciência para explicá-lo. Evidências fósseis indicam que, junto com a inversão, houve também uma tremenda mudança nos padrões climáticos. A julgar pelos restos de mamutes pré-históricos, congelados ao dar um passo, ainda com comida na boca, a mudança no clima e a conseqüente glaciação ocorreram muito depressa. De repente, partes da terra que tinham sido amenas e férteis ficaram ressequidas, enquanto locais historicamente áridos e desertos se tornaram frios e úmidos. Nossos ancestrais tiveram que se adaptar muito depressa para sobreviver e, ao que tudo indica, tiveram sucesso.

Nos últimos 500 anos, além das catástrofes naturais, vivemos a exploração, a conquista e a escravização de populações e continentes inteiros — traumas de proporções inimagináveis. Paralelamente a essa história de expansão e dominação, vimos também a fusão de culturas, religiões e raças, o que afirma a nossa capacidade de nos adaptar à mudança. Somos uma espécie de sobreviventes, capazes de nos adaptar a condições inesperadas. Nossa história deixa claro que a mudança é uma parte importante do que somos. Agora, a esperança é que haja boa vontade para fazer o que for preciso para garantir o nosso futuro coletivo.

Resta saber, no entanto, qual a probabilidade de uma forte experiência de união — e a mudança que ela implica — ser aceita pela grande maioria. Em resposta, recorro ao que eu acredito ser a chave para que se façam escolhas favoráveis à vida num mundo que, às vezes, parece estar à beira da autodestruição. A chave é a própria natureza humana.

Uma Espécie Afeita à "Bondade"

No começo, o puxão foi quase imperceptível. Eu já estava acostumado aos encontrões e cotoveladas daqueles passeios em grupo. Na primavera de 1998, tive a honra de organizar uma peregrinação de 23 dias às montanhas do Tibete, uma viagem que nos levaria a altitudes superiores a 5.000 metros. Para acostumar o corpo a esses extremos, programamos uma parada de 48 horas no Nepal, que fica a 1.200 metros acima do nível do mar. Com a temperatura e a umidade subindo, essa parada permitiria uma subida gradual ao platô tibetano, além de tempo para mergulhar na cultura nepalesa. De pé na histórica Praça Bharkor, em Katmandu, tentávamos entender o forte sotaque paquistanês do nosso guia, abafado pelas vozes dos vendedores de rua que tentavam nos atrair para suas barracas.

Se o puxãozinho na barra da minha calça tivesse sido menos determinado, eu o teria ignorado. Instintivamente, olhei para baixo. Mas não estava preparado para o que vi. Meus olhos encontraram o olhar intenso de um homem de aparência idosa. Seu rosto, coberto por uma barba rala, mal passava da altura dos meus joelhos. Os olhos límpidos espiavam entre longos fios de cabelo prateado, agitados pelo vento quente que açoitava o chão de pedra da praça. Quase nu, a cinza branca que cobre tradicionalmente o corpo dos santos aderia à umidade de sua pele, deixando no entanto algumas falhas que revelavam o tom escuro do corpo, tornado ainda mais escuro por anos de exposição ao sol em tão grande altitude.

Levei alguns momentos para entender o que os meus olhos estavam vendo. No lugar onde deveriam estar as pernas do homem, havia apenas as dobras de uma tanga suja cascateando pelo chão. No lugar das pernas, havia uma prancha de madeira com rodinhas embaixo, manchada e enegrecida por anos de uso. Essa prancha parecia ser seu único recurso para ele se locomover de um lugar para o outro.

Recuei instintivamente, um tanto chocado com a experiência. Sem dizer palavra, o homem apoiou as palmas das mãos no chão e deu um impulso na minha direção. Olhei para ver se mais alguém estava vendo o que eu via. Mas as pessoas à minha volta pareciam estar totalmente cegas ao que acontecia no chão, abaixo de seus olhos. Acostumado à tremenda pobreza que tínhamos visto naqueles dias, ocorreu-me que esse homem era um pedinte à espera de uma esmola. Tirei da mochila o dinheiro nepalês que tinha comigo e o ofereci ao homem. O que aconteceu em seguida foi uma grande lição sobre critérios, expectativas e pressupostos.

Com uma das mãos ainda apoiada no chão para se equilibrar, o homem da prancha recusou o meu oferecimento. Balançando a cabeça para a direita e para a esquerda, no gesto universal de "não", ele empurrou o dinheiro de volta para mim com a mão aberta. Usando a mesma mão, ele apontou para um prédio atrás de nós. Voltando-me, vi um belo templo muito antigo. Por alguma razão, ele tinha passado despercebido ao nosso grupo quando entramos na praça. Tínhamos passado rente ao mus-

213

go que cobria a fachada intrincadamente trabalhada que emoldurava as portas e as janelas. Apertando os olhos para ajustá-los à distância, comecei a discernir os incríveis detalhes de milhares e milhares de pequenas figuras humanas esculpidas na madeira antiga, provavelmente deuses hindus.

Quando voltei a olhar para baixo para agradecer ao homem por ter chamado a minha atenção para aquele belo lugar, ele havia desaparecido. Procurei com os olhos em volta dos pés de peregrinos e turistas que andavam pela praça. De repente, vi as costas do homem que se afastava, impulsionando a prancha sobre as pedras com determinação, rumo ao fim da praça. Pensei em ir atrás dele para dizer obrigado, mas não saí do lugar. Senti que ele já tinha feito o que devia fazer, senão teria ficado. Aprendi que existem experiências breves que trazem grandes lições e tinha certeza de que aquela era uma delas.

A princípio, eu tinha julgado o homem, pondo-o na categoria dos pedintes que se tornaram tão comuns no mundo inteiro. Porém, além de não *querer* uma esmola, o homem tinha *recusado* o dinheiro que lhe ofereci. Essa era a lição: ali estava um homem que, provavelmente, não tinha casa nem família, que não tinha pernas e que devia ter pouca coisa além da tanga na cintura e a prancha sob o corpo. Em seu estado de nada ter, ele se aproximou de mim, mas não para pedir alguma coisa. Ele veio para me *dar* uma coisa! Enquanto eu fazia suposições e lutava contra o embaraço, procurando decidir se devia ou não oferecer alguma coisa ao mendigo (o nosso guia nos tinha aconselhado a não fazer isso), o homem da prancha queria apenas dividir comigo uma parte do seu mundo — e isso era *tudo* o que ele queria.

Naquele momento, tive um vislumbre do que talvez seja a verdadeira essência da natureza humana. No estado mais básico, livres dos estorvos que nos levam a acreditar que, carentes e explorados, estamos em meio a uma competição pela sobrevivência, somos uma espécie gentil e generosa — *uma espécie afeita à bondade*. Mais tarde, pensei no homem e percebi que sentia falta dele. Sentia falta de sua barba, do cheiro da cinza no seu corpo, do seu olhar. Comecei a considerar como o meu mundo seria diferente se não tivéssemos nos encontrado e me senti bem por saber que aquele homem existia "lá fora" em algum lugar. Na esteira desses sentimentos tão fortes, percebi que ele não tinha apenas me mostrado um templo: ele tinha me dado muito mais.

Sinto que, no nível mais fundamental, somos uma espécie gentil, compassiva e generosa, como demonstrou o homem da prancha. Ao mesmo tempo, *por necessidade*, somos também uma espécie de guerreiros e sobreviventes. Nossa violência é acionada por circunstâncias, *reais ou percebidas*, que nos ameaçam como indivíduos, famílias, comunidades ou nações. Em outras ocasiões, agimos por puro desespero, em circunstâncias que parecem fora de controle. Seja qual for a razão que nos leva a trair a nossa "bondade" fundamental, é nesses momentos que testemunhamos os piores e mais assustadores aspectos da nossa natureza.

Como em qualquer generalização a respeito de pessoas, sempre há exceções. Em todas as sociedades, há pessoas que parecem refutar essa bondade fundamental, tendendo às características mais sombrias, aquelas que evitamos e detestamos. Vendo os piores pesadelos invadirem sua vida, quase todas as gerações viveram o terror que se pode definir como "mal encarnado", como no caso dos assassinos seriais Jack o Estripador e Ted Bundy, que espalharam a devastação em comunidades que respeitavam a vida.

Em raras ocasiões, essas pessoas alcançaram posições de muito poder. Usando o carisma para convencer exércitos inteiros a pôr em prática seus planos, cometeram atrocidades contra outras raças, contra outras nações e até contra a sua própria gente. Hoje, esse terror assumiu uma nova dimensão: antes limitava-se a indivíduos isolados e a pequenos grupos mal estruturados, mas hoje está nas mãos de organizações internacionais muito bem estruturadas. Porém, esses momentos sombrios da nossa espécie revelam mais o que *fazemos* em circunstâncias extremas do que aquilo que *somos* por natureza. Felizmente, os "Adolph Hitlers", os "Slobadan Milosevics" e as organizações de terror são a exceção e não a regra.

Na ausência de condições que nos façam agir como animais, um corpo cada vez maior de evidências científicas sugere que, dada a oportunidade, preferimos viver em paz, honrando os aspectos benevolentes da nossa espécie.

A Nossa Natureza Mais Verdadeira

Santo Tomás de Aquino, filósofo do século XIII, fala de modo eloqüente sobre a nossa benevolência: "A bondade da espécie transcende a bondade do indivíduo, assim como a forma transcende a matéria."[6] Quatrocentos anos depois, o filósofo, estadista e naturalista Francis Bacon expressa um sentimento semelhante: "A inclinação à bondade está gravada profundamente na natureza do homem..."[7] *É a nossa singularidade como espécie, combinada à nossa bondade fundamental, que abre a porta para que a mensagem de nossas células semeie mudanças reais e duradouras na nossa vida.*

Nas minhas viagens para todos os continentes do mundo com exceção da Antártica, encontrei um tema comum entre as pessoas com quem tive o privilégio de compartilhar o meu tempo, as minhas refeições, a natureza e o cotidiano. Nos mosteiros e vilarejos remotos nas montanhas do Egito, Tibete e América do Sul; nos bazares de Luxor; nos cafés da Europa; nas pequenas cidades rurais da Austrália e da América do Norte, as pessoas parecem ser "boas" por natureza. Como pessoas e como famílias, descobrimos a felicidade sejam quais forem as circunstâncias. Mendigos sem teto, agricultores que são o sal da terra, mentes brilhantes em posição de poder técnico e político — todos buscam a mesma coisa na vida: paz, alimento, abrigo, saúde, oportunidade para dar uma boa vida à família e uma melhor compreensão do seu lugar na criação.

Abraham Maslow, um dos grandes psicólogos do século XX, distinguiu-se pela pesquisa que fez sobre o comportamento social dos primatas. Em seus últimos anos, no entanto, ele se dedicou exclusivamente ao estudo da natureza humana, observando as "possibilidades maravilhosas e as profundezas inescrutáveis" da nossa existência. Apesar de colegas como Sigmund Freud, que via luxúria, egoísmo e agressividade na nossa natureza básica, os estudos de Maslow o levaram a acreditar que, "no fundo, as pessoas são todas decentes".[8] Sua fé na bondade continuou inabalável até seus últimos dias de vida, quando escreveu que a humanidade "tem uma natureza superior" como parte da sua essência, e que a nossa espécie pode ser "maravilhosa por sua natureza humana e biológica".[9]

Não se trata apenas de uma esperança vazia: nossa "bondade" fundamental é sustentada por inúmeros exemplos do poder dessa qualidade na nossa vida. Não se trata de um simples fenômeno moderno: das batalhas heróicas do tempo das Cruzadas às inundações, furacões e ataques terroristas de hoje, não é incomum ver um ser humano dar a vida por outro. Quando um de nós está ameaçado, o instinto de preservar a vida supera o nosso medo — e agimos. Esse instinto parece estar tão entranhado na estrutura da nossa natureza que nós o estendemos ao reino animal.

Em agosto de 2002, a Europa sofreu as mais fortes chuvas e inundações dos últimos 100 anos. Eu coordenava uma viagem no sul do Peru enquanto chuvas torrenciais devastavam lugares históricos na Áustria, na Alemanha e na República Checa. Durante a semana, vi algumas imagens do caos e da devastação, trazidas por satélite às televisões de um único canal dos nossos hotéis nas montanhas. De todas as imagens que vi nesse período, uma das que mais me marcou mostrava funcionários de um zoológico de Praga tentando salvar uma elefanta que corria o risco de se afogar.

Arriscando a própria vida debaixo de toneladas de água e escombros, os funcionários trabalhavam febrilmente para libertar aquela elefanta indiana de 35 anos, chamada Kadir, que se debatia na água que não parava de subir. Mas os esforços falharam e, num momento de desespero, os funcionários optaram por tirar rapidamente a vida de Kadir em vez de sujeitá-la à morte lenta por afogamento.[10]

Em meio àquele caos, teria sido muito mais fácil — e aceitável — para aqueles trabalhadores, usar sua energia para salvar suas casas e famílias. Mas alguma coisa dentro deles transcendeu a lógica e eles agiram pelo bem de Kadir. Recentemente, histórias semelhantes foram transmitidas pelas redes de televisão, como o resgate de cavalos de um desfiladeiro inundado do oeste norte-americano, ou o salvamento de cachorros, gatos e hamsters presos em incêndios, por pessoas que arriscavam suas vidas por eles.

Na vigília do 11 de setembro, pessoas se organizaram para percorrer prédios de apartamentos em pedaços, hotéis desabados e casas queimadas em busca de animais de estimação que tivessem sido abandonados no caos. O trabalho dos que arriscaram a vida em prédios instáveis e no meio da fumaça tóxica arrancou lágrimas dos olhos dos repórteres que faziam essa reportagem. Um a um, os animais foram resgatados — famintos, desidratados *e vivos* — abanando o rabo ou protestando baixinho em resposta ao contato humano. Nos dias que se seguiram ao 11 de setembro, deixar um animal morrer em consequência da catástrofe teria sido aceitável e certamente justificado pela magnitude da tragédia. Mas, como espécie, não admitimos essa perda. Alguma coisa da nossa natureza fundamental achou aceitável arriscar vidas humanas para salvar a vida de animais.

217

Elementos da Mudança

A Natureza nos mostra que a passagem de um nível para o outro traz um período de caos. A partir do colapso do padrão existente e do caos que se segue, pode ser encontrado um novo padrão e uma nova ordem. Para recorrer a uma metáfora popular — "a calma que precede a tempestade" — esse período de caos pode ser considerado uma "tempestade que precede a calma". Seja o caos do divórcio, que precede a felicidade de um novo casamento, ou o caos do desemprego, que precede uma nova carreira, cada benefício é precedido por um tempo de instabilidade. Uma boa ilustração desse princípio é uma das mais místicas e eficazes formas de mudança, praticada atualmente por alguns povos nativos: a cura do corpo e da mente pelo som.

Essa prática é baseada na idéia de que há na vida um modelo inerente de saúde, que está sempre presente, mesmo quando parece que a ordem foi substituída pelo caos em forma de doença. Por meio de um uso muito preciso de tambores, chocalhos, sinos, gongos e canções, os padrões vitais sutis da pessoa doente são rompidos e jogados no caos. Quando o som pára, os padrões saudáveis se restabelecem, graças ao modelo de saúde que a vida tem. Como a doença não tem um modelo, ela não pode se restabelecer. Então, ela simplesmente desaparece e a pessoa fica "curada".

Do mesmo modo, os padrões do mundo — as crenças, os preconceitos, os julgamentos e as intolerâncias que ameaçam a nossa existência — são uma "doença" sem modelo. Para que ocorra uma mudança duradoura e favorável à vida, o atual sistema de crenças tem que atravessar o caos para que se restabeleça o que é verdadeiro na vida. Dessa perspectiva, a mudança é uma forma de caos que faz parte da nossa natureza. Para curar as crenças que justificam a intolerância diante das diferenças, três elementos têm que estar presentes:

1. Temos que estar dispostos a mudar.

2. Temos que acreditar que a mudança vale a pena.

3. Temos que acreditar que a mudança é possível.

Nesse quadro, estão presentes dois dos fatores necessários para que uma informação faça uma diferença significativa no mundo:

1. A história revela que a disposição para mudar faz parte da nossa natureza.

2. As ameaças crescentes à nossa existência fazem com que a mudança valha a pena.

O elemento restante é o mais óbvio. Antes de fazer uma mudança na vida, seja como pessoas ou como sociedades, precisamos de uma *razão para acreditar* que ela realmente pode ser feita. Precisamos de um sinal da sua viabilidade!

A Assinatura de Deus: Uma Razão para Acreditar

Nos últimos meses, todas as revistas, científicas e leigas, discutem a "obesidade" nos Estados Unidos, agora considerada epidêmica. As estatísticas mostram que metade da população do país está clinicamente acima do peso.[11] O estilo de vida, a dieta, a falta de exercícios, o álcool e o tabaco são citados entre os principais fatores que contribuem para essa praga que está se alastrando pelo país, embora se trate de hábitos relativamente fáceis de mudar. Para a maioria dos norte-americanos, essas notícias não trazem nenhuma surpresa — sabemos quanto pesamos e por quê!

Mesmo tendo bastante conhecimento a respeito, muita gente reluta diante de mudanças que favorecem a longevidade, a qualidade de vida e a qualidade dos relacionamentos. Infelizmente, é só depois de passar por graves crises de saúde — em geral ligadas ao estilo de vida — que elas se dão conta de que a mudança é necessária. Ao enfrentar um sério desafio, elas descobrem uma razão para acreditar.

A obesidade nacional é um exemplo do que precisamos para aprender, pelo menos em certos casos. Em geral, temos que passar pelo que *não* queremos na vida para descobrir que é isso que não queremos! Em vez de escolher o modo de viver que preferimos (por exemplo, escolhas saudáveis de nutrição e estilo de vida) reagimos ao que a vida nos mostra, tomando decisões depois do fato.

Como sociedade global, parece que é desse mesmo modo que aprendemos. Tivemos que viver os horrores do genocídio e da opressão global antes de condenar as políticas que os apóiam. Como nação, tivemos que viver a segregação racial antes de perceber que somos mais do que a cor da pele. Historicamente, são as novas idéias, solidamente baseadas na verdade, que abrem a porta para mundos inteiramente novos de mudanças e possibilidades. Até Copérnico provar que a terra gira em torno do sol, e não o sol em torno da terra, não havia razão para acreditar nisso. Foi só depois que Antoni van Leeuwenhoek enxergou bactérias através de lentes de aumento feitas em casa que o mundo dos micróbios, invisíveis a olho nu, começou a ser levado a sério. Antes de ser possível enxergá-los, não havia razão para acreditar na sua existência.

Como espécie, chegamos a um momento instável do caminho da evolução: estamos descobrindo quais os efeitos que o acesso às forças da natureza tem sobre a nossa vida. É o período que Carl Sagan identificou como adolescência técnica. Para sobreviver a ela, temos que conhecer os princípios fundamentais da nossa relação com a vida, com os outros e com o cosmos, antes de aplicar o que aprendemos!

Este parece ser o momento certo para introduzir uma nova sabedoria nesta era de mudança, como foram, guardando as proporções, as descobertas de Copérnico e van Leeuwenhoek. Embora a grande maioria acredite num poder supremo, a realidade do sofrimento e da crueldade que criamos faz com que muitos duvidem da força da nossa ligação com o Criador. A descoberta do nome de Deus em cada célula de cada pessoa, do passado, do presente e do futuro, nos oferece uma razão inédita para acreditar que a mudança vale a pena. É um catalisador dessa magnitude que é necessário para transformar a força da dúvida no poder da confiança. Na insegurança de um mundo em mutação, essa evidência serve para renovar a nossa fé em alguma coisa "lá fora", dando-nos também uma razão para acreditar em nós mesmos.

Além de Nossas Diferenças

Embora a religião, as crenças e o estilo de vida façam parte da identidade externa de cada um, pode estar próximo o tempo em que não teremos mais necessidade de nos diferenciar. A descoberta do nome de Deus nas nossas células traz uma mensagem que pode, no mínimo, nos levar a um novo patamar de respeito e tolerância pelas singularidades individuais. A natureza ensina que é a nossa diversidade — ou seja, as diferenças usadas para justificar atos sem sentido movidos pelo medo e pelo ódio — que garante a nossa sobrevivência como espécie. Mais uma vez, vamos recorrer à natureza em busca de um pouco de clareza.

Um estudo sobre mariposas, feito nos anos 1950, revelou que, numa mesma espécie, a cor das asas muda conforme o ambiente, oferecendo uma espécie de camuflagem. As asas das mariposas que passaram a viver em troncos de árvores, na área em que foram soltas para o estudo, ficaram com a aparência de casca de árvore, ficando difícil para os pássaros localizá-las. Do mesmo modo, as mariposas que se concentraram numa área rochosa, assumiram uma cor que lhes oferecia camuflagem em meio às pedras. As mariposas que não mudaram a cor das asas tiveram, pelo contrário, a vida abreviada, pois se tornaram presa fácil para pássaros e insetos. Foi a diversidade produzida pela capacidade de adaptação das mariposas e a facilidade com que conseguiram mudar que permitiram sua sobrevivência.[12]

No nosso caso, é a capacidade de pensar de maneira diferente e de nos adaptar às condições do mundo em mutação que garantem a nossa sobrevivência como espécie. Numa declaração agora famosa, Einstein resumiu esse conceito: "Os problemas que enfrentamos hoje não podem ser resolvidos no mesmo nível de raciocínio em que estávamos quando os criamos." Se todos nós percebêssemos o mundo exatamente da mesma maneira e tivéssemos precisamente as mesmas soluções para os problemas, a primeira vez que a nossa resposta coletiva estivesse errada talvez fosse a nossa última oportunidade de mudar.

Não deve ser por acaso que o nome de Deus tem as mesmas letras e o mesmo sentido em todas as línguas — mesmo nas que estão associadas às religiões e crenças mais diversas do mundo atual. Os estudiosos reconhecem, por exemplo, que a tradição judaica e a tradição islâmica têm uma ancestralidade comum representada pelo patriarca Abraão — mas suas interpretações dos ensinamentos de Abraão se diferenciaram ao longo dos séculos. *Mesmo levando em conta essas diferenças, o código numérico oculto dos alfabetos hebraico e árabe revela precisamente o mesmo valor e produz precisamente o mesmo segredo do nome de Deus no nosso corpo.* Com isso, o código leva a mesma mensagem de possibilidade e esperança para as três religiões que congregam mais da metade da população do mundo: o Judaísmo, o Islamismo e o Cristianismo.

A figura 9.1 mostra que essa ligação poderosa une até essas tradições religiosas diferentes. O primeiro bloco à esquerda mostra o código da vida na forma dos elementos do DNA — hidrogênio, nitrogênio, oxigênio e carbono. No bloco do meio, o mesmo código aparece na forma das letras equivalentes do alfabeto hebraico: *Yod, Hey, Vav* e *Gimel* (YHVG).

O bloco à direita mostra o código uma vez mais, desta vez em árabe.[13] Nos blocos do meio e da direita, o valor de cada letra está anotado imediatamente à direita, na coluna "Valor". O resultado é óbvio; as implicações, enormes.

DNA Como Elementos	DNA Como Letras Hebraicas		DNA Como Letras Árabes	
Química	Hebraico	Valor	Árabe	Valor
Hidrogênio	Yod	10	YA	10
Nitrogênio	Hey	5	HA	5
Oxigênio	Vav	6	WAW	6
Carbono	Gimel	3	JYM	3
Valor Combinado		6		6

Figura 9.1: Comparação entre os elementos da vida e seus equivalentes nos alfabetos judaico e árabe. Embora as línguas sejam externamente diferentes, os códigos numéricos subjacentes são os mesmos e produzem a mesma mensagem nas duas.

A mensagem contida no nosso DNA é precisamente a mesma na língua hebraica e na língua árabe.

Essas relações mostram graficamente o que já sentimos no nível intuitivo. As letras do nome de Deus são universais, a despeito das diferenças. Dentro de cada célula do corpo de cada um de nós, o mesmo código transmite a mesma mensagem — e transcende diferenças de língua, fé e raça, sem preconceito nem exceção.

Embora muitos suspeitassem da existência dessa mensagem *em algum lugar*, com o código contido nas nossas células, essa suspeita se torna realidade. Como o código é baseado em valores consistentes e verificáveis, sua existência é clara. Mais do que uma metáfora ou uma esperança e a despeito das interpretações que se pode dar à mensagem, a presença do código não pode ser negada.

Embora o texto da mensagem "Deus/Eterno dentro do corpo" possa ser interpretado de várias maneiras, o fato de a mensagem existir já diz tudo. Seja qual for a fonte do nosso código genético, o alto grau de ordem contido na mensagem diz que existe alguma coisa "lá fora". Com isso, lembramos que fazemos parte de um quadro maior e de outro maior ainda. Por isso, a mensagem que trazemos no corpo é sem precedentes como base comum para a resolução de nossas diferenças.

Um Lugar para Começar

Nos últimos anos, a solução de conflitos tornou-se uma ciência especializada em desenvolvimento. Seu ramo que mais cresce é a Resolução Alternativa da Disputa (RAD), que tem como objetivo criar soluções inovadoras para partes em soluções voláteis. Esse objetivo fica claro num artigo sobre conflitos pelo uso da água entre povos indígenas contemporâneos. O artigo é de Aaron T. Wolf, professor assistente na Oregon State University, e foi publicado na revista *International Negotiation*. Para o autor, a RAD consiste em abordagens diversas "com que as partes em conflito procuram espontaneamente alcançar um acordo mutuamente aceitável".[14] O termo é recente mas, como diz o autor, muitas técnicas modernas têm raízes antigas nas sociedades indígenas, que aparentemente as usam há séculos ou até há milênios.[15]

Numa situação semelhante à da nossa sociedade global, as comunidades antigas descobriram que tinham que trabalhar juntas na solução de questões coletivas que ameaçavam o seu futuro.

Um bom exemplo desses métodos tradicionais é a prática conhecida como *visão compartilhada*. Wolf descreve essa técnica na sua pesquisa sobre disputas pelo uso da água entre povos berberes na região do Vale M'goun, no Marrocos.[16] Na *visão compartilhada*, cada pessoa dá a sua visão do que pode acontecer se o conflito for resolvido com sucesso e se as negociações falharem. O objetivo é criar um fórum para discutir as bases do que pretendem realizar juntos. Assim, ambos os lados participam do resultado e se sentem incluídos no processo. Além disso, quando os ânimos se exaltam e a solução parece improvável, a *visão compartilhada* funciona como um ponto de referência para onde voltar, reforçando o fio que os juntou no início.

Ao compartilhar suas esperanças e sua visão de uma solução positiva, as partes em conflito criam uma ponte entre o conflito do momento e as possibilidades do futuro. A visão serve para neutralizar a raiva que geralmente irrompe quando as partes ficam cara a cara e lhes dá uma razão para acreditar no futuro. Recorrendo à visão, o *hak'm* (um juiz regional que trabalha com uma combinação de costumes e tradições que respeitem as duas partes) "põe a disputa no contexto maior das histórias e valores compartilhados".[17] Graças às visões compartilhadas, aplicadas com sucesso a uma variedade de questões, quase nunca as disputas tribais do Vale M'goun chegam a uma autoridade superior.

Enganosamente simples, a prática da visão compartilhada traz também a possibilidade de experiências compartilhadas. Embora a paz mundial seja a esperança de muitos, há também exemplos de desconfiança, mágoa e ódio tão profundos que imaginar um bem comum parece impossível.

Assim como se perde a confiança no corpo quando o poder da doença parece ser maior do que a possibilidade da cura, pessoas que estiveram na guerra precisam de um ponto de partida para superar a desconfiança e iniciar a cura. Dos muçulmanos e sérvios de Kosovo aos palestinos e judeus de Israel, a lembrança de atrocidades recentes gerou uma desconfiança que deixa pouco espaço para a paz. Em casos como esses, é difícil antever um dia que termine sem violência, quanto mais um futuro de paz. Pedir a essas pessoas que tenham uma visão de um futuro comum ultrapassa o limite de sua sensibilidade.

É exatamente nessas circunstâncias que a mensagem que trazemos nas células pode servir a um bem ainda maior. Embora sonhar com um futuro compartilhado possa ser difícil em meio a conflitos aparentemente intermináveis, nossa identidade em comum — já que cada um de nós traz a assinatura indelével do mesmo Deus — é um fato que não pode ser negado. Nessa prova imutável vive a verdade de um passado comum e de um lugar para começar. Quando se sabe da existência de uma presença maior dentro do nosso corpo, a visão de um futuro compartilhado começa a fazer sentido.

Nos primeiros anos deste novo século, os conflitos mais violentos, que nos custaram o maior número de vidas, têm sido justificados por interpretações extremas de textos religiosos. Com base em leituras possíveis de determinadas frases das escrituras cristãs, judaicas e muçulmanas, famílias foram destruídas, crianças ficaram órfãs e nações foram deixadas na ruína. É nesse tipo de conflito que a mensagem que trazemos nas células pode assumir um significado ainda mais profundo. A presença do nome de Deus no nosso corpo é um lembrete indelével de que uma presença — uma força maior do que qualquer idéia de "certo" e "errado" — existe em forma de vida.

Para pessoas e nações que combatem umas às outras usando como justificativa suas religiões — cujos princípios partem do Deus que vive no corpo de seus "inimigos" assim como no seu próprio corpo — as batalhas começam a perder o sentido. Assim, a mensagem que trazemos nas células guarda uma possibilidade ainda maior de união para aqueles que guerreiam em nome de Deus.

Nas comunidades berberes e beduínas que Wolf discute no seu artigo, a solução do conflito é seguida de uma cerimônia chamada *sulha*, que é um ritual público de perdão seguido de uma celebração. Essa cerimônia marca uma virada no relacionamento entre as partes que estavam em conflito dias ou semanas antes. Idealmente, o ritual *só acontece quando as duas partes* sentem que o conflito foi resolvido. Com esse ritual de perdão e celebração, a "lousa é apagada" e o acordo é sacramentado. Desse modo, a experiência tem um fecho e a vida começa de novo.

À medida que as nações recuam dos conflitos que ameaçam o bem-estar de seus cidadãos e da comunidade global, parece estar faltando um sinal externo de perdão. Não se deve subestimar a eficácia desse gesto de força em direção a uma conclusão duradoura.

Nossa Verdade Imutável

Sentado junto à janela, levantei os olhos dos papéis que tinha no colo para ver o que era aquela comoção. Ouvindo trechos da conversa, fiquei sabendo que a mulher que ocupara a cadeira ao meu lado quando subi no avião queria sentar-se perto de uma amiga que estava em outra seção. Ela tinha convencido o homem que estava sentado ao lado da amiga a trocar de cadeira com ela, e agora os dois tropeçavam um no outro, tentando alcançar as novas cadeiras antes que o avião se pusesse em movimento. Quando tudo se acalmou, vi que estava ao lado de um oficial da Força Aérea.

Antes mesmo de decolar, já tínhamos começado um "papo de avião", contando onde tínhamos estado, para onde íamos e o que faríamos ao chegar lá. Assim, fiquei sabendo que ele estava voltando para junto da mulher e dos filhos numa base militar do Novo México. Logo que foi permitido o uso de aparelhos eletrônicos, o homem abriu o *laptop* e se concentrou nas informações que brilhavam na tela de cristal líquido. Provavelmente mais à vontade depois da nossa conversa inicial, ele começou a me contar que seu trabalho tinha mudado muito depois dos ataques ao World Trade Center e ao Pentágono no dia 11 de setembro. Enquanto ele discorria sobre as novas estratégias de segurança nacional e explicava como o terrorismo tinha modificado seu papel na Força

Aérea, percebi que eu estava fascinado, não pelo tópico em si, mas pela paixão daquele homem pelas coisas em que acreditava e pelo orgulho com que falava de suas responsabilidades. Comecei a pensar sobre a ironia do momento.

A função do oficial era acionar os recursos dos mais poderosos sistemas militares e tecnológicos da história e usá-los para combater quem ameaçasse a nossa casa e o nosso modo de vida. Quanto a mim, depois de trabalhar na indústria aeroespacial durante a Guerra Fria, passei a me dedicar à busca de um vínculo entre a sabedoria do passado e o que sabemos hoje, numa tentativa de ajudar a evitar essa guerra. Eu me perguntei se o vaivém e a troca de cadeiras que permitira a nossa conversa tinha acontecido meramente por "acaso".

Quando o oficial acabou de falar de suas novas responsabilidades, a conversa mudou. Era óbvio que aquele homem era muito bom no que fazia. Seu trabalho para a aeronáutica era bom, porque vinha de uma atitude pessoal de profissionalismo e determinação e do orgulho de saber que contribuía para um esforço maior. Eu o cumprimentei por isso e comentei: "Fico contente por você fazer o que faz e fazer tudo tão bem, porque eu jamais conseguiria fazer o seu trabalho."

Ele ficou interessado: "É mesmo? E o que é que você faz?" Ao ouvir a breve descrição de minha busca para evitar a guerra, ele riu. Depois, devolveu o meu cumprimento e acrescentou: "Fico contente por você fazer o que faz porque eu jamais conseguiria fazer o *seu* trabalho. É uma maneira de pensar tão diferente!"

Rimos da ironia das nossas vidas e continuamos a resolver os problemas do mundo durante o resto do vôo. Quando pousamos em Albuquerque naquela noite, tinha ficado muito claro para nós que queríamos as mesmas coisas para nossas famílias e para o mundo, e que lutávamos por essa meta comum de maneiras muito diferentes. Já de bagagem na mão, desejamos boa sorte um ao outro e nos despedimos. No elevador, comecei a entender que a conversa que tivemos tinha sido um espelho do modo como a consciência atua numa escala muito maior.

Supondo que há um campo unificado de consciência que nos une, não pode haver "eles" e "nós" no desenrolar dos acontecimentos do mundo. Há simplesmente "nós". Juntos, *nós* estamos resolvendo as nossas diferenças e os nossos problemas do jeito que sabemos. Parte de nós recorre a métodos testados e aprovados no passado — batalhas, guerras e velhas idéias implementadas por meio da moderna tecnologia — para resolver as questões que surgem entre as pessoas e as nações. Ao mesmo tempo, outra parte de nós luta para modificar o modo de pensar que levou à necessidade das armas e exércitos que tornam a guerra possível. Estamos atravessando um período da história em que essas duas visões têm que coexistir, enquanto juntos escolhemos o caminho que seguiremos no futuro.

A ironia deste momento histórico é que as duas maneiras de pensar são defendidas por pessoas boas, que trabalham como podem para um mundo melhor. Saber disso pode muito bem ser a chave para sobreviver a esta transição. Graças aos velhos métodos, ganhamos um tempo precioso, mas a questão é usar esse tempo sabiamente para mudar a crença de que a guerra é a solução para as nossas diferenças.

Minha conversa com o oficial só fortaleceu a minha crença de que estamos trabalhando juntos como família global, talvez de um modo que ainda não entendemos plenamente. Enquanto procuramos descobrir até onde vão as raízes da nossa árvore genealógica, de uma coisa podemos estar certos: assim como o "sangue" une os parentes mais distantes no conhecimento de sua origem comum, a mensagem que trazemos nas células nos une no conhecimento de que cada um carrega a mesma história e a assinatura do mesmo Criador. Com essa mensagem, podemos ter a certeza de que, além de compartilhar o planeta, o passado e o futuro, estamos intimamente envolvidos nas escolhas das pessoas à nossa volta, a única família que conhecemos.

Depois de conhecer a verdade da nossa família humana, não podemos "des-conhecê-la". Depois de ver a prova em preto em branco, é impossível não vê-la mais. Desse momento em diante, não podemos mais alegar ignorância como justificativa para o ódio, o sofrimento e as atrocidades que marcaram o último século.

Além de qualquer dúvida razoável, compartilhamos o antigo nome de Deus, presente no nosso corpo do modo mais íntimo que se pode imaginar. Cada fibra muscular, cada célula óssea, as lágrimas que derramamos e os subprodutos da vida que chamamos de "resíduos" — tudo é Deus.

Nessa descoberta simples mas poderosa está o fio da nossa união e a chave da nossa sobrevivência. Podemos não saber exatamente quais os desafios que vamos enfrentar no futuro; mas de uma coisa podemos estar certos: sejam eles quais forem, vamos enfrentá-los como família global. O destino que couber a uma comunidade, povo ou nação é possível também para todos os outros. Vamos precisar de cada grama da sabedoria coletiva, da nossa paixão pela preservação da vida e da força que só vem da adversidade — para superar os nossos testes.

Há centenas de gerações, cada um de nós traz a chave da sobrevivência em forma de uma mensagem que, uma vez descoberta, não pode mais ser perdida. Em antecipação ao dia em que a busca das nossas origens nos levar à essência da vida, é só por meio da aceitação de que somos uma coisa só com o mundo que a mensagem poderia ser revelada.

Muito mais do que cristãos, judeus, muçulmanos, hindus, budistas, xintoístas, aborígenes, brancos, pretos, vermelhos, amarelos, homens, mulheres ou crianças, somos humanos — é o que nos diz a mensagem. Como humanos, temos os mesmos ancestrais e existimos como filhos do mesmo Criador. Nos momentos em que duvidamos dessa verdade imutável, basta olhar para as células do nosso corpo.

Esse é o poder da mensagem que há dentro das nossas células.

SUMÁRIO DO CAPÍTULO 9

- A experiência revela que a humanidade tem uma capacidade extraordinária de união nos momentos de necessidade. Historicamente, é em ocasiões de tragédia que populações variadas se unem em torno de uma causa comum.

- Como criar, sem tragédia, uma experiência universal de união que supere nossas diferenças e nos desperte para um novo objetivo?

- Em seu artigo sobre inteligência extraterrestre, Carl Sagan sugere que a detecção de uma mensagem vinda de fora do nosso mundo seria um forte fator de união na nossa consciência.

- Sob muitos aspectos, a descoberta de uma mensagem universal nas nossas células pode motivar o mesmo tipo de união entre pessoas de culturas e crenças diferentes.

- Muitos dos problemas que fizeram do século XX o "mais sangrento" da história entraram pelo novo milênio. Muitos sentem até que as diferenças de religião e origem nunca foram tão grandes. Este é o momento perfeito para a aceitação de uma mensagem unificadora de esperança — uma coisa em que acreditar.

- Apesar da "desumanidade" da humanidade, a história e a ciência sugerem que somos no fundo uma espécie afeita à "bondade", embora capazes de atos violentos em circunstâncias extremas.

- A natureza mostra que a união e a cooperação são fatores de sobrevivência mais eficazes do que a competição violenta. A história humana, assim como o embate entre culturas durante a exploração da América do Norte, corrobora essa idéia.

- A "assinatura" do antigo nome de Deus nas células da nossa espécie oferece um denominador comum inédito, que nos permite resolver as diferenças. Essa evidência palpável nos dá também uma razão para acreditar que a paz é viável e vantajosa.

- As práticas tradicionais que as sociedades indígenas usam para a solução de seus conflitos servem de modelo para a superação das diferenças que ameaçam a sobrevivência da nossa espécie.

- Como cidadãos do mundo, somos muito mais do que as religiões, crenças, modos de vida, fronteiras ou tecnologias que nos separam. Nos momentos em que duvidamos dessa verdade imutável, basta lembrar da mensagem que trazemos no corpo. Esse é o poder da mensagem que há dentro das nossas células.

Apêndice A

A ORDEM SECRETA DO ALFABETO ÁRABE
Com Códigos Numéricos

[Usado com permissão e por cortesia de David Allen Hulse[1]]

Letra	Nome da Letra	Valor Numérico	Letra	Nome da Letra	Valor Numérico
A	ALF	1	O	OYN	70
B	BA	2	F	FA	80
J	JYM	3	S	SAD	90
D	DAL	4	Q	QAF	100
H	HA	5	R	RA	200
W	WAW	6	Sh	ShYN	300
Z	ZA	7	T	TA	400
H	HÁ	8	Th	ThA	500
T	TA	9	Kh	KhA	600
Y	YA	10	Dh	DhAL	700
K	KAF	20	D	DAD	800
L	LAM	30	Tz	TzA	900
M	MYM	40	Gh	GhYN	1000
N	NWM	50	A	HMZ	SEM VALOR
S	SYN	60			

(As letras sublinhadas correspondem aos mesmos valores do nome de Deus no alfabeto hebraico.)

231

Letras Árabes do Nome de Deus	Letras Hebraicas do Nome de Deus
Y (*YA*) = 10 ⟶	Y (*Yod*) = 10
H (*HÁ*) = 5 ⟶	H (*Hey*) = 5
W (V) (*WAW*) = 6 ⟶	V (*Vav*) = 6

Apêndice B

A TABELA PERIÓDICA
dos Elementos

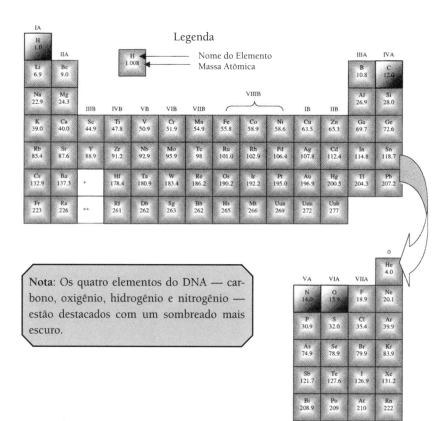

Apêndice C

O NÚMERO DE ÁTOMOS DE HIDROGÊNIO,
Nitrogênio, Oxigênio e Carbono
em Cada Uma das Quatro Bases do DNA

Na base *timina* do DNA, há seis átomos de hidrogênio, dois de nitrogênio, dois de oxigênio e cinco de carbono. A citosina é composta dos mesmos elementos em quantidades diferentes: cinco átomos de hidrogênio, três de nitrogênio, um de oxigênio e quatro de carbono. As outras bases também são compostas dos mesmos elementos em outras quantidades. Assim, diferentes arranjos dos mesmos quatro elementos permitem um número enorme de variações.

O quadro a seguir mostra as quatro bases do DNA e o número de átomos de cada elemento, que torna única cada uma delas.

Base do DNA	Elemento Químico	Número de Átomos	Base do DNA	Elemento Químico	Número de Átomos
Timina (T)	Hidrogênio	6	Adenina (A)	Hidrogênio	5
	Nitrogênio	2		Nitrogênio	5
	Oxigênio	2		Oxigênio	0
	Carbono	5		Carbono	5
Citosina (C)	Hidrogênio	5	Guanina (G)	Hidrogênio	5
	Nitrogênio	3		Nitrogênio	5
	Oxigênio	1		Oxigênio	1
	Carbono	4		Carbono	5

(*) Número de átomos extraído do *Lehringer's Biochemistry Textbook* (um padrão médico). O Dr. Todd Ovokaitys confirmou minha interpretação dos dados.

Apêndice D

ILUSTRAÇÃO EXPANDIDA
dos Átomos de Hidrogênio, Nitrogênio, Oxigênio e Carbono em Cada Base do DNA, Mostrando Seus Equivalentes em Letras Hebraicas

No quadro a seguir, vemos que as letras/elementos são diferentes em cada base — timina, citosina, adenina e guanina — determinando assim a sua singularidade. Além disso, observamos que a presença do nome de Deus no código (YH) não garante que "dentro do corpo" (VG) esteja contido naquela porção do DNA.

Por exemplo, na citosina, YH se repete três vezes. No entanto, só uma vez, na primeira, o código é complementado por VG, que indica "dentro do corpo". Em 66 por cento da citosina, o nome "Eterno" de Deus, YH, simplesmente existe, sem especificar onde reside a natureza eterna no código. Observamos o extremo desse exemplo na adenina, onde há quatro ocorrências no nome de Deus, sem especificar se o Eterno reside dentro do corpo.

Base do DNA	Átomo / Elemento	Letras Hebraicas	Número de Átomos	Ilustração Literal
Timina (T)	Hidrogênio	Y	6	<u>YYYYYY</u>
	Nitrogênio	H	2	<u>HH</u>
	Oxigênio	V	2	**VV**
	Carbono	G	5	**GG**GGG
Citosina (C)	Hidrogênio	Y	6	<u>YYYYYY</u>
	Nitrogênio	H	3	<u>HHH</u>
	Oxigênio	V	1	**V**
	Carbono	G	4	**G**GGG
Adenina (A)	Hidrogênio	Y	5	<u>YYYYY</u>
	Nitrogênio	H	5	<u>HHHHH</u>
	Oxigênio	V	0	********
	Carbono	G	5	GGGGG
Guanina (G)	Hidrogênio	Y	5	<u>YYYYY</u>
	Nitrogênio	H	5	<u>HHHHH</u>
	Oxigênio	V	1	**V**
	Carbono	G	5	GGGGG

Ao aplicar os valores numéricos do alfabeto hebraico aos elementos do nosso DNA, vemos que a base da vida vem diretamente do antigo nome de Deus.

Legenda: <u>YH</u> (sublinhado) indica o aspecto "Eterno" do antigo nome de Deus.
VG (negrito) indica que o "Eterno" reside "dentro do corpo".

NOTAS

Epígrafe

Texto tirado da interpretação artística da escritura hebraica, de Almaliah Gad. Gad criou moedas e medalhas para o governo israelense, assim como o emblema para a Guerra dos Seis Dias. Sua obra está exposta nas Galerias Ahava, em Boca Raton, Flórida.

Parte I
Introdução

1. *Penzias and Wilson's Discovery Is One of the Century's Key Advances*, artigo *online* que inclui a biografia dos pesquisadores e o significado de sua descoberta. *Website*: www.bell-labs.com.
2. Michio Kaku, *Visions: How Science Will Revolutionize the 21st Century* (Nova York: Anchor Books, 1998), p. 5.
3. Entre 1998 e 2000, pelo menos 50 nações ou regiões ocupadas estavam envolvidas em conflitos armados. Jeffrey Boutwell e Michael T. Klare, "A Scourge of Small Arms", *Scientific American* (junho de 2000): p. 51.
4. Randall Ingermanson, Ph.D., *Who Wrote the Bible Code? A Physicist Probes the Current Controversy* (Colorado Springs: WaterBrook Press, 1999), p. 19.
5. Michio Kaku, *Hyperspace: A Scientific Odyssey Through Parallel Universes, Time Warps, and the Tenth Dimension* (Nova York: Anchor Books, 1995), p. 289.
6. Barbara Marx Hubbard, citação de *The Prophet's Conference* (dezembro de 2001), feita durante uma apresentação em Palm Springs, Flórida.

Capítulo I

1. Richard Leakey, citado de artigo na *National Geographic*, fevereiro de 1998. *Website*: www.kirjasto.sci.fi/leakey
2. Eric Hobsbawm, "War and Peace in the 20th Century", *London Review of Books* (fevereiro de 2002). As estatísticas de Hobsbawn revelam que, no final do século, mais de 187 milhões de pessoas — *um número que representa mais de 10 por cento da população mundial em 1913* — tinham perdido a vida numa guerra.
3. Zbigniew Brzezinski, *Out of Control: Global Turmoil on the Eve of the 21st Century* (Nova York: Simon and Schuster, 1995), p. 12.

4. Matthew White, *Twentieth Century Atlas*. Ver "Historical Body Count, Selected Death Tolls for Wars, Massacres and Atrocities Before the 20th Century." *Website*: http://users.erols.com/mwhite28/warstat0/htm.
5. *Ibidem*.
6. *Ibidem*.
7. Brzezinski, *Out of Control*, p. 4.
8. Terese Pencak Schwartz, "Five Million Forgotten: Non Jewish Victims of the Shoah". Relatório governamental (1997) sobre os cinco milhões de não-judeus vítimas do Holocausto, citando as seguintes fontes: Richard C. Lukas, *The Forgotten Holocaust* (Lexington: Univ. Press of Kentucky, 1997) e Stefan Korbonski, *The Jews and the Poles in World War II* (Nova York: Hippocrene Books, 1998). *Website*: www.remember.org/forgotten/
9. Estima-se em 1,2 milhão o número de tibetanos que morreram nas duas décadas seguintes à revolta de 1959. Esse número representa cerca de um quinto da população dessa região e pode não incluir os que morreram na prisão ou durante a destruição de mais de 6.000 mosteiros, templos e edifícios culturais. *Website*: www.tibet.com.
10. R. J. Rummel, *Statistics of Democide: Genocide and Mass Murder Since 1900* (Charlottesville: Transaction Publishers and Rutgers Univ., 1997). Virginia Center for National Security Law, School of Law, University of Virginia.
11. R. J. Rummel, "War Isn't This Century's Biggest Killer", *The Wall Street Journal* (7 de julho de 1986).
12. Rummel, *Statistics of Democide*.
13. Brzezinski, *Out of Control*, p. 12.
14. Relatório sobre a epidemia da AIDS, com estatísticas globais da UNAIDS: The Joint UN Programme on HIV/AIDS. *Website*: www.unaids.org.
15. Matthew White, *Twentieth Century Atlas*. Ver "Worldwide Statistics of Casualties, Massacres, Disasters, and Atrocities". Essas estatísticas foram tiradas de um *press release* da Munich Reinsurance Company, distribuído em 20 de dezembro de 1999. *Website*: http://users.erols.com/mwhite28/warstat0/htm.
16. Jonathan Steele, "The Century that Murdered Peace", *Guardian Unlimited* (12 de dezembro de 1999). *Website*: www.guardian.co.uk.
17. Resumo das missões de paz da ONU, em 2002. Em março de 2002 havia um total de 46.445 pessoas envolvidas, entre civis e militares, representando 87 países. *Website*: www.un.org.
18. Neil Armstrong, citado no artigo, "Contact, Are We Alone?" *Florida Today* (1999). *Website*: www.flatoday.com.
19. *Ibidem*.
20. *Ibidem*.
21. Carl Sagan, "The Quest For Extraterrestrial Intelligence". *Smithsonian*, vol. 1, nº 2 (maio de 1978). Este artigo clássico sobre a busca de vida extraterrestre — seus custos e benefícios — pode ser lido *online*. *Website*: www.bigear.org/vol1no2/sagan.htm.

Capítulo 2

1. G. Y. Craig e E. J. Jones, *A Geological Miscellany* (New Jersey: Princeton Univ. Press, 1982).
2. Hutton sugere também que as forças que modificam a crosta da terra, incluindo os vulcões e a flutuação dos continentes, eram forças que tinham se mantido constantes desde o início dos tempos. Foi da noção de que os processos da terra se mantêm uniformes por longos períodos de tempo que Hutton tirou o nome de sua teoria: *uniformitarianismo*.
3. Em 1830, as idéias de Hutton foram popularizadas por meio da obra de outro cientista escocês, Charles Lyell, autor de *The Principles of Geology*.
4. Charles Darwin, 1859. Citado pela Galapagos Conservation Trust, instituição dedicada a preservar e divulgar as descobertas de Darwin. *Website*: www.gct.org.

5. Em geral, a expressão *grandes altitudes* se refere a elevações entre 2.000 e 6.000 metros acima do nível do mar, sendo que as elevações ainda mais altas são consideradas *altitudes extremas*. Embora existam vilarejos em lugares que ficam 6.000 metros acima do nível do mar, as populações que vivem nessa altitude são raras.
6. Stephen Molnar, *Human Variation: Races, Types and Ethnic Groups* (New Jersey: Prentice Hall, 1992), p. 218.
7. A menos que esteja indicada outra fonte, essas datas são da Edição Especial da *Scientific American* (vol. 12, nº 2) publicada em julho de 2003, New Look at Human Evolution.
8. Os restos fossilizados do genus *Australopithecus* cobrem um grande período de tempo. Os representantes mais antigos dessa linhagem, *Autralopithecus anamensis*, têm cerca de 4,1 milhões de anos, enquanto os representantes mais recentes, *Australopithecus boisei*, têm cerca de 1.4 milhão de anos. A descoberta mais divulgada pela mídia foi a dos restos de uma jovem, em 1974, perto de Hadar, Etiópia. Apelidada "Lucy", ela é o representante mais completo da linhagem *Australopithecus* até hoje.
9. S. J. Gould e N. Eldridge, "Punctuated Equilibria: The Tempo and Mode of Evolution Reconsidered", *Paleobiology*, vol. 3: pp. 115-151. Pela primeira vez em mais de um século, a teoria da evolução, de Darwin, é contestada por uma alternativa viável, conhecida como *Equilíbrio Pontuado*. Proposta por Niles Eldridge e Stephen Jay Gould, essa teoria sugere: "Em vez de um movimento lento e contínuo, a evolução tende a ser caracterizada por longos períodos de paralisação ('equilibrium'), 'pontuados' por episódios de desenvolvimento muito rápido de novas formas."
10. Igor V. Ovchinnikov, *et al*, "Molecular Analysis of Neanderthal DNA from the Northern Caucasus", *Nature*, vol. 404 (30 de março de 2000): p. 490.
11. Comunicado da University of Glasgow, "Rare Tests on Neanderthal Infant Sheds Light on Early Human Development", 28 de março de 2000. Website: www.gla.ac.uk.
12. *Os genes do cromossoma 12 ou 13 dos chimpanzés (correspondem ao cromossoma humano 2)*. Parte de seqüência genética recuperada do *GenBank International Nucleotide Sequence Database*. Fonte na Web: http://sayer.lab.nig.ac.jp/~silver/chimp/chromosome-12/top-1213.html.
13. R. Avarello, *et al*, "Evidence for an Ancestral Alphoid Domain on the Long Arm of Human Chromosome 2", *Human Genetics*, vol. 89, nº 2 (maio de 1992): pp. 247-9.
    Segue-se um excerto do resumo do artigo. "Como se supõe que o cromossoma humano 2 se originou da *fusão telomérica de dois cromossomas de primatas ancestrais*, essas descobertas indicam que não apenas as seqüências teloméricas, mas também o centrômero ancestral (ou pelo menos suas seqüências alfóides), foram conservados" [itálico do autor].
14. "Origem do Cromossoma 2: Uma Fusão telomero-telomero Ancestral", Ata da Academia Nacional de Ciências dos Estados Unidos, vol. 88, nº 20 (15 de outubro de 1991): pp. 9051-5.
    Segue-se um excerto do resumo do artigo: "Concluímos que o locus clonado em cosmids c8.1 e c29B é a relíquia de *uma antiga fusão telomero-telomero e marca o ponto em que dois cromossomas de macacos ancestrais se fundiram para gerar o cromossoma humano 2*" [itálico do autor].
15. Don Lindsay, "An Inversion Between Man and Chimpanzee Chromosomes". Trata-se de uma breve descrição não-técnica do fenômeno de genes idênticos em diferentes pontos do DNA de seres humanos e chimpanzés. Essa referência *online* está disponível no *site*: www.cs.colorado.edu/~lindsay/creation/inversion.html.
16. L.S.B. Leakey, Arthur T. Hopwood e Hans Reck, "Age of the Oldoway Bone Beds, Tanganyika Territory", *Nature*, vol. 128, nº 3234 (24 de outubro de 1931): p. 724.
17. *Ibidem*, pp. 239-244.
18. Richard E. Dickerson e Irving Geis, *Chemistry, Matter, and the Universe: An Integrated Approach to General Chemistry* (Menlo Park, CA.: W. A. Benjamin, 1976), p. 629.
19. Frank Crane, *The Lost Books of the Bible and the Forgotten Books of Eden* (Nova York: New American Library, 1963).
20. Dickerson and Geis, *Chemistry, Matter and the Universe*, p. 529.

21. Darwin, *The Origin of Species*, p. 168.
22. Francis Crick, *Life Itself* (Nova York: Simon and Schuster, 1981), p. 88.

Capítulo 3

1. Há muitas referências sobre a vida, a história e os ensinamentos de Baal Shem Tov, desde o tempo em que era Israel ben Eliezer. A referência a seguir diz respeito especificamente à sua relação com o *Livro de Adão*. Website da Fundação Baal Shem Tov: www.baalshemtov.com.
2. Crane, *The Lost Books of the Bible and the Forgotten Books of Eden*, p. 13.
3. *Ibidem*, p. 14.
4. *Ibidem*, p. 11.
5. Hershel Shanks, *The Mystery and Meaning of the Dead Sea Scrolls* (Nova York: Random House, 1998), orelha.
6. *The Dead Sea Scrolls*, traduzido e comentado por Michael Wise, Martin Abegg, Jr., e Edward Cook (Califórnia: HarperSanFrancisco, 1996), p. 8.
7. James M. Robinson, org., *The Nag Hammadi Library*, traduzido por membros do Coptic Gnostic Library Project of the Institute for Antiquity and Christianity, Claremont, Califórnia (HarperSanFrancisco, 1990).
    Datando do século IV E.C., a Biblioteca de Nag Hammadi começa mais ou menos na época em que os Pergaminhos do Mar Morto param. As tradições gnósticas se originaram na época em que a doutrina cristã estava sendo remodelada e definida. Identificando-se com os conhecimentos preservados por gerações anteriores, os gnósticos optaram por separar e reverenciar as tradições originais em vez de seguir a tendência liderada pela Igreja. Seus textos e seu modo de vida foram muito combatidos, sendo depois eliminados dos ensinamentos cristãos. Por meio de descobertas como a da Biblioteca de Nag Hammadi, livros raros, incluindo o *Evangelho de Maria*, o *Apocalipse de Adão* e o *Livro de Enoque*, sobrevivem até hoje, testemunhando a profundidade da sabedoria dos gnósticos e do seu empenho na preservação de um ensinamento eterno para as futuras gerações.
8. *The Book of Enoch the Prophet*, traduzido por Richard Laurence de um manuscrito etíope da Biblioteca Bodleian (San Diego: Wizards Bookshelf, 1983), p. iv.
9. *Ibidem*, pp. iv-v.
10. *Ibidem*, p. vii.
11. *Ibidem*, capítulo I, verso 1, p. 1.
12. *Ibidem*, capítulo LXIII, verso 1, p. 77.
13. *Ibidem*, capítulo IX, verso 5, p. 9.
14. *Ibidem*, capítulo LXVIII, verso 7, p. 85.
15. *Ibidem*, capítulo XLI, verso 2, p. 46.
16. *Ibidem*, capítulo XLII, versos 1-2, p. 47.
17. *The Other Bible: Ancient Alternative Scriptures*, Willis Barnstone, org. (Califórnia: HarperSanFrancisco, 1984), p. 25.
18. *Ibidem*.
19. *Ibidem*, p. 26.
20. *Sepher Yetzirah: The Book of Creation*, Aryeh Kaplan, org. (York Beach, ME: Samuel Weiser, 1997), p. xvi.
21. *Ibidem*, verso 1:1, p. 5.
22. *Ibidem*, verso 2:2, p. 100.
23. *Ibidem*, 1:1, p. 22.
24. Karen Armstrong, *A History of God: The 4,000-Year Quest of Judaism, Christianity and Islam* (Nova York: Alfred A. Knopf, 1993), p. 216.
25. *Sepher Yetzirah*, p. xxv.
26. *Ibidem*.

Parte II
Capítulo 4

1. *The Other Bible*, "The Creation of Adam", p. 26.
2. *The Holy Qur'an*, tradução e comentários de Maulana Muhammad Ali, capítulo 22, seção 1, verso 5 (Columbus, OH: Ahmadiyyah Anjuman Isha'at Islam Lahore, 1995), p. 648.
3. *Ibidem*, capítulo 25, seção 5, verso 54, p. 705.
4. *Ibidem*, capítulo 22, seção 1, verso 5, p. 648.
5. *The Torah, A Modern Comentary*, W. Gunther Plaut, org. (Nova York: Union of American Hebrew Congregations, 1981),Gênesis 2:7, p. 29.
6. Manly P. Hall, *The Secret Teachings of All Ages: An Encyclopedic Outline of Masonic, Hermetic, Qabbalistic and Rosicrucian Symbolical Philosophy* (Los Angeles: The Philosophical Research Society, 1988), CLIII.
7. Roger Bacon (1214-1294 E.C.) foi um franciscano, considerado o primeiro alquimista "de verdade" da Europa Medieval. Seus estudos o levaram à seguinte conclusão: "A ciência experimental... revela verdades que o raciocínio baseado em princípios gerais nunca descobriria."
8. É incerta a atual localização das *Tábuas Esmeraldinas de Thoth* e das posteriores *Tábuas Esmeraldinas de Hermes*. Os estudiosos suspeitam que estivessem entre os 532.000 documentos perdidos quando a Grande Biblioteca de Alexandria foi destruída pelo fogo em 48 A.E.C. Antes desse incêndio, o historiador romano Calímaco observou que todo o conhecimento da civilização grega, incluindo astronomia, medicina, ciência e filosofia, estava registrado e guardado nessa biblioteca. As revelações de Thoth poderiam estar entre esses documentos, o que é apenas uma suposição.
9. Z'ev ben Shimon Halevi, *Kabbalah: Tradition of Hidden Knowledge* (Nova York: Thames and Hudson, 1979), p. 7.

    O Sefirot cercado por uma linha pontilhada, logo abaixo da Coroa, na Árvore da Vida, é o "não-Sefirot" do *Conhecimento*. Representa um lugar único entre os nomes de Deus porque, embora tenha um lugar na Árvore, permanece não-manifesto na nossa experiência da criação.
10. *Sepher Yetzirah*, apêndice 1, capítulo 2, verso 2, p. 286.
11. Halevi, *Kabbalah*, p. 6.
12. *Sepher Yetzirah*, capítulo 1, verso 9, p. 68.
13. *Ibidem*, apêndice 1, capítulo 4, verso 2, p. 288.
14. *Ibidem*, verso 6, p. 289.
15. *Ibidem*, verso 7, p. 289.
16. *Ibidem*, capítulo 3, verso 4, p. 145.
17. *Ibidem*, verso 7, p. 152.
18. *Ibidem*, verso 8, p. 154.
19. *Ibidem*, verso 9, p. 155.
20. *Ibidem*, apêndice 1, capítulo 2, verso 2, p. 286.
21. "Prayer Helps Patients Heal", United Press International (1999). Relatório *online* de estudos que comparam a recuperação de pacientes que foram objeto de preces com a de pacientes que não o foram. *Website*: www.applesforhealth.com/prayerhelps1.html.
22. *Ibidem*, p. 1.
23. Kaku, *Visions*, p. 4.
24. Em janeiro de 1958, os Estados Unidos lançaram seu primeiro satélite não-tripulado, o *Explorer I*, para colher informações sobre a atmosfera e a terra, como parte do Ano Geofísico Internacional. Os instrumentos a bordo do Explorer deram aos cientistas uma nova visão da atmosfera, dos oceanos e dos continentes da Terra.
25. As quantidades dos componentes da atmosfera variam devido a fatores como temperatura e altitude. Em geral, a atmosfera da Terra é formada por 78 por cento de nitrogênio e 21 por cento de oxigênio. Numa seção intitulada "Composição da Atmosfera", há uma

referência no *Website* da NASA: http://liftoff.msfc.nasa.gov/academy/space/atmosphere.html.
26. Embora a quantidade de oxigênio dissolvido na água varie devido à temperatura e à salinidade (água doce / água salgada), as proporções são semelhantes. Há várias referências disponíveis, mas eu escolhi esta porque mostra como as porcentagens são variadas. Os resultados: a água é aproximadamente 88.89 por cento oxigênio e 11.11 por cento hidrogênio. *Website*: www.citycollegiate.com/chapter3a.htm.
27. Juntos, o hidrogênio (71 por cento) e o hélio (27.1 por cento) são mais de 98 por cento da composição do nosso Sol. O resto é formado por quantidades mínimas de oxigênio, carbono, silicone, magnésio, néon, ferro e súlfur. *Website* da NASA: http://imagine.gsfc.nasa.gov/docs/ask_astro/answers/961112a.html.

Capítulo 5

1. Embora pesquisadores tenham conseguido determinar o ponto em que muitos alfabetos antigos se ramificaram de um tronco lingüístico anterior, as raízes dessa árvore continuam obscuras. Arqueólogos recuperaram amostras de antigas formas de escrita em tábuas, pergaminhos e desenhos na pedra. Mas, embora tenham determinado *quem* as criou, ainda é um mistério *onde* e *como* a linguagem escrita se originou.

    Por ora, as evidências parecem sugerir que as diversas línguas do mundo nasceram de uma língua "mãe" comum, há mais de 5.000 anos. Foram estabelecidas ligações diretas entre as antigas tábuas cuneiformes, por exemplo, e os fundamentos gregos, hebraicos e fenícios da língua moderna.
2. Na física, a letra *E* é exemplo de um logograma. Nesse contexto, *E* é um símbolo que representa a força da "energia" e todas as implicações que a matemática e a física associam a ela. Um logograma que usa esse símbolo tornou-se a mais conhecida equação da história: $E = mc^2$.

    Os silabogramas são símbolos que representam o som das sílabas das palavras. J. T. Hooker, que foi Leitor Emérito de Grego e Latim na Universidade de Londres, considerava o uso de símbolos para representar as sílabas "o avanço mais importante na história da escrita". J. T. Hooker, *Reading the Past* (Londres: British Museum, 1990). As línguas antigas, como o chinês, em que cada palavra é uma sílaba, aumentaram muito sua capacidade de preservar detalhes da história por meio do uso de sinais silábicos. Na língua da ciência também há exemplos de silabogramas, como é o caso da constante matemática "pi" (π). Aqui, o símbolo é também a palavra inteira, "pi", usado para representar a relação entre a circunferência de um círculo e o seu diâmetro.
3. *Sepher Yetzirah*, apêndice 1, capítulo 4, verso 4, p. 288.
4. David Allen Hulse, *The Key of It All: An Encyclopedic Guide to the Sacred Languages & Magickal Systems of the World, Book Too: The Western Mysteries* (St. Paul, MN: Llewellyn Publications, 1993), pp. 461-538.
5. *The American Heritage College Dictionary*, Terceira Edição, definição 2 (Nova York: Houghton Mifflin Company, 1997), p. 1221.
6. Pode ser que a gematria seja uma das mais antigas ciências do mundo. Em quase todas as tradições, as letras do alfabeto são associadas a valores numéricos, incluindo o alfabeto inglês, o grego, o latim cóptico, o sânscrito, o hebraico, o árabe, o chinês, o tibetano e até os alfabetos cuneiformes. Para mais informações sobre esse tópico, ver o tratado em dois volumes de Hulse, *The Key of It All* (ver nota 4 acima).
7. O uso da gematria para estudar as relações "ocultas" entre palavras e frases é reconhecido, respeitado e praticado por cientistas e filósofos, há centenas ou milhares de anos. Um dos exemplos mais conhecidos do uso da gematria está relacionado à ciência mística da Cabala hebraica.

    Os princípios da gematria se aplicam a vários níveis de significado: além da simples soma de valores das letras-números, pode-se usar valores integrais, reduzidos, absolutos e ordinais. Há textos muito bons sobre esse assunto, mas uma das melhores referências da Web está hospedada no *Gal Einai Institute of Israel*, com informações tiradas dos ensinamentos do rabino Yitzchak Ginsburgh. *Website*: www.inner.org/gematria/gematria.htm.

8. Rabino Benjamin Blech, *The Secrets of Hebrew Words* (Nova Jersey: Jason Aronson, 1991), p. 129.
9. *The Other Bible*, Haggadah, p. 25.
10. Robert Lawlor, *Sacred Geometry: Philosophy and Practice* (Nova York: Thames and Hudson, 1982), p. 9.
11. *Ibidem*, p. 10.
12. Michael Drosnin, *The Bible Code* (Nova York: Simon and Schuster, 1997), p. 25.
13. A "massa atômica" é a razão entre a massa de um átomo e 1/12 da massa de um átomo de carbono-12, a mais abundante forma de carbono.

    Na Tabela Periódica dos Elementos (Apêndice B), a cada elemento é atribuído o valor de massa atômica. (Embora os termos *massa atômica* e *peso atômico* sejam muitas vezes usados como sinônimos, eles representam medidas de duas propriedades diferentes. O peso atômico pode ser definido como medida da força com que o planeta age sobre a massa.)
14. "Matéria" é qualquer coisa que ocupe espaço e tenha massa. "Massa" é a inércia de um corpo e a facilidade com que esse corpo pode ser acelerado ou detido. Por exemplo: um pássaro voando a vinte quilômetros por hora sente o efeito de uma brisa suave porque tem pouca massa. Mas, no caso de um tanque militar fortemente blindado que viaje na mesma velocidade, a brisa não vai ter muito efeito. Isso acontece porque a *massa* do tanque é maior do que a do pássaro. Em química, quando perguntamos "quanto" de uma coisa está presente, estamos na verdade querendo saber "qual é a massa" dessa coisa.
15. Abaixo, as características que tornam singulares os elementos da Tabela Periódica dos Elementos. Das 17 possibilidades, só uma característica liga os mais abundantes elementos do universo com os valores numéricos da antiga alquimia. Essa característica-chave é a *massa atômica*.

    CARACTERÍSTICAS QUE TORNAM SINGULAR CADA ELEMENTO

Número Atômico	Revestimento atômico	Ponto de Fusão
Eletronegatividade	Raio atômico	Potencial de ionização
Densidade	Peso atômico	Massa Atômica
Ponto de Fervura	Raio covalente	Calor Específico
Estados de Oxidação	Calor de Fusão	Termalização
Condutividade	Calor de Vaporização	Preenchimento do orbital

16. *Sepher Yetzirah*, capítulo 1, verso 13, p. 80. Na versão do *Sepher Yetzirah* de Saadia ben Joseph, as três Letras-Mãe são mencionadas já no primeiro capítulo. Aqui, é feita uma distinção entre as Básicas (Mães), as Duplas e as Elementares.

    "Vinte e duas letras, um fundamento de três Básicas,
    sete Duplas e doze elementares." "As três Básicas são A, M, Sh...."
    "As sete Duplas são B, G, D, K, P, R, T...."
    "As doze Elementares são H, V, Z, Ch, T, Y, L, N, S. O, Tz, Q."
    [O autor acrescentou vírgulas entre as letras para facilitar a leitura.]

17. *Ibidem*, p. 140.
18. *Ibidem*.
19. Usando os princípios da gematria, descobrimos que a letra hebraica Yod se reduz ao valor numérico 1.

    (*) Yod = 10

$$1 + 0 = 1$$

Na Tabela Periódica, há um elemento com valor numérico igual ao "1" de Yod: o hidrogênio.

Hidrogênio
M.A. = 1.008
Número Integral (Valor do Número Inteiro) = 1
Mediante um processo semelhante, descobrimos uma equivalência entre a letra *Hey* e o elemento nitrogênio (valor 5) e entre a letra *Vav* e o oxigênio (valor 6).

20. *Sepher Yetzirah*, capítulo 1, verso 12, p. 77.
21. Princípio usado na escolha de uma explicação científica quando há várias explicações viáveis. É atribuído a William Occam, um filósofo medieval, e muitas vezes é chamado *princípio da parcimônia*: "deve-se escolher sempre a explicação mais simples de um fenômeno, a que requer menos saltos de lógica."
    Website: http://pespmc1.vub.ac.be/asc/PRINCI_SIMPL.html.
22. Dickerson e Geis, *Chemistry, Matter and the Universe*, gráfico na contracapa da edição de capa dura.
    Curiosamente, comparada à abundância dos quatro elementos no universo, a concentração dos elementos no corpo humano é muitas vezes maior do que no mundo à nossa volta (Dickerson e Geis, *Chemistry, Matter and the Universe*, p. 165).

ABUNDÂNCIA DE ELEMENTOS NO UNIVERSO E NO NOSSO CORPO
(Os valores se referem a átomos por 100.000)

Elemento	Universo Inteiro	Corpo Humano
Hidrogênio	92.760	60.560
Nitrogênio	15	2.440
Oxigênio	49	25.670
Carbono	8	10.680

Parte III
Capítulo 6

1. *Golden Treasury of Bible Stories*, Arthur Whitfield Spaulding, org. (Nashville: Southern Publishing, 1954).
2. Halevi, *Kabbalah*, p. 5.
3. *Tanakh: The Holy Scriptures* (Filadélfia: The Jewish Publication Society, 1985), Torá, Êxodo 3:14, p. 88.
4. Halevi, *Kabbalah*, p. 9.
5. *Zohar: The Book of Splendor*, Gershom Scholem, org. (Nova York: Schocken Books, 1949), p. 3.
6. *Sepher Yetzirah*, p. 5.
7. *Tanakh*, Torá, Êxodo 3:13, p. 88.
8. *The Torah*, comentário, "The Divine Name Ehyeh", p. 405.
9. *Ibidem*, Êxodo 3:15, p. 400.
10. *Ibidem*, nota de rodapé 4, p. 405.
11. *Ibidem*, comentário, "My Name YHVH", pp. 424-425.
12. *Ibidem*, comentário, "Hidden", p. 408.
13. *Ibidem*.
14. *The New Jerusalem Bible: The Complete Text of the Ancient Canon of the Scriptures, Standard Edition* (Nova York: Doubleday, 1999), Êxodo 20:7, p. 70.
15. YHVH é conhecido também como *Tetragrama*, termo derivado do grego que significa literalmente "palavra de quatro letras".
16. *The Torah*, comentário, "Linguistic Excursus on the Name YHVH", p. 426.

17. Essa foto é parte do mais bem preservado pergaminho da Caverna I, o Primeiro Pergaminho de Isaías (1Qisa). O documento tem mais de 7 metros de comprimento e este *slide* mostra as colunas que contêm o texto de Isaías, de 38:8 a 40:28 [Fotógrafo: John Trevor].
18. *The Torah*, nota de rodapé 6:3, p. 246.
19. *Sepher Yetzirah*, p. 17.
20. Dana M. Pike e Andrew C. Skinner, *Qumran Cave 4, XXIII: Unidentified Fragments*, Descobertas no Deserto Judaico XXXIII (Inglaterra: Oxford Univ. Press, 2001), Chapas, Chapa XIX, fragmento número 66.

    Fragmento de pergaminho com o nome YHVH. Embora essa não seja a única ocorrência do antigo nome de Deus num fragmento de pergaminho, esse é um dos melhores exemplos que encontrei, assim como um dos mais antigos. Essa imagem foi divulgada em 2001 como parte da série de volumes que documentam o conteúdo das descobertas no Mar Morto. A imagem foi reproduzida por cortesia da Oxford University.
21. Hershel Shanks, "Publishing Every Last Fragment", *Biblical Archaeology Review* (março/abril de 2002): p. 6.
22. David Allen Hulse, *The Key of It All, Book Two: The Western Mysteries* (St. Paul, MN: Llewwlelyn Publications, 1994), Introdução, p. cvii.
23. *Sepher Yetzirah*, apêndice 1, capítulo 1, verso 1, p. 285.
24. *The Torah*, comentário, "Linguistic Excursus on the Name YHVH", p. 426.
25. *Ibidem*.
26. *Sepher Yetzirah*, p.15.
27. *A Torá*, Êxodo 15:2, p. 448.
28. *The Other Bible*, Haggadah, p. 32.
29. *Sepher Yetzirah*, pp. 19-22.
30. *Ibidem*, capítulo 2, verso 2, p. 100.
31. Comunicado da NASA, "Hubble Reads Age of Universe". *Spaceflight Now* (2002).
32. J. D. Watson e F. H. C. Crick, "A Structure of Deoxyribose Nucleic Acid". *Nature*, vol. 171 (abril de 1953): p. 737.
33. Robert Wright, *Time 100: Scientists & Thinkers — James Watson & Francis Crick*. Arquivo *The Time, Website*: www.time.com/time/time100/scientist/watsoncrick.html.
34. Presidente Clinton, "Announcing the Completion of the First Survey of the Entire Human Genome", de uma entrevista coletiva feita na Casa Branca em 26 de junho de 2000.
35. Além daquilo que se refere ao objetivo desse texto, a chave para a compreensão dos arranjos nas bases da hélice dupla está no fato de que a seqüência de bases que corre numa direção, formando um dos lados da escada é o complemento da seqüência das bases do outro lado da escada, que correm na direção oposta. Como os pares complementares são formados sempre pelas mesmas bases, essa estrutura reduz tremendamente a possibilidade de erros no código.
36. As quatro bases do DNA são uma espécie de anotação taquigráfica, uma abreviatura dos elementos representados pelas letras. Embora os mesmos elementos — hidrogênio, nitrogênio, oxigênio e carbono — estejam presentes em cada base do DNA, é a *quantidade de cada elemento* que varia. Em vez de escrever quantas vezes os elementos ocorrem cada vez que a base é anotada, eles são representados pelas letras *A, T, C* ou *G*. (Ver também apêndice C.)
37. *The Expanded Quotable Einstein*, Alice Calaprice, org. (Princeton, N.J.: Princeton Univ. Press, 2000), p. 203.
38. *Sepher Yetzirah*, capítulo 1, verso 9, p. 68.
39. *The Torah*, comentário, "Linguistic Excursus on the Name YHVH", p. 426.
40. *Sepher Yetzirah*, p. 15.
41. *The American Heritage College Dictionary*, Terceira Edição, definição 1, p. 471.
42. As referências a seguir vêm da minha correspondência e das minhas conversas pessoais com David Allen Hulse. A respeito da ordem das letras hebraicas quando expressas em

valores numéricos, ele diz: "No sentido numérico, a ordem das letras hebraicas não faz diferença." Como cada letra é associada a um valor numérico, assim como 2 mais 1 produz o mesmo valor que 1 mais 2, podemos considerar o VG do nosso DNA como GV.

Em hebraico, GV tem várias traduções possíveis, todas dentro do mesmo tema geral — GV se traduz por "costas", "coluna" ou "interior do corpo". No contexto bíblico, Hulse cita exemplos de GV como costas (coluna) (Ezequiel 23:35) e interior (Jó 30:5). A gematria dessa palavra e do nome "Adão" em hebraico revelam uma relação interessante e significativa. A soma dos valores de GV é igual a 9 (G (3) + V (6) = 9). Esse é o mesmo valor do nome que representa o primeiro da nossa espécie, Adão (A = 1 + D = 4 + M = 40, sendo que 45 se reduz a 9). Da perspectiva dessa relação mais profunda revelada pelos números, o corpo da nossa espécie e o VG/GV dentro de nossas células representam a mesma coisa. Assim, é razoável supor que as duas últimas letras da mensagem que trazemos nas células sejam uma referência a "dentro" ou "interior" do corpo.

David Allen Hulse é reconhecido como um dos principais estudiosos da relação mística entre línguas antigas e seu significado numérico. Autor de vários textos, como *The Key of It All, Book One: The Eastern Mysteries*, *The Key of It All, Book Two: The Western Mysteries* e *New Dimensions for the Cube of Space* (York Beach: Samuel Weiser, 2000), ele participou também do livro de Israel Regardie, *The Complete Golden Dawn System of Magic* (Malásia: Falcon Press, 1984).

43. Minha pesquisa sobre o significado das letras VG e GV deixa claro que, na tradição da *Cabala*, a ordem inversa das letras pode estar associada a esferas alternativas ou "inversas" da criação. O *Sepher Yetzirah*, por exemplo, faz referência a essas esferas ao expor o processo que combina cada uma das 22 letras hebraicas com as restantes letras do alfabeto numa seqüência sem repetições, para criar as 231 possibilidades (Portões) da criação (*Sepher Yetzirah*, capítulo 2, verso 5, p. 124). Segundo Hulse, GV/VG se refere ao 44º Portão da Criação. Aqui, o valor do portão codificado é DM, que em hebraico significa "sangue", além de ser o nome do primeiro da nossa espécie, ADM (Adão).

44. Cada base do DNA contém um grau diferente de "dentro do corpo". Por exemplo, na base timina (T) há seis átomos de hidrogênio, dois de nitrogênio, dois de oxigênio e cinco de carbono. Considerando cada elemento da perspectiva das letras hebraicas, só duas vezes na timina o aspecto "Deus/Eterno" é completado por VG, que significa "dentro do corpo". O resto da base se resume ao Y e ao G do código. (Ver no Apêndice D a ilustração desse princípio.)

Capítulo 7

1. Blech, *The Secrets of Hebrew Words*, p. 22.
2. Gregg Braden, *The Isaiah Effect: Decoding the Lost Science of Prayer and Prophecy* (Nova York: Harmony Books, 2000), pp. 187-192.
3. Rollin McCraty, Mike Atkinson, William Tiller, Glen Rein e Alan D. Watkins, "The Effects of Emotions on Short-Term Power Spectrum Analysis of Heart Rate Variability", *The American Journal of Cardiology*, vol. 76, nº 14 (15 de novembro de 1995): pp. 1089-1093.
4. Rollin McCraty, M. A.. Bob Barrios-Choplin, Ph.D., Deborah Rozman, Ph.D., Mike Atkinson e Alan D. Watkins, "The Impact of a New Emotional Self-Management Program on Stress, Emotions, Heart Rate Variability, DHEA e Cortisol", *Integrative Physiological and Behavioral Science*, vol. 33, nº 2 (1998): pp. 151-170.
5. "Rough Map of Human Genome Completed", *CNN.com Health*, 26 de junho de 2000, 1-2. *Website*: www.cnn.com.
6. Tom Abate, "Genome Discovery Shocks Scientists", *San Francisco Chronicle* (1 de fevereiro de 2001): p. A-1. *Website*: www.sfgate.com.
7. *Ibidem*.
8. *Ibidem*.

9. *Ibidem*.
10. *Ibidem*.
11. Stephen Hawking, citado na revista *Der Spiegel* em 1989. O texto original é em alemão. Como não consegui obter uma cópia em inglês, esta citação vem de uma fonte *online*. Website: www.nobeliefs.com/great-quotes.htm.
12. Einstein Condensate Homepage: uma nova forma de matéria nas temperaturas mais frias do universo. *Website*: www.colorado.edu/physics/2000/bec.
13. "Scientists Conquer Laser Beam Teleportation", *Australian Broadcasting Corporation Online*, Sci-Tech, 18 de junho de 2002. *Website*: www.abc.net.au.
14. Comunicado, "Geneva University Development in Photon Entanglement for Enhanced Encryption Security and Quantum Computers", Departamento de Física, Universidade de Genebra, 2001. *Website*: www.geneva.ch/entanglement.htm.
15. Braden, *The Isaiah Effect*, pp. 89-93.
16. *The New Jerusalem Bible*, Edição Standard, Zacarias 12:1, p. 1100.
17. *Ibidem*, Ezequiel 36:27, p. 1006.
18. *The Other Bible*, Mandaean Gnosticism, "Creation of the World and the Alien Man", p. 134.
19. *Ibidem*, p. 136.
20. *Ibidem*, comentário, "The Hypostasis of the Archons", p. 75.
21. *Ibidem*, p. 77.
22. *Ibidem*, Haggadah, p. 25.
23. *Ibidem*.
24. *Ibidem*, p. 28.
25. *Holy Bible: Authorized King James Version*, Gênesis 2:7 (Grand Rapids, MI: World Publishing, 1989), p. 2.
26. *The Other Bible*, Haggadah, p. 25.
27. *Ibidem*, p. 26.
28. Braden, *The Isaiah Effect*, pp. 207-211 e 233-238.
29. *Holy Bible*, João 2:21, p. 67.
30. *Ibidem*, I Coríntios 3:16, p. 119.
31. *Ibidem*, capítulo 6, versículo 19, p. 121.
32. Dickerson e Geis, *Chemistry, Matter, and the Universe*, p. 529.
33. *Ibidem*, p. 529.
34. Crick, *Life Itself*, p. 88.
35. Sir Fred Hoyle e Chandra Wickramasinghe, *Evolution from Space* (Nova York: Simon and Schuster, 1981), pp. 23-27.
36. James D. Watson, *The Molecular Biology of the Gene* (Menlo Park: W. A. Benjamin, 1977).
37. *Ibidem*, p. 69.
38. *The Expanded Quotable Einstein*, p. 208.
39. Graham Hancock, *The Mars Mystery: The Secret Connection Between Earth and the Red Planet* (Nova York: Crown Publishers, 1998), pp. 73-78.
40. Richard Hoagland, *Hoagland's Mars: Volume II, The UN Briefing, The Terrestrial Connection* (vídeo) (Nova York: B. C. Video, 1992).
41. Blech, *The Secrets of Hebrew Words*, p. 143.
42. *Ibidem*.
43. *Ibidem*, p. 23.

Capítulo 8

1. Cremo e Thompson, *The Hidden History of the Human Race*, Summary of Anomalous Evidence Related to Human Antiquity, pp. 267-278.

2. "Morreram mais adolescentes em acidentes de carro durante os últimos dez anos do que soldados na Guerra do Vietnã." Cerca de 58.000 soldados perderam a vida no Vietnã, enquanto 60.000 jovens morreram em acidentes de carro nos últimos dez anos. Fonte: Am I Safe? (Programa de Segurança para Motoristas Adolescentes). *Website*: www.AmISafe.net.
3. Barbara Marx Hubbard, frase dita durante uma conferência: *The Prophet's Conference* (dezembro de 2001), Palm Springs, Califórnia.
4. Comunicado, "New Century to Be Marked by Growing Threats, Opportunities", *Worldwatch Institute* (16 de janeiro de 1999). *Website*: www.worldwatch.org.
5. Stanislav Grof, M. D., "Consciousness Evolution and Planetary Survival: The Psychological Roots of Human Violence and Greed". Resumo de artigo apresentado na 13ª Conferência Internacional Transpessoal sobre o Tema Espiritualidade, Ecologia e Sabedoria Nativa, Killarney, Irlanda, junho de 1995.
6. *Ibidem*, p. 3.
7. Carl Sagan, "The Quest For Extraterrestrial Intelligence", *Smithsonian*, vol. 1, nº 2 (maio de 1978).
8. *Ibidem*, p. 12.
9. *Ibidem*, p.13.
10. "When to Jump In: The World's Other Wars", *Time* (19 de abril de 1999): p. 30.
11. Monty G. Marshall, Diretor do Centro para a Paz Sistêmica, "Major Episodes of Political Violence 1946-1999". A tabela mostra 291 episódios de conflito armado no mundo entre 1946 e 1999. *Website*: www.members.aol.com/CSPmgm/warlist.htm.
12. Samuel P. Huntington, "The Age of Muslim Wars", *Newsweek*, vol. 138, nº 25 (17 de dezembro de 2001) pp. 4-9.
13. Jorgen Wouters, "The World's War Machine". ABCNEWS.com., 22 de abril de 1998.
14. *Ibidem*.
15. *Ibidem*.
16. Alguns desses agentes invadiram as conversas do dia-a-dia devido à ampla cobertura da mídia. É o caso da bactéria *Anthrax*, que virou assunto de conversas depois de aparecer no Serviço Postal dos EUA, em 2001. Outros agentes têm nomes menos divulgados e mais difíceis de pronunciar. Nos Estados Unidos, os Centros para Controle e Prevenção de Doenças listam 16 substâncias que podem ser usadas em ataques biológicos. Entre elas, há as que afetam o sistema nervoso, como *Sarin* e *VX*, as que provocam bolhas, como o gás de mostarda, e os agentes psicoativos, como *Agent 15*. Além deles, há as bactérias e os vírus mais conhecidos, como *Botulinum* (provoca botulismo), *Aflotoxins* (agentes cancerígenos), *Clostridium perfringens* (bactérias causadoras de gangrena) e *Anthrax*. A agência tem uma lista igualmente detalhada de agentes químicos.

    Para uma lista mais completa e a descrição desses agentes, busque "Chemical Warfare Agents" no *website* da Biblioteca Nacional de Medicina: www.sis.nlm.nih.gov/Tox/ChemWar.html.
17. A Convenção de Armas Químicas, formalmente conhecida como *Convenção sobre a Proibição, Produção, Estocagem e Uso de Armas Químicas e sua Destruição*, foi concluída em 1993 e assinada por 159 estados em 1995. Além de agentes químicos e biológicos, esse tratado internacional trata de tecnologias nucleares e mísseis que podem ser usados na disseminação dos agentes. *Website* do Harvard Sussex Program on CBW Armament and Arms Limitation: www.faz.harvard.edu/~hsp/chemical.html.
18. *The Expanded Quotable Einstein*, p.181.
19. Existem muitas traduções do *Mahabharata*. Devido ao tamanho (mais de 100.000 versos), as traduções geralmente são publicadas em partes, sendo que as do clássico *Bhagavad-Gita* são mais comuns. As citações que usei são do escritor e pesquisador David Hatcher Childress, referentes à tradução de Charles Berlitz e ao seu livro *Mysteries of Forgotten Worlds* (Nova York: Doubleday, 1972).

    Ao longo de anos de pesquisa, Childress reuniu um impressionante corpo de evidências de que, no passado, existiram formas avançadas de tecnologia. Esse é o tema do livro *Technology of the Gods: The Incredible Sciences of the Ancients* (Adventures Unlimited Press, 2000).

Para quem quiser ler o próprio texto, uma das melhores traduções que conheço é a de Pratap Chandr Roy. Uma parte de sua tradução pode ser consultada eletronicamente, para fins acadêmicos e de pesquisa (não-comerciais), especificamente as páginas 446-447 e 489-491, em: www.abob.libs.uga.edu/bobk/maha/mahbfr.html.

20. *Ibidem.*
21. *Ibidem.*
22. *Ibidem.*
23. *Ibidem.*
24. "The American Experience: Race for the Superbomb", escrito, produzido e dirigido por Thomas Ott. Esse programa foi ao ar pela primeira vez em janeiro de 1999, no Public Broadcasting System. Há transcrições *online*. *Website*: www.PBS.org.
25. Frederick Soddy, Prêmio Nobel em Química, 1921, *The Interpretation of Radium* (1909).
26. Há várias obras que falam de descobertas de grandes áreas de areia do deserto fundida em folhas de vidro de alta qualidade. Por exemplo: Giles Wright, "The Riddle of the Sands", *New Scientist* (10 de julho de 1999); Margarethe Casson, *Rocks and Minerals*, nº 396 (1972); Childress, *Technology of the Gods*.

    Um excerto representativo desses estudos pode ser consultado *online* em: www.world-mysteries.com/pex_6.htm.
27. Sir John Marshal, *Mohenjo-Daro and the Indus Civilization* (3 Vol., 1931).
28. Sir Mortimer Wheeler, *The Indus Civilization* (3ª ed. 1968).
29. Peter N. Stearns, Michael Adas, Stuart B. Schwartz, *World Civilizations: The Origins of Civilizations*.
30. Gorbovsky, *Riddles of Ancient History* (Moscou: Soviet Publishers, 1966), p. 28.

    Embora eu não tenha encontrado a fonte original dessa informação, achei importante incluí-la no texto, já que é muitas vezes mencionada na literatura. Ela é consistente com a visão de outros historiadores respeitados, como Kisari Mohan Ganguli, segundo os quais alguns escritos antigos da Índia falam de uma batalha com armas baseadas numa ciência avançada.
31. *Ibidem.*
32. Ian K. Steele, *Warpaths: Invasions of North America* (Oxford: Oxford Univ. Press, 1994), p. 94.
33. *Ibidem*, p. 94.
34. Darwin, *Descent of Man*, p. 110.
35. Peter Kropotkin, *Mutual Aid: A Factor of Evolution* (Boston, MA.: Porter Sargent Publishers, 1902), p. 14.
36. Dr. John Swomley, "Violence: Competition or Cooperation", *Christian Ethics Today*, vol. 6, nº 1 (fevereiro de 2000): p. 20.
37. *Ibidem.*
38. Abertura do Simpósio sobre Aspectos Humanísticos de Desenvolvimento Regional, *Prout Journal*, vol. 6, nº 3 (setembro de 1993).
39. *Ibidem.*
40. Kaku, *Visions*, pp. 322-330.
41. *Ibidem*, p. 329.
42. Jean Houston, frase dita durante uma conferência: *The Prophet's Conference* (dezembro de 2001), Palm Springs, Califórnia.

Capítulo 9

1. Base de dados para registros de clima e fogo da National Oceanic and Atmospheric Administration. National Climatic Data Center. *Website*: www.ncdc.noaa.gov/oa/reports/weather-events.html#HISTORICAL.

2. Sagan, "The Quest for Extraterrestrial Intelligence".
3. *Ibidem.*
4. *Ibidem.*
5. *Ibidem.*
6. Santo Tomás de Aquino, *Summa Contra Gentiles*, Volume 11, p. 45. Citado por Arthur O. Lovejoy, *The Great Chain of Being: A Study of the History of an Idea* (Cambridge, MA.: Harvard Univ. Press, 1936), p. 76.
7. Essa citação é do texto clássico de Francis Bacon, sobre a natureza humana: *Of Goodness and Goodness of Nature*. Este capítulo específico, "Essays, Civil and Moral" (Capítulo XIII) está disponível *online* como parte da série Harvard Classics (1909-1914). *Website*: www.bartleby.com/3/1/13.html.
8. Abraham H. Maslow, adaptado da introdução do editor à terceira edição de *Toward a Psychology of Being* (Nova York: Wiley, 1999).
9. *Ibidem.*
10. "Prague Faces 'Worst Moments'", *CNN.com/World*, 14 de agosto de 2002. *Website*: www.cnn.com.
11. "Obesity Trends: Prevalence of Obesity Among U.S. Adults, by Characteristics", informações dos Centros de Controle de Doenças e do Centro Nacional de Prevenção de Doenças Crônicas e Promoção da Saúde. Estatísticas de A. H. Modkad, M. Serdula e W. Dietz, "The Continuing Epidemics of Obesity and Diabetes in The United States". *Journal of the American Medical Association*, vol. 286 (12 de setembro de 2001): pp. 1195-1200.
12. Jonathan Wells, "Second Thoughts About Peppered Moths, This Classical Story of Evolution by Natural Selection Needs Revising", *The Scientist*, vol. 13, n° 11 (24 de maio de 1999): p. 13.
13. Hulse, *The Key of It All: Book One*, pp. 188-189.
14. Aaron T. Wolf, "Indigenous Approaches to Water Conflict Resolution and Implications for International Waters", *International Negotiation*, vol. 5, n° 2 (dezembro de 2000): pp. 357-373. O relatório citado foi consultado antes de sua publicação na revista.
15. *Ibidem.*
16. *Ibidem.*
17. *Ibidem.*

Apêndice A

David Allen Hulse, *The Key of It All, An Encyclopedic Guide to the Sacred Languages & Magickal Systems of the World, Book One: The Eastern Mysteries*, pp. 188-189.

AGRADECIMENTOS

Raramente temos a oportunidade de agradecer às pessoas cujas contribuições tornaram possíveis as nossas conquistas. Para criar este livro, tive que cruzar os limites tradicionais da ciência, da religião e da história, mas foi graças à dedicação de especialistas nesses campos que posso agora compartilhar meu trabalho com certeza e segurança. Esta seção é a oportunidade de agradecer a essas pessoas, assim como a todos que contribuíram para a criação deste livro, às vezes sem saber disso!

Sou especialmente grato:

À centelha divina presente em todos os seres vivos, que se deixa conhecer por meio de nossas criações. Obrigado por estar sempre comigo.

A Ned Leavitt, meu agente literário. Ned, para você vai minha gratidão sincera por me ajudar a moldar esta descoberta num livro com sentido e por conduzi-lo pelo mundo da publicação. Desde o primeiro dia em que consideramos as implicações de uma mensagem no código da vida, sua orientação tem sido de valor inestimável, sua integridade impecável e sua confiança em mim uma constante.

A Stephanie Gunning, minha editora e agora minha amiga. Em todas as nossas conversas para determinar a essência deste livro, você sempre me fez as perguntas certas da maneira certa, levando-nos às melhores escolhas! Muito obrigado pelo seu profissionalismo, pela dedicação e perícia que agrega a tudo o que faz, e pela paciência com minhas palavras e esquemas. Acima de tudo, obrigado por me ajudar a transformar as complexidades da ciência na alegria da sabedoria!

Ao Dr. Todd Ovakaytis e a Mary Kennedy. Sou profundamente grato a vocês dois por trabalharem comigo de boa vontade durante um longo período, sem nem mesmo saber para onde nosso trabalho nos levava!

Depois daquele primeiro encontro no nosso hotel em Paris, seu conhecimento de biologia molecular e de medicina estatística me ajudou a preparar o caminho para o nível seguinte da pesquisa. Vocês encarnam uma rara combinação de mente brilhante, coração gentil e disposição para compartilhar, o que me faz sentir ao mesmo tempo abençoado e agradecido.

A David Allen Hulse, meu querido amigo. Obrigado por buscar com paixão a elucidação do Grande Mistério, pela disposição de compartilhar suas descobertas com os outros e pela intuição que o levou a responder àquele primeiro *e-mail*, o começo da nossa amizade. Sem saber exatamente para o que estava contribuindo com seu conhecimento de línguas antigas, sua boa vontade para trabalhar comigo revelou um grau de confiança que merece minha eterna gratidão. Foi uma honra colaborar para uma sabedoria maior e sinto que o nosso trabalho conjunto está longe de terminar!

Hank Wesselman. Sua proposta para rever este livro chegou da maneira certa e no momento certo. Por favor, aceite o meu agradecimento sincero por compartilhar as descobertas mais recentes sobre a evolução e sobre o nosso passado, que tanto contribuem para que este livro seja o mais preciso possível. Sua disposição a seguir o chamado, que vem de um lugar que fica além da visão comum, prepara o caminho que nos leva a ser pessoas melhores e a criar um mundo melhor.

A todas as pessoas da Hay House, toda a minha estima e minha mais profunda gratidão. Para Reid Tracy, presidente e CEO, obrigado pela sua visão e por sua fé inabalável no meu trabalho. Depois de cinco anos de mudanças interessantes e reviravoltas inesperadas, estamos finalmente trabalhando num projeto!

Para Jill Kramer, minha editora *in-house*, muito, muito obrigado pela sua orientação, por suas opiniões e pelos anos de experiência que você trouxe a cada uma das nossas conversas. Você é realmente mestre no seu ofício, e suas palavras de estímulo significaram para mim muito mais do que você poderia imaginar. Tenho ainda no escritório as suas anotações e comentários, que me transmitem força e inspiração!

Um obrigado muito especial a Katie Williams, Jacqui Clark, Jeannie Liberati, Margarete Nielsen e John Thompson. Eu não poderia imaginar pessoas melhores e uma equipe mais dedicada para dar suporte a este livro. Sua empolgação e profissionalismo são insuperáveis. Pela confiança que depositaram em mim, eu me senti bem-vindo à família Hay House.

A Melissa, minha mais profunda gratidão pela paciência em todas as dificuldades envolvidas num projeto desta magnitude. Muito obrigado por se dispor a ouvir, apoiar, sugerir — e especialmente por seus olhos de artista. Nesse tempo todo, você me viu nos meus melhores e piores momentos, mas sua amizade foi uma constante, sua crença em mim nunca falhou.

À bela alma do nosso cão peludo, Brillo. Obrigado pela felicidade que traz à nossa vida, por nos ensinar o que significa "estar aqui agora" e pela companhia em incontáveis madrugadas que passei escrevendo, com você dormindo no colchonete de yoga ao lado da minha mesa.

Obrigado, Charlene, e obrigado a todos os nossos amigos do Bent Street Café. E à Angela, ao Tony e ao pessoal maravilhoso do Apple Tree Restaurant. Ao longo desses anos, sua gentileza me acolheu nos momentos certos, me ajudando de um modo que vocês não poderiam imaginar. Minha mais profunda gratidão por cuidarem tão bem de mim e por preparar as belas refeições que me deixaram forte e esperto em minhas viagens e enquanto escrevia.

À minha mãe, Sylvia Braden, e ao meu irmão, Eric, obrigado pelo amor infatigável e por acreditar em mim. Minha gratidão por tudo o que trazem a cada dia da minha vida vai muito além das palavras que eu poderia escrever nesta página. Graças à liberdade que vem desse apoio, somos hoje mais próximos do que em qualquer outro momento do passado. Embora a nossa família de sangue seja pequena, descobrimos juntos que a nossa família de amor é bem maior do que imaginávamos.

Tenho orgulho de fazer parte da equipe virtual que se tornou a família dedicada que me ajuda a compartilhar meu trabalho pelo mundo afora. Para Lauri Willmot, minha *office manager* favorita (e única), minha admiração e agradecimentos sem fim por estar sempre presente, especialmente quando é importante! Eu a aprecio mais a cada ano que passa, à medida que o nosso trabalho atinge a mente e o coração de um número cada vez maior de pessoas.

A Tom Park da Park Productions, a Jerry e Robin Miner da Source Books/Sacred Spaces Productions, agradeço pelo apoio e por terem se mantido fiéis aos princípios que nos reuniram. Juntos, aprendemos maneiras novas e criativas de mesclar negócios e família, enquanto enfrentamos as incertezas do nosso mundo!

A M. A. Bjarkman e Raer Baskin, fundadores da The Conference Works! A Carol Simmons, Sharon Kreig, Darrin Owens, Kathalin

Walker e a toda a equipe que fica nos bastidores, obrigado pela visão e dedicação, por compartilhar da minha paixão e por estarem abertos às possibilidades.

A Robin e Cody Johnson, fundadores das Prophets Conferences, um monte de gratidão pela capacidade de fazer com que mentes diversas trabalhem juntas para um mundo melhor, e por me incluir nessa visão. Um muito obrigado especial por nos lembrar que somos todos profetas. A todos, minha sincera gratidão e muito respeito pela disposição de explorar novas maneiras de trabalhar em conjunto neste mundo de mudanças!

Estou honrado pela confiança de todos os que participaram de nossas apresentações. Com vocês, aprendi a ser um ouvinte melhor e ouvi as palavras que me permitem compartilhar uma mensagem vitalizante de esperança e possibilidade. A vocês, serei sempre grato.